CALVINISMO E DETERMINISMO

GUILLAUME BIGNON

CALVINISMO E DETERMINISMO

*Uma avaliação calvinista do determinismo,
da responsabilidade moral
e do envolvimento divino com o mal*

PREFÁCIO DE PAUL HELM

Dados Internacionais de Catalogação na Publicação (CIP)

Elaborado por Simone Cadengue Ladislau – CRB-8/6350

B593c   Bignon, Guillaume
        Calvinismo e determinismo: uma avaliação calvinista do determinismo, da responsabilidade moral e do envolvimento divino com o mal / Guillaume Bignon ; tradução: Philipp Karl. – 1. ed. / revisado por Renato Cunha. São Paulo: Editora Carisma, 2022.
        p. ; 15,5 cm x 23 cm

        ISBN: 978-65-84522-09-1
        Possui referências bibliográficas
1. Calvinismo. 2. Determinismo Teológico. 3. Filosofia Analítica.
I. Título.

CDD 284.2

Índice para catálogo sistemático:
1. Calvinismo
2. Determinismo teológico
3. Filosofia analítica

Direitos de Publicação

© Guillaume Bignon, *Excusing Sinners and Blaming God: A Calvinist Assessment of Determinism, Moral Responsability and Divine Involvement in Evil*. 2022. Editora Carisma. Esta edição foi licenciada com todos os direitos reservados para Editora Carisma, mediante permissão especial. De acordo com a Lei 9.610/98 fica expressa e terminantemente proibida a reprodução total ou parcial desta obra, por quaisquer meios (eletrônicos, mecânicos, fotográficos, gravação e outros), sem a prévia e expressa autorização, por escrito, de Editora Carisma LTDA, a não ser em citações breves com indicação da fonte.

carisma
EDITORA

Caixa Postal 3412 | Natal-RN | 59082-971
editoracarisma.com.br
sac@editoracarisma.com.br

Créditos

Direção Executiva: *Luciana Cunha*
Direção Editorial: *Renato Cunha*
Tradução: *Philipp Karl*
Revisão: *Renato Cunha*
Capa: *Nelson Provazi*
Diagramação: *Casa Tipográfica*

Composição Gráfica
Fonte: *Fairfield*
Papel: *Avena*
Edição
Ano: *2022*
Primeira edição
Impresso no Brasil

SUMÁRIO

9	Prefácio de Paul Helm
13	Agradecimentos
15	Introdução, definições e metodologia

33 PARTE I – Calvinismo e a responsabilidade moral

37	Capítulo 1 – Livre-arbítrio, animais de estimação e fantoches
47	Capítulo 2 – O argumento da coerção
59	Capítulo 3 – O argumento da manipulação
89	Capítulo 4 – O argumento da doença mental
105	Capítulo 5 – O argumento da consequência e o princípio de possibilidades alternativas
163	Capítulo 6 – Para além do mero ceticismo
245	Capítulo 7 – Algumas preocupações e conclusões finais sobre a responsabilidade moral

263 PARTE II – O Calvinismo e o envolvimento divino com o mal

267	Capítulo 8 – Preliminares sobre o problema do mal
281	Capítulo 9 – O argumento "mal cozinhado" e três receitas para deixa-lo no ponto certo
289	Capítulo 10 – Os argumentos específicos do mal contra o determinismo
355	Conclusão – Determinismo, propósito no mal e humildade
361	Bibliografia

PREFÁCIO

Este livro não é um trabalho teológico, mas está, não obstante, interessado na promoção e defesa da religião reformada. Na opinião de Guillaume, essa religião está comprometida com o compatibilismo. E aqui o compatibilismo recebe a mais extensa defesa que você poderia encontrar, eu diria. Assim, o livro pode ser entendido como uma obra de apologética. Preocupa-se em oferecer defesas sólidas contra objeções cruciais ao compatibilismo, entre elas a objeção de que o determinismo destrói a responsabilidade moral humana e de que Deus é o autor do pecado. A objeção é que, no compatibilismo, Deus não seria meramente aquele que decreta o pecado, mas seria ele mesmo um pecador. O livro está repleto de argumentos sobre essas acusações, apresentando argumentos a favor do compatibilismo, argumentos contra o libertarianismo, argumentos sobre Deus e o mal.

    A pergunta feita recorrentemente é se o determinismo enfraquece o livre-arbítrio, transformando homens e mulheres em marionetes ou robôs sem que eles o percebam. Guillaume apresenta novos argumentos desenvolvidos por filósofos analíticos contemporâneos, bem como novas versões de argumentos mais antigos. Particularmente relevantes são aqueles em que os libertários raciocinam em círculos sem se darem conta, porque pressupõem uma visão indeterminista da agência, argumentando como se os compatibilistas fossem sempre libertários inconsistentes.

Guillaume é um voraz caçador de objeções ao compatibilismo onde quer que possa e tem prazer em detectar fragilidades na formulação de um argumento, reformulando-o depois na versão mais forte que lhe possa ocorrer. Expressando, assim, a objeção avaliada na sua forma mais clara possível. Ele não se escondeu de nenhuma objeção com que se tenha deparado. Seu tratamento é franco, aberto, enfrenta todas as objeções ao compatibilismo que encontra, exceto a objeção de que o compatibilismo não é libertarianismo, em defesa do calvinismo. Ainda que o leitor não goste de como soa o Calvinismo, e muito menos de uma defesa do Calvinismo, certamente considerará envolventes os argumentos de Guillaume.

E se, por outro lado, o leitor for um defensor do calvinismo, os argumentos lhe dão um reforço conceitual. O calvinismo é um fenômeno de base histórica, mas os argumentos considerados por Guillaume são argumentos contemporâneos contra o compatibilismo. Ele assume a posição de que o compatibilismo é intrínseco ao calvinismo, e grande parte do livro é dedicada à demonstração dessa relação.

Ele também encara essas objeções ao compatibilismo — e, portanto, ao calvinismo — de frente, fornecendo sequências exaustivas delas. Assim, por exemplo, considera variantes da objeção de que o sistema é uma forma de manipulação ou coerção e, portanto, seria inconsistente com um dos princípios do calvinismo, a saber, que os seres humanos são responsáveis por seus atos. E, quanto à responsabilidade, Guillaume tem uma explicação bem detalhada sobre os fundamentos defendidos por ambos os lados do debate. Especialmente interessante, penso eu, é sua discussão sobre a permissão divina, seu tratamento da linguagem analógica e a discussão final do Molinismo.

O estilo de Guillaume é ousado, claro, direto, empreendendo esforços para evitar ambiguidades e falsificações. O leitor atento ficará impressionado com sua minúcia. Ele também é meticuloso e não deixa um argumento antes de analisá-lo em várias versões. Além do mais, aplica essas normas aos argumentos que empreende, bem como àqueles que explica e defende.

É de se esperar também que muitos que são compatibilistas, mas que não são calvinistas, leiam este livro. Se o fizerem, perceberão que muitas das discussões de Guillaume reforçam a sua própria compreensão e pressupostos.

Com sua atenção cuidadosa e enérgica a argumentos sólidos, Guillaume não é um típico filósofo francês, talvez, mas aqui ele oferece uma excelente contribuição à defesa do compatibilismo que será do interesse tanto de filósofos analíticos quanto de teólogos. Recomendo o livro tanto para calvinistas quanto para compatibilistas não calvinistas e, claro, para indeterministas de qualquer vertente.

PAUL HELM
Professor Emérito, Universidade de Londres

AGRADECIMENTOS

Ao escrever livros, assim como na redenção humana, todo o louvor pertence a Deus — especialmente na visão teológica aqui defendida — mas acontece que Deus achou por bem usar as seguintes causas secundárias, as quais, por isso, merecem toda a minha gratidão.

Gostaria de agradecer a Paul Helm, cujo *feedback* atencioso e amistosas conversas me encorajaram muito a "resolver quebra-cabeças" e a fazer as perguntas certas.

Agradeço aos seguintes revisores por suas observações úteis sobre as versões anteriores do trabalho: James N. Anderson, Thomas Atkinson, W. Paul Franks, Daniel J. Hill, Paul Manata, Paul Rezkalla e David Wood.

Partes deste trabalho e artigos sobre questões relacionadas foram apresentados e receberam relevante *feedback* dos participantes nas seguintes conferências: a reunião anual da *Evangelical Theological Society* [Sociedade Teológica Evangélica] em Baltimore, MD, em 2013; a reunião leste da *Society of Christian Philosophers* [Sociedade de Filósofos Cristãos] em Niagara Falls, NY, em 2014; a reunião anual da *Evangelical Theological Society* e da *Evangelical Philosophical Society*

[Sociedade Filosófica Evangélica] em San Diego, CA, em 2014. Agradeço particularmente a John D. Laing e James N. Anderson por terem incluído meu artigo sobre a linguagem da permissão divina como parte da consulta sobre o molinismo em San Diego, e a James N. Anderson por seu inestimável *feedback* construtivo sobre esse material.

Glen M. Shellrude e Louis A. DeCaro Jr. merecem meus agradecimentos por sua profunda influência em minha formação teológica, sua contagiante paixão pela teologia e pelas Escrituras, e seus incentivos pessoais, inspirando-me, em última análise, a buscar o doutorado.

Agradeço também a Robert M. Baxter e Vincent Salonia, por desempenharem papéis cruciais na transformação deste ateu francês em um acadêmico cristão.

Finalmente, todos os meus agradecimentos e amor pertencem à minha esposa Katherine Elizabeth Bignon, que partilhou amorosamente meu fardo através do seminário e do doutorado, encorajando-me e afirmando-me a cada passo e enchendo minha vida de alegria e filhos adoráveis. Esta conquista acadêmica é dela em todos os aspectos.

INTRODUÇÃO, DEFINIÇÕES E METODOLOGIA

> "Há injustiça da parte de Deus?"
> — ROMANOS 9.14 (ARA)

> "De que se queixa ele ainda? Pois quem jamais resistiu à sua vontade?"
> — ROMANOS 9.19 (ARA)

Ontem e Hoje – enfrentando as objeções ao calvinismo

Logo após o que talvez seja o mais forte e evidente ensinamento bíblico sobre a questão da escolha soberana de Deus para a eleição, Paulo, em Romanos 9, sentiu a necessidade de abordar duas objeções; dois potenciais problemas antecipados por ele poderiam ser considerados problemáticos pelo leitor de suas ousadas afirmações de verdade. Um deles é a preocupação de que um grau tão alto de providência divina pudesse anular a responsabilidade moral humana: se Deus está no controle providencial dos assuntos humanos no nível afirmado por Paulo, como os homens podem ser moralmente responsáveis por seus pecados? Se eles não podem "resistir à sua vontade", como Deus pode considerá-los "culpados" e culpá-los por qualquer coisa que escolham e façam? A outra objeção, escrita cinco versículos antes, afirmava que a própria justiça de Deus está em xeque contra tal visão da providência. Alguém pode se perguntar, de fato: se Deus decretasse unilateralmente o resultado das escolhas humanas, incluindo seus pecados e sua incredulidade impenitente, então não haveria "injustiça em Deus"?

Vários teólogos calvinistas consideram notável a antecipação dessas duas objeções.[1] A razão para isso é simples: nomeados em homenagem a João Calvino, reformador francês do século XVI, os calvinistas são os teólogos da chamada tradição "reformada" que, juntamente com a Confissão de Fé de Westminster, afirmam que Deus ordena providencialmente tudo o que acontece:

> Pela sua mui sábia providência, segundo a sua infalível presciência e o livre e imutável conselho da sua própria vontade, Deus, o grande Criador de todas as coisas, para o louvor da glória da sua sabedoria, poder, justiça, bondade e misericórdia, sustenta, dirige, dispõe e governa todas as suas criaturas, todas as ações delas e todas as coisas, desde a maior até a menor.[2]

---

1 "Estas são as mesmas objeções que hoje, à primeira vista, surgem nas mentes dos homens, em oposição à doutrina calvinista da predestinação; mas não têm a menor plausibilidade quando dirigidas contra a doutrina arminiana. Uma doutrina que não oferece o mínimo fundamento para essas objeções não pode ter sido aquela que o apóstolo ensinou". Boettner, *Doutrina da Predestinação*, 253.

2 Confissão de Fé de Westminster, 5.

Pode ser que alguém chame essa tese de determinismo teológico[3]. Se essa doutrina for verdadeira, então as objeções antecipadas de Paulo são precisamente aquelas que esperamos que sejam apresentadas pelos opositores da doutrina. Essas objeções terão algum grau significativo de plausibilidade e faria sentido para Paulo antecipá-las. Note que até mesmo a Confissão de Westminster antecipa ambas, na mesma frase em que afirma o decreto de Deus sobre todas as coisas:

> Desde toda a eternidade, Deus, pelo muito sábio e santo conselho da sua própria vontade, ordenou livre e inalteravelmente tudo quanto acontece, porém de modo que *nem Deus é o autor do pecado, nem violentada é a vontade da criatura*, nem é tirada a liberdade ou contingência das causas secundárias, antes estabelecidas.[4]

Por outro lado, se o calvinismo *não* fosse verdadeiro e o livre-arbítrio humano fosse tal que Deus *não* determinasse seu resultado — essa é a chamada visão "libertária" do livre-arbítrio[5] — então não apenas essas objeções perderiam muito de sua intuitividade, ou mesmo toda ela, sendo mais difícil entender por que razão Paulo as anteciparia se elas carecessem até mesmo de uma plausibilidade superficial. Mas também esperaríamos que ele fornecesse uma resposta totalmente diferente daquela que ele de fato oferece: "Quem és tu, ó homem, para discutires com Deus?!". Paulo repreende o questionador por sua impertinente indiscrição, em vez de responder à objeção com uma refutação adequada. Mas se os seres humanos estivessem equipados

---

3 Para definições precisas dos conceitos e uma breve palavra sobre se o calvinismo de fato se compromete com o determinismo, veja a próxima seção sobre definições e preocupações metodológicas.

4 Confissão de Fé de Westminster, 3.1.

5 "Livre-arbítrio libertário" e "libertarianismo" serão definidos com mais precisão na próxima seção sobre definições e preocupações metodológicas.

com um livre-arbítrio tão indeterminista e libertário, a resposta para a pergunta não mais retórica sobre "quem pode resistir à sua vontade" teria sido totalmente trivial: "todo mundo". Por definição, se o livre-arbítrio humano é tal que Deus não determina os resultados das escolhas de uma pessoa, essa pessoa é capaz de escolher livremente de outro modo que não seja o que Deus quer que ela escolha[6]; ela é capaz de escolher livremente outra coisa que não seja a "vontade" divina nesse mundo. Nesse caso, objetar que "uma incapacidade de resistir à vontade de Deus é moralmente problemática" não é objeção de forma alguma.

É claro que os calvinistas não devem ir tão longe a ponto de admitir que as objeções são *justificadas* contra o calvinismo. Permanece ainda o fato que, qualquer que seja a visão teológica que Paulo adote, ela está sendo *contestada* pelo opositor e, dada a verdade do cristianismo, certamente é Paulo que está com a verdade. Por outro lado, dada a verdade do determinismo, essas objeções parecem corroborar com o ponto deles, o que explica bem a necessidade da interrupção de Paulo e, portanto, serve como confirmação da interpretação calvinista do ensino paulino. Plausivelmente, a presença dessas objeções não pode ser considerada como a premissa de um argumento dedutivo irrefutável para o calvinismo, mas, mais modestamente, pode-se admitir que sua presença é muito mais facilmente explicada por uma leitura calvinista do texto e, portanto, servem como evidências positivas em apoio ao calvinismo.

É ainda notável que essas duas objeções — o calvinismo destrói a responsabilidade moral — "De que se queixa ele ainda?" — e o calvinismo torna Deus mau ou o autor do pecado — "Há injustiça da parte de Deus?" — ainda continuem sendo os principais argumentos defendidos na literatura teológica e filosófica pelos críticos do

---

[6] Muito será dito sobre a "capacidade de fazer o contrário" no capítulo 5, sobre o chamado "princípio das possibilidades alternativas".

calvinismo; não é raro encontrar ambos apresentados na mesma frase[7]. Há, portanto, certa ironia nisso: as próprias objeções feitas contra o calvinismo servem como mais uma evidência a seu favor.

Dito isso, contudo, ainda podemos nos perguntar se os dois argumentos, não sendo sólidos, podem receber uma refutação racional melhor do que a repreensão de Paulo. Podemos oferecer uma refutação filosoficamente satisfatória? Penso que podemos (e provavelmente devemos!). Mas será que ao fazê-lo, estamos tentando ser mais espertos do que Deus? Penso que não. A bofetada de Paulo se faz necessária pelos motivos pecaminosos que se supõem estarem presentes no questionador. Paulo repreende o leitor que usaria a providência divina como uma desculpa para seu pecado e uma fuga ao julgamento. No entanto, por mais desinformados e apaixonados que calvinistas recém-convertidos possam se sentir sobre o assunto, nem todos os opositores ao calvinismo são pecadores malignos, inclinados a se esquivar de sua culpa imputando a Deus os seus pecados.

De qualquer forma, quer os argumentos do interlocutor imaginário de Paulo sejam precisamente os dos críticos modernos ou não, ainda assim eles continuam sendo apresentados contra o calvinismo, e exigem refutações por parte dos filósofos calvinistas. Esse é o ônus desta obra.

---

[7] Norman Geisler escreve: "O calvinismo extremo não só tende a minar a responsabilidade pessoal, como também coloca logicamente a culpa em Deus pela origem do mal". Geisler, *Chosen But Free*, 162; Roger Olson escreve igualmente: "Primeiro, se os pecadores não podem fazer o contrário, como são eles responsáveis? Segundo, se Deus torna o pecado certo, como é que ele não é manchado por ele"? Roger E. Olson, "Responses to Bruce A. Ware", in *Perspectives on the Doctrine of God*, 135; William Lane Craig diz que a visão determinista do livre-arbítrio "parece levar inevitavelmente a fazer de Deus o autor do pecado e a uma negação da liberdade e responsabilidade humana em geral". Craig, *Divine Foreknowledge and Human Freedom*, 272-73; e Clark Pinnock escreve que os pontos de vista Calvinistas "eliminam a liberdade humana e tiram a responsabilidade humana; eles fazem de Deus o autor do pecado". Clark H. Pinnock, "*Room for Us*", 217–18.

Uma dose mínima de definições e considerações metodológicas

Antes de abordarmos esses dois grandes argumentos contra o calvinismo, alguns termos importantes precisam ser definidos a fim de se discutir adequadamente o assunto em questão. Infelizmente, alguns dos conceitos por detrás destes termos são, por vezes, tão fáceis de compreender intuitivamente quanto difíceis de definir com precisão — e de modo que satisfaça todos os envolvidos nesse debate. Embora possa ser frustrante encontrar controvérsias já nas definições, não é necessário resolver de antemão todas as disputas. No momento, vou apenas apontar algumas dessas discordâncias à medida que apresento o entendimento geral dos termos, e adiarei quaisquer comentários sobre as particularidades até que sejam relevantes para qualquer argumento posterior que eu venha a apresentar. Minimamente, os seguintes conceitos merecem menção e alguns esclarecimentos.

Determinismo

A ideia principal por detrás do determinismo é que tudo o que acontece é *determinado* ou *exigido* por condições prévias,[8] naturais ou sobrenaturais. O conceito é significativo quer o teísmo seja verdadeiro, quer o ateísmo seja verdadeiro, visto que esses fatores determinantes prévios podem consistir em atividade providencial divina, ou (no caso de Deus não existir) em leis meramente naturais.

Se for o caso de uma determinação pelas leis da natureza, então o determinismo é puramente *natural*, é um determinismo *físico*, e pode ser definido como a tese de que, em qualquer instante, o estado do universo e as leis da natureza implicam que há apenas um futuro

---

[8] As condições que estão em vista podem ser temporalmente anteriores, ou logicamente anteriores, deixando, assim, espaço para coisas como a causação reversa ou a possibilidade de um Deus atemporal fazer com que as coisas ocorram no tempo.

fisicamente possível. Observe, no entanto, que essa descrição puramente física não precisa ser ateísta. Caso esse tipo de determinismo fosse verdadeiro, poderia ser simplesmente o meio pelo qual Deus providencialmente determinou todas as coisas: atualizando os estados iniciais de coisas e estabelecendo leis da natureza a partir das quais todos os eventos naturais subsequentes seguem necessariamente de acordo com seu desígnio.[9]

Se Deus existe, no entanto, o determinismo físico não é a *única* forma que o determinismo poderia ser verdadeiro. Poder-se-ia ainda afirmar que Deus determinou todas as coisas sem fazê-lo apenas por meios físicos. Claramente esse é o caso se Deus alguma vez agir sobrenaturalmente, realizando milagres como ressuscitar mortos ou dividir o Mar Vermelho. Mas um determinista também pode afirmar essa distinção entre meios físicos e não físicos de determinação na área do livre-arbítrio humano. Nessa perspectiva, dado tudo o que as leis da natureza abrangem, o futuro não seria determinado fisicamente, mas ainda poderia ser determinado pelo decreto providencial de Deus e pelo escopo completo de sua atividade sobrenatural, qualquer que seja a forma que se pense que possa tomar.[10] Quer Deus determine todas as coisas por meio do determinismo físico ou por meios diretamente sobrenaturais, ambas as visões podem ser descritas como "determinismo teológico": Deus determina providencialmente tudo o que acontece, incluindo as escolhas humanas.

Quer sejam teológicas ou ateístas, naturais (e físicas) ou sobrenaturais, todas essas visões contam como "determinismo" e serão referidas como tal na presente obra, pois são todas alvos dos dois grandes argumentos aqui revisados: todos eles são suspeitos de excluir

---

9 Como Thomas Flint diz: "Se o determinismo físico for verdadeiro, será presumivelmente visto pelo teísta meramente como o meio pelo qual Deus determina todos os eventos, incluindo as ações humanas livres". Flint, "Two Accounts", 172.

10 Para desenvolvimentos explícitos de tais visões, ver McCann, *Creation*, e Crabtree, *Most Real Being*.

a responsabilidade moral humana, e — obviamente, apenas aqueles que pressupõem a existência de Deus — são acusados de envolver indevidamente Deus no mal.

No que diz respeito à definição de determinismo físico que acaba de ser apresentada, vale ressaltar que a própria noção de "lei da natureza" é controversa. Não tenho qualquer pretensão de apresentar uma definição formal da frase, uma vez que a ideia é suficientemente intuitiva, e o leitor é livre para ler nela sua compreensão favorita do conceito, visto que nenhum dos meus argumentos depende dessas especificidades. O próprio Peter van Inwagen é capaz de escrever sua obra clássica *An Essay on Free Will* [*Um Ensaio sobre o Livre-Arbítrio*], discutindo longamente as consequências do determinismo, ao mesmo tempo que exprime a mesma ignorância que acabo de confessar: "Por fim, preciso da noção de uma *lei da natureza*. Não tenho ideia de como explicar esse termo, muito menos defini-lo."[11]

Da mesma forma, evitei cuidadosamente qualquer menção à palavra "causa". O Determinismo é, por vezes, descrito como a tese de que todo evento tem "causas suficientes" ou, no teísmo, que todos os eventos são "causados" por Deus. Não há nada de errado em empregar esses termos se eles forem claros para aqueles que os usam, mas eu, por mim, os considero geralmente inúteis e por isso, tanto quanto puder, seguirei mais uma vez Peter van Inwagen, que pensa que a causação é "um pântano no qual me recuso a firmar os pés. A menos que eu seja empurrado."[12] Assim, se a palavra "causal" for utilizada, como na frase "determinismo causal", não deve significar nada mais do que "determinismo" *simpliciter*, tal como entendido na definição presentemente oferecida.

O *indeterminismo*, por óbvio, é simplesmente a negação do determinismo; é a tese de que nem tudo o que acontece é determinado

---

[11] Peter van Inwagen, *Essay*, 60.
[12] Ibid., 65.

como descrito acima. Nessa perspectiva, alguns eventos são totalmente *indeterministas*, *não* são exigidos por fatores determinantes prévios — sejam eles leis naturais, providência divina ou qualquer coisa do gênero.

Calvinismo

Embora a tese do determinismo seja de grande interesse tanto para teístas como para ateus, a presente obra está particularmente interessada na sua expressão *teísta* e visa defender a coerência de um certo ponto de vista teológico conhecido como *calvinismo*. Nesse contexto, a palavra não se refere a todos os pontos de vista doutrinários defendidos por João Calvino — já que assuntos como eclesiologia ou sacramentos não estão em debate. Em vez disso, no presente contexto, o *calvinismo* é usado para descrever um entendimento particular da providência divina sobre o livre-arbítrio humano, e é geralmente entendido como se referindo a uma de duas teses diferentes, embora relacionadas: a *soteriologia calvinista* e o *determinismo calvinista*.[13]

A soteriologia calvinista é um conjunto de doutrinas teológicas sobre o estado da humanidade caída e os meios pelos quais Deus soberanamente salva os pecadores: estes são os chamados "cinco pontos" do calvinismo, convenientemente listados sob a sigla TULIP[14]: Depravação Total, Eleição Incondicional, Expiação Limitada, Graça Irresistível e Perseverança dos Santos. Eles não precisam ser definidos aqui, pois não são o foco principal desta obra, cujo interesse principal é defender a coerência do *determinismo calvinista*, contra as suas duas objeções mais importantes.

---

13 Estas úteis distinções são feitas por Daniel Johnson em Johnson, "Map of the Territory", 20–24.

14 Como amplamente conhecido na teologia calvinista, o acrônimo TULIP corresponde, em inglês, a: Total Depravity, Unconditional Election, Irresistible Grace e Perseverance of the Saints. [N. do T.]

O *determinismo calvinista* é aqui entendido como a tese de que Deus existe e que o determinismo teológico é verdadeiro, conforme definido acima e afirmado, por exemplo, pela Confissão de Westminster: Deus determina soberanamente tudo o que acontece, incluindo as escolhas humanas. Nesse ponto, alguns que se identificam como calvinistas (talvez por sua afirmação da soteriologia calvinista) podem questionar se essa visão de fato os compromete com o determinismo: será que os cinco pontos do calvinismo ou a Confissão de Westminster necessitam da tese do determinismo teológico? Afirmo que sim, mas a questão não precisa ser demonstrada aqui. Aqueles que discordam da inferência[15] deveriam simplesmente ver a presente obra como resposta à questão *condicional: se* o calvinismo exigisse o determinismo teológico, *seria* tão ruim assim? Isso *excluiria* a responsabilidade moral e *envolveria* indevidamente Deus no mal? Essas questões são valiosas mesmo que o calvinismo não se equipare ao determinismo. Mas, quanto ao uso da frase na presente obra, será assim por uma questão de definição: o determinismo teológico será referido como "a visão calvinista" ou simplesmente "calvinismo". Com esse entendimento em mente, devo salientar que o termo "calvinista" poderia até ser usado teoricamente de forma significativa em frases superficialmente anacrônicas, como na afirmação de que "Santo Agostinho era um calvinista". Isso não é afirmar o absurdo de que Agostinho teria lido João Calvino, mas sim que ele defendia em linhas gerais a mesma visão da providência divina, referida neste trabalho como "calvinismo".

Responsabilidade moral

Uma pessoa é *moralmente responsável* por uma determinada ação se e somente se essa ação for moralmente significativa — envolvendo o bem ou o mal, o certo ou o errado — e a pessoa puder ser corretamente

---

15 Veja, por exemplo, Crisp, *Deviant Calvinism*.

louvada ou culpada por isso. Em outras palavras, dizer que uma pessoa é moralmente responsável é dizer que ela é *louvável* ou *culpável*, que *merece* louvor ou culpa por suas ações moralmente significativas — as certas e as erradas.[16]

Compatibilismo e Incompatibilismo

Compatibilismo é a tese de que o determinismo é compatível com a responsabilidade moral. Note-se que o compatibilismo em si não diz nada sobre a *verdade* do determinismo ou da responsabilidade moral. Diz apenas que ambos *poderiam* ser verdadeiros juntos; que são compossíveis. Na maioria das vezes, os filósofos que afirmam o compatibilismo assim o fazem porque defendem a verdade das duas teses, e se ambas são verdadeiras, então decerto são compatíveis, mas teoricamente alguém poderia ser um compatibilista e, ainda assim, rejeitar o determinismo, ou a responsabilidade moral, ou ambos.

O *Incompatibilismo* é a negação do compatibilismo; é a tese de que o determinismo é incompatível com a responsabilidade moral: nessa perspectiva, se os agentes morais são determinados, eles não podem ser elogiados ou culpados por coisa alguma que escolham e façam.

Livre-arbítrio

Dizer de uma pessoa que ela tem *livre-arbítrio* é dizer que ela tem o poder ou a capacidade de fazer escolhas moralmente responsáveis, de executar ações moralmente responsáveis. Quando tal pessoa faz uso de

---

16   Kevin Timpe desenvolve ainda mais o conceito de responsabilidade moral em termos de "atitudes reativas", "prestação de contas" e "responsabilidade", todos os quais capturam os aspectos corretos da responsabilidade moral. Nada de importante no debate vindouro depende de qual dessas descrições é a preferida. Veja Timpe, *Sourcehood*, 6–8.

seu livre-arbítrio, diremos que ele faz uma *livre escolha*, ou realiza uma *ação livre*, e entenderemos que isso sugere que ela pode ser moralmente responsável por elas. Isso não significa necessariamente que a pessoa *é* de fato moralmente responsável por elas, porque além de ter *livre-arbítrio*, existem outras condições necessárias para a responsabilidade moral, principalmente elementos epistêmicos, como a necessidade de conhecer alguns dos fatos relevantes sobre suas ações.[17] É importante reconhecer que essas condições adicionais para a responsabilidade moral existem, mas como o foco da presente obra é sobretudo a condição de "liberdade" para a responsabilidade moral (às vezes chamada de condição de "controle" para a responsabilidade moral[18]), não é necessário definir uma lista exaustiva de outras condições necessárias, que assegurem conjuntamente a responsabilidade moral. Em vez disso, nosso interesse será num estudo mais modesto de um ingrediente específico da responsabilidade moral que é a necessidade de se ter livre-arbítrio.

É importante registrar que essa definição de livre-arbítrio não diz nada sobre as livres escolhas serem determinadas ou não. Como muito em breve me queixarei[19], não é incomum que filósofos ou teólogos pressuponham o indeterminismo ao lerem a expressão "livre-arbítrio". Isso pode ser verdade, dependendo da verdade do compatibilismo ou do incompatibilismo — mas no que diz respeito à expressão "livre-arbítrio" por si só, ela *pode* ser usada tanto por deterministas quanto por indeterministas, para se referir ao que *eles* entendem por escolhas e ações moralmente responsáveis.

Uma última distinção importante deve ser feita com respeito às ações livres: há uma diferença entre uma ação *diretamente livre* e uma ação *indiretamente livre*. Quando uma ação moralmente significativa

---

[17] Essa é a razão dada por Laura Ekstrom do porquê ela discorda de Susan Wolf e Paul Benson quando eles postulam a equivalência entre "ato livre" e "ato moralmente responsável". Ekstrom, *Free Will*, 19n12.
[18] Kevin Timpe, *Philosophical Theology*, 7.
[19] Veja o capítulo 1.

é realizada diretamente pelo livre-arbítrio de um agente, falamos da ação como sendo *diretamente livre*, e o agente é moralmente responsável por ela, porque ele a escolheu livremente. Mas há outro tipo de ação pela qual os agentes podem ser moralmente responsáveis: aquelas que não são realizadas por livre escolha, mas que ainda resultam inevitavelmente de uma escolha *prévia* feita livremente. Por exemplo, o motorista embriagado, que no início da noite escolheu livremente beber e dirigir, pode vir a ser responsabilizado moralmente por um acidente, mesmo que *no momento do acidente* o álcool o tenha incapacitado e tenha removido sua livre escolha de bater ou não. Diremos, então, que a ação foi *indiretamente livre* e que o agente é responsável, pois mesmo não estando livre naquele momento, sua incapacidade foi provocada por uma livre decisão anterior de sua parte. Essa é uma distinção importante, que será relevante na discussão de um dos meus próximos argumentos,[20] e será devidamente reconhecida ao chegarmos lá. Enquanto isso, sempre que eu falar de um agente fazendo uma "livre" escolha ou realizando uma "livre" ação, eu estou me referindo a uma escolha ou ação "diretamente livre".

Libertarianismo e livre-arbítrio libertário

A definição padrão de *libertarianismo* na literatura é geralmente declarada da seguinte forma: "Libertarismo é a tese de que a liberdade é incompatível com o determinismo, mais a afirmação de que pelo menos algumas de nossas ações são livres e, portanto, o determinismo é falso"[21]. Assim, o *livre-arbítrio libertário* é a capacidade de fazer escolhas livres que não são determinadas por condições prévias. É o tipo de livre-arbítrio que as pessoas devem ter se o incompatibilismo for verdadeiro: é um livre-arbítrio que não é determinista, e é o tipo de

---

20 Ver o capítulo 6, em que introduzo e discuto um princípio chamado PPA$_{Past}$.
21 Perszyk, "Introdução", 4.

livre-arbítrio que os calvinistas — como defini os termos anteriormente — devem rejeitar. Dito isso, tenho uma pequena crítica a fazer. Pessoalmente, considero a definição típica de libertarianismo inútil em um aspecto, porque implica que um libertário é necessariamente um incompatibilista e, portanto, mistura duas teses que são relativamente independentes. Pode-se afirmar que as escolhas do livre-arbítrio são feitas de forma indeterminística, sem a necessidade de se acrescentar que esse indeterminismo é *necessário* para a responsabilidade moral. É perfeitamente coerente afirmar que as escolhas livres são de fato indeterministas, mas que se, ao contrário dos fatos, *fossem* determinadas, ainda assim *poderiam* ser moralmente responsáveis. Mas de acordo com a definição padrão, tal pessoa não seria um libertário. No entanto, essas são as definições padrão, pelo que é melhor segui-las. Assim, não me afastarei do significado usual dos termos: libertarianismo será entendido como significando que as escolhas livres são indeterministas e que o indeterminismo é necessário para a responsabilidade moral.

Finalmente, devo observar que o "livre-arbítrio libertário" é frequentemente expresso como uma "capacidade de fazer o contrário" ou capacidade de atualizar uma "possibilidade alternativa". Um agente com livre-arbítrio libertário não está determinado a escolher de uma forma ou de outra; sendo todas as condições antecedentes exatamente tal como estão no momento da escolha, a pessoa tem a capacidade de escolher de uma forma ou de outra. Tendo ele escolhido uma opção, diz-se, tudo o mais constante, que ele "poderia ter feito de outra forma". Embora uma grande maioria dos filósofos libertários afirme esse entendimento do livre-arbítrio libertário e até o entendam como absolutamente essencial à noção,[22] outros têm reservas quanto ao conceito de uma "capacidade de fazer o contrário" e não o entendem como

---

22 Thomas Flint: "Pois o coração e a alma do libertarianismo é a convicção de que o que um agente faz livremente cabe genuinamente ao agente fazer livremente e abster-se de fazer livremente; nenhuma circunstância externa, nenhum outro agente determina ou mesmo pode determinar o que faço livremente". Flint, "Two Accounts", 174. Declarações igualmente

um ingrediente necessário do libertarianismo.[23] Vou adiar quaisquer comentários até que seja relevante para os meus argumentos.

Arminianismo

Finalmente, assim como calvinismo era o nome teológico para a doutrina filosófica do determinismo teológico, usaremos a palavra *arminianismo* como o nome teológico para a doutrina filosófica do indeterminismo teológico. Nomeado em homenagem ao teólogo holandês Jacó Armínio, que no final do século XVI contestou a visão reformada padrão e criticou seu determinismo teológico, os *arminianos* serão entendidos nesta obra como se referindo a todos os teólogos que afirmam o livre-arbítrio libertário. Esse uso convenientemente mais flexível sugere que "arminianos" são todos os teólogos não-calvinistas: são todos aqueles que afirmam que o livre-arbítrio é libertário, independentemente de sua visão sobre a distinta questão da presciência divina. Sem entrar em detalhes desnecessários, podemos observar que nessa questão de presciência, alguns deles afirmam que Deus não tem presciência de futuras escolhas livres — os chamados "teístas abertos". Alguns outros afirmam que Deus tem o que chamamos de "presciência simples" de sentenças de tempo futuro sobre o que os agentes *irão* livremente escolher (às vezes são chamados de "arminianos clássicos"), e alguns outros afirmam que Deus também tem o chamado "conhecimento médio" de sentenças condicionais subjuntivas sobre o que os homens *fariam* livremente em qualquer conjunto hipotético de circunstâncias — eles são os chamados "molinistas". Essas qualificações pouco importam no momento; só é importante notar que, na presente obra, todos esses

---

fortes são encontradas em Plantinga, *God, Freedom, e Mal*, 29; Rowe, *Can God Be Free?*, 6 e Hasker, *Providence,* 125–26.

23 Veja minha discussão sobre os chamados "libertários de Frankfurt" no capítulo 6. Os libertários de Frankfurt são aqueles que adotam a noção apresentada por Harry Frankfurt.

teólogos serão simplesmente chamados de "arminianos", porque todos eles defendem o libertarianismo.

Por fim, assim como imaginei que poderia haver alguns que se identificam como "calvinistas", embora rejeitem o determinismo, também pode haver alguns que — por alguma razão — se identificam como "arminianos", embora afirmem o determinismo. Para esses deterministas incomuns (se é que tais pessoas existem), tudo o que posso fazer é me desculpar por ainda chamá-los de calvinistas contra suas vontades e devo simplesmente apontar que, embora discordemos sobre a compatibilidade de seu professo "arminianismo" com o determinismo, eles devem acolher meu estudo sobre a compatibilidade de seu professo determinismo com a responsabilidade moral e com a justiça divina. Eles, portanto, não estão excluídos da presente discussão, embora eu siga a definição de que os calvinistas são deterministas e os arminianos são indeterministas — já que estes afirmam o livre-arbítrio libertário.

Agora que os termos-chave foram definidos, devo tratar de algumas questões metodológicas. A preocupação do presente trabalho é avaliar os méritos das duas principais críticas ao determinismo calvinista: que ele exclui a responsabilidade moral e que envolve indevidamente Deus no mal. Isso será conduzido por meio da avaliação de vários argumentos cuja conclusão é a verdade de qualquer uma dessas proposições. Por uma questão de exaustividade, esses argumentos serão retirados da literatura ou serão antecipações do que se *poderia* argumentar. Se conseguirmos refutar todos os argumentos analisados, o objetivo desta obra terá sido alcançado e uma refutação meramente negativa de argumentos inválidos é certamente útil em si mesma, mas sempre que possível tentaremos ir além disso. Qualquer que seja a melhor estratégia nos esportes, na filosofia a melhor defesa é o ataque, e um filósofo não convencido que se atém a repetir acusações de raciocínio circular pode acabar levantando contra a si a suspeita de um ceticismo radical. Além disso, a demonstração de que um argumento não é sólido não estabelece que sua conclusão seja falsa, apenas que é — até agora — injustificada. Tendo isso em mente, sempre que possível, farei mais do que expressar ceticismo sobre as premissas (e conclusão) de um argumento infundado e, além disso, apresentarei meus próprios argumentos positivos para provar que sua tese é falsa. Isso será um argumento abrangente em favor da compatibilidade do determinismo calvinista com a responsabilidade moral humana e com a justiça divina.

Com esses objetivos claramente estabelecidos diante de nós, agora podemos lidar com os dois grandes argumentos: o calvinismo exclui a responsabilidade moral e envolve indevidamente Deus no mal? Será que ele justifica "isentar os pecadores e culpar a Deus"?

PARTE I

Calvinismo e Responsabilidade Moral

O primeiro desses dois grandes argumentos a ser avaliado é a afirmação de que o calvinismo seria incompatível com a responsabilidade moral. Embora o argumento possa assumir várias formas, ele consiste essencialmente num argumento dedutivo do seguinte tipo:

> 1. Se o calvinismo é verdadeiro, as pessoas nunca são moralmente responsáveis por suas escolhas e ações.
>
> 2. Ao menos algumas pessoas, em algum momento, são moralmente responsáveis por algumas de suas escolhas ou ações.
>
> Portanto
>
> 3. O calvinismo é falso.

O argumento é logicamente válido, de modo que se ambas as premissas são verdadeiras, a conclusão segue-se e o calvinismo é refutado. Uma forma de evitar a conclusão seria rejeitar a premissa (2); de fato, a negação da responsabilidade moral é um caminho tomado pelos chamados "deterministas rígidos",[24] mas eu entendo que a premissa (2) é um firme compromisso do cristianismo ortodoxo, pelo que não seguirei (e os calvinistas não deveriam seguir) essa forma de se esquivar do argumento. Nenhum calvinista comprometido com a verdade das Escrituras deve rejeitar a crença de que (pelo menos algumas) pessoas são moralmente responsáveis por (pelo menos alguns) seus pecados.[25] Assim, todo o foco do presente trabalho com relação a esse argumento residirá na premissa (1). Será que o calvinismo sugere a impossibilidade de responsabilidade moral? Notemos que a característica do calvinismo que supostamente exclui a responsabilidade moral é seu determinismo teológico. A premissa (1) pode, assim, ser dividida em duas etapas da seguinte forma:

1a Se o calvinismo é verdadeiro, então o determinismo é verdadeiro.

1b Se o determinismo é verdadeiro, então as pessoas nunca são moralmente responsáveis por suas escolhas e ações.

2 Pelo menos algumas pessoas, em algum momento, são moralmente responsáveis por algumas de suas escolhas e ações.

Portanto

3a O Determinismo é falso. (Segue-se de (1b) e (2))

---

[24] Veja Pereboom, *Living*.

[25] A disputa é simétrica no que diz respeito à culpabilidade ou louvor, ambas as quais eu defendo que os homens possuem. O pecado é usado aqui pela simples razão de que a Bíblia fala mais sobre os seres humanos serem pecaminosos do que sobre seu mérito.

Portanto

3b O calvinismo é falso. (Segue-se de (1a) e (3a)

A validade lógica continua irrepreensível. Essa análise refinada agora permite teoricamente que um calvinista escape da força do argumento ao rejeitar (1a) afirmando que o determinismo não é essencial ao calvinismo. Mas conforme a definição que adotamos, quer seja o determinismo físico, quer seja o determinismo teológico, um calvinista deve afirmar alguma forma de determinismo, o que significa que não podemos objetar à premissa (1a),porque ela não especifica a qual variedade de determinismo ela se refere. Dado isso, o debate agora é se a premissa (1b) é verdadeira.

A premissa (1b) é a infame tese do *incompatibilismo*. É a afirmação de que o determinismo é incompatível com a responsabilidade moral. Consequentemente, a discussão do atual grande argumento anticalvinista exige a resolução da chamada "questão da compatibilidade", uma controvérsia de longa data na história da metafísica: seria o determinismo incompatível com a responsabilidade moral? No entanto, enquanto nos esforçamos para fazê-lo, devemos ter o cuidado de abordar essa questão em seu contexto dialético apropriado: o de uma *objeção* ao calvinismo. A premissa (1b), como a encontramos, é uma premissa em um argumento contra o calvinismo. Para que essa objeção falhe nesse ponto, não é necessário que os calvinistas provem a falsidade da premissa — isto é, provem o compatibilismo. O ônus da prova está todo sobre os ombros do objetor não calvinista que nos apresenta o argumento. Pode ser útil para os calvinistas provarem a falsidade da premissa — e certamente avaliaremos se isso pode ser feito — mas não é necessário para que o argumento falhe. A modesta tarefa do calvinista diante desse argumento é analisar todos os argumentos que os não calvinistas têm a oferecer em apoio à premissa (1b), e lhes mostrar que os argumentos não se aplicam a eles. Agora podemos nos voltar a essa análise.

CAPÍTULO 1

Livre-arbítrio, animais de estimação e fantoches

O argumento "sem livre-arbítrio/ sem escolha"

O que então pode ser dito em apoio ao incompatibilismo? Uma primeira tentativa de sustentar a tese seria dizer que se o determinismo é verdadeiro, então os homens "não têm livre-arbítrio" e não "fazem suas próprias escolhas". Como Hugh McCann coloca, "as pessoas não contaminadas pela filosofia geralmente tendem a acreditar que, se o determinismo for verdadeiro, nós nunca "realmente" decidimos coisa alguma".[26] E como poderíamos ser moralmente responsáveis sem uma escolha e sem livre-arbítrio? Se alguma coisa é motivo para justificar uma falha, certamente é a ausência de livre-arbítrio. Quanto à rejeição

---

[26] McCann, *Works of Agency*, 145.

calvinista do "livre-arbítrio", há até certo fundamento nos escritos dos reformadores para documentar a acusação: tudo o que se precisa fazer é analisar o *Bondage of the Will,* de Martinho Lutero, para saber o que ele pensava sobre o "livre-arbítrio", aquele "termo vazio cuja realidade está perdida".[27] Mas certamente, se os homens não têm livre-arbítrio, eles não são moralmente responsáveis; como poderiam sê-lo?

Mal formulado assim, no entanto, o argumento incompatibilista é facilmente rejeitado ao se expor uma série de equívocos. Pelas afirmações acima, o objetor deve estar se referindo a algo como o seguinte:

> 4. Se o determinismo é verdadeiro, então os homens não fazem escolhas.
>
> 5. Se os homens não fazem escolhas, então eles não são moralmente responsáveis.
>
> Portanto
>
> 6. O determinismo é incompatível com a responsabilidade moral.
>
> Ou
>
> 7. Se o determinismo é verdadeiro, então os homens não têm livre-arbítrio.
>
> 8. Se os homens não têm livre-arbítrio, então eles não são moralmente responsáveis.
>
> Portanto
>
> 6. O determinismo é incompatível com a responsabilidade moral.

Para servir como um argumento convincente contra o calvinismo, essas alegações devem mostrar que "livre-arbítrio" ou "escolha", *no*

---

[27] Lutero, *Bondage of the Will*, 148.

sentido em que são necessariamente rejeitados pelos calvinistas, são de fato necessários para a responsabilidade moral. Mas ambas expressões continuam a ser equivocadas em relação às suposições metafísicas que elas envolvem. Se por "escolha" nas premissas (4) e (5) o objetor indica "livre escolha libertária" e por "livre-arbítrio" nas premissas (7) e (8) ele quer dizer "livre-arbítrio libertário", então com certeza os calvinistas rejeitam ambos os itens, mas, por sua vez, exigirão uma razão não circular para justificar a necessidade *desses* itens para a responsabilidade moral. Por que o calvinista deveria acreditar nas premissas (5) e (8) segundo a leitura libertária?

Se, por outro lado, os supostos requisitos de "escolha" e "livre-arbítrio" para a responsabilidade moral não envolvem nenhuma suposição libertária, então sua incompatibilidade com o determinismo, conforme afirmado pelas premissas (4) e (7), está, pelo menos, longe de ser certa, isso se não for comprovadamente falsa. Os filósofos calvinistas estão — pelo menos, eu estou — satisfeitos em afirmar que, na ausência de quaisquer pressupostos libertários, "escolha" e "livre-arbítrio" são necessários para a responsabilidade moral, no modesto sentido de que "livre escolha" ou "livre-arbítrio" simplesmente descrevem uma escolha que inclui todos os itens da lista de condições necessárias — em relação à liberdade — à responsabilidade moral, uma lista à qual o indeterminismo não demonstrou pertencer.[28] De fato, com base nessa linguagem, o próprio significado da frase "ter livre-arbítrio", sem quaisquer qualificações em relação às suas pretensões compatibilistas ou incompatibilistas, é entendido na presente obra como equivalente a "ter o tipo de controle sobre a nossa própria vontade, que nos permita ser moralmente responsáveis".[29] Assim, afirmar que o determinismo exclui a responsabilidade moral porque exclui o livre-arbítrio é, na visão atual, equivalente a dizer que o determinismo exclui a responsabilidade

---

[28] Será dito mais tarde sobre o que pode pertencer a essa lista em uma visão compatibilista.
[29] Veja minha definição de "livre-arbítrio" na introdução.

moral porque exclui a responsabilidade moral. Obviamente, não é um progresso evidente, e até que essa compreensão de "livre-arbítrio" se mostre inviável, o calvinista pode e deve continuar afirmando que, no determinismo, os homens ainda têm livre-arbítrio, fazem escolhas e são moralmente responsáveis por elas.

Sempre que as Escrituras indicam que os homens têm uma escolha a fazer em "escolher" arrepender-se e crer em Jesus, ninguém pode tirar conclusões precipitadas e encontrar nisso qualquer apoio para uma visão arminiana/libertária. As Escrituras instruem os homens a *escolher* a vida (Dt 30.19), *escolher* a quem servirão (Js 24.15), *escolher* o bem e rejeitar o mal (Is 7.15). Os calvinistas não ousam descartar essas expressões. É evidente que escolhemos. Nós temos uma vontade. Fazemos escolhas. O argumento calvinista simplesmente diz que essas escolhas humanas, embora feitas de forma livre e responsável, são deterministas e, portanto, o compatibilismo é verdadeiro. Se um argumento pode ser formulado de que a própria linguagem de escolha e livre-arbítrio é proibida a um calvinista, isso não foi encontrado até agora; mas vamos prosseguir.

O argumento "animais de estimação e marionetes"

A crítica mencionada às vezes é formulada em termos mais chamativos, uma vez que os incompatibilistas afirmam que, se os seres humanos são determinados, suas escolhas equivalem às de animais de estimação ou marionetes. Uma coleção de metáforas injuriosas pode ser encontrada na literatura arminiana: "marionete delicadamente controlada"[30], "um espetáculo de marionetes"[31] de "artistas

---

[30] Forlines, *Classical Arminianism*, 48.
[31] Pinnock, "Room for Us", 215.

limitados"[32], "dominós caindo"[33], "manequins dançantes"[34], bonecos de ventríloquo[35], robôs[36], brinquedos[37] e "peões nas mãos de Deus."[38] A crítica é clara: se o livre-arbítrio for determinado, "estamos apenas atuando no espetáculo de marionetes que Deus decretou".[39] Todas as metáforas criativas impõem uma objeção semelhante, mas apesar de seu tema unificador e claramente percebido, na verdade não é óbvio o que fazer com esse material, porque os teólogos arminianos raramente explicam a acusação, muito menos a fundamentam.

Por um lado, se os incompatibilistas pretendem argumentar que "as marionetes são determinadas; homens são determinados; portanto, os homens são marionetes", não é difícil apontar a falácia lógica do meio não distribuído: só porque duas coisas têm uma parte em comum, não quer dizer que elas tenham tudo em comum. E, de qualquer forma, certamente os incompatibilistas não pretendem argumentar que, no determinismo, os homens realmente *são* animais de estimação ou marionetes. Infelizmente, o mesmo problema ocorre com a formulação menos obviamente inválida: "As marionetes são determinadas; as marionetes não são moralmente responsáveis; homens são determinados; portanto, os homens não são moralmente responsáveis", o que ainda comete a falácia do meio não distribuído: do determinismo das marionetes e de sua falta de responsabilidade moral, não se segue que homens determinados não sejam moralmente responsáveis.

Uma leitura mais convincente da objeção, em vez disso, entenderia se tratar de uma afirmação de que determinadas escolhas humanas

---

32 Sanders, *God Who Risks*, 223.
33 Moreland e Craig, *Philosophical Foundations*, 273.
34 Sanders, *God Who Risks,* 223.
35 Ibid., 227.
36 Ibid.
37 MacDonald, "Spirit of Grace", 81.
38 Olson, *Arminian Theology*, 65.
39 Lemke, "Critique of Irresistable Grace", 154.

são *análogas* às de animais de estimação e marionetes. Hugh McCann desenvolve a acusação um passo além do que os teólogos arminianos costumam fazer: "Se a relação entre a vontade de Deus e a nossa assumisse essa forma, a espontaneidade do livre-arbítrio desapareceria; teríamos todo direito de nos sentirmos como meras marionetes, e Deus o marionetista."[40] Até agora, isso apenas reformula a alegação, mas ele prossegue a explicá-la da seguinte forma:

> Se, digamos, a decisão e a vontade humana não fossem nada além do produto causal do motivo mais forte de um agente — não seríamos realmente pessoas ou agentes. Seríamos reduzidos ao mesmo *status* de nossos animais domésticos: admiráveis de muitas maneiras, talvez, mas totalmente desprovidos da dignidade de um ser moral:
> Por que [...] deveríamos considerar um assassino moralmente responsável pela morte de sua vítima com base no fato de que se ele tivesse desejado de outra maneira, a morte não teria ocorrido, quando na verdade não havia nenhuma esperança de que ele assim *iria* desejar? Como é que esse tipo de comportamento é mais responsável do que o de um cão feroz — que, certamente, não teria atacado o carteiro se não tivesse tal motivação? Se há uma diferença relevante aqui, o compatibilismo não parece apontá-la; e se nenhuma diferença pode ser encontrada, então o homem não é mais responsável do que o cão.[41]

Isso é útil. Confirma que o que o argumento em questão alega é a existência de uma característica análoga entre escolhas humanas determinadas e as dos animais de estimação. A alegação que se faz é

---

[40] McCann, *Creation*, 94.
[41] Ibid., 94–95.

que tudo o que anula a responsabilidade moral pelo cão também é encontrado em escolhas humanas determinadas e, portanto, deve anular também a responsabilidade moral nesse caso. O denominador comum seria o determinismo, razão pela qual ambos excluem a responsabilidade moral. Mas, como McCann objeta, se, por outro lado, o livre-arbítrio libertário e indeterminista não é o que distingue os homens, então não resta nenhuma "diferença relevante" que explique por que os homens são moralmente responsáveis e os animais de estimação e marionetes não; "nenhuma diferença pode ser encontrada."

O problema com esse argumento é que tal diferença é de fato muito facilmente encontrada. O que exatamente seria necessário para refutar a acusação? Para tornar essa exigência clara, vamos expor o argumento por analogia em uma forma silogística mais rigorosa. O argumento fica:

>9. Ações realizadas por animais de estimação e marionetes têm uma certa propriedade que exclui a responsabilidade moral.
>
>10. Se as ações realizadas por animais de estimação e marionetes têm uma certa propriedade que exclui a responsabilidade moral, então aquela propriedade é também predicada de ações realizadas por homens no determinismo.
>
>Portanto
>
>11. Ações realizadas por homens no determinismo têm uma propriedade que exclui a responsabilidade moral.
>
>o que é dizer que
>
>6. O determinismo é incompatível com a responsabilidade moral.

É, portanto, a premissa (10) que deve ser rejeitada. Em primeiro lugar, os compatibilistas podem salientar que se trata de um raciocínio circular. Por que pensar que, se as ações realizadas por animais de estimação e marionetes não são moralmente responsáveis, tampouco o são as ações realizadas por homens no determinismo? Por que pensar que ações de animais de estimação e fantoches são de fato análogas a escolhas e ações humanas, em vista do determinismo, daquele modo? Não nos é dito. No entanto, o mais importante é a demonstração de que a premissa é falsa (10) pelo fato de se encontrar facilmente uma propriedade que: 1) é apresentada por animais de estimação e fantoches, 2) exclui a responsabilidade moral no caso deles, e 3) não é apresentada por seres humanos, que se supõe fazerem escolhas livres segundo o compatibilismo.

A propriedade da "falta de autoconsciência" se encaixa exatamente nessa descrição. A autoconsciência é deveras plausivelmente necessária para a responsabilidade moral, é ostentada por seres humanos — determinados ou não — e ausente em animais de estimação e marionetes. *Essa* é a razão pela qual os animais de estimação e os bonecos não são moralmente responsáveis: falta-lhes essa condição necessária, o conhecimento autoconsciente do que estão fazendo[42] — o segundo "*sapiens*", em *homo sapiens sapiens* — e é por isso que eles não podem servir para apoiar o incompatibilismo. Falta-lhes o livre-arbítrio libertário, é verdade, mas na ausência de autoconsciência animais de estimação e marionetes tampouco poderiam ter livre-arbítrio, como entendido pelos compatibilistas e, então, é óbvio que eles não têm responsabilidade moral, mas nada de interessante se segue que poderia apoiar a tese do incompatibilismo. Os calvinistas

---

[42] Se alguém discordasse e argumentasse, em vez disso, que alguns animais avançados *de fato* atingem o auge de serem autoconscientes, minha resposta seria então que esses animais autoconscientes provavelmente *seriam* moralmente responsáveis e, portanto, embora homens determinados agora fossem análogos a eles, já não serviria para excluir a responsabilidade humana no determinismo.

estão satisfeitos em concordar que o livre-arbítrio autoconsciente é necessário para a responsabilidade moral; eles apenas discordam dos incompatibilistas sobre o livre-arbítrio ser determinista ou libertário e, portanto, ilustrações chamativas de cães e marionetes pouco fazem para resolver o debate.

Finalmente, pode-se objetar que minha leitura do argumento dos "animais de estimação e marionetes" *ainda* é demasiado forte. Existem tecnicamente duas maneiras diferentes de propor o argumento por analogia: uma afirmação mais forte e uma afirmação mais fraca, cuja diferença seria a seguinte:

Afirmação mais forte: "não há diferença relevante entre animais de estimação (ou marionetes) e homens determinados".

Afirmação mais fraca: "há uma semelhança relevante entre animais de estimação (ou marionetes) e homens determinados."

Uma vez que a premissa (10) afirma que *qualquer* propriedade em animais de estimação e marionetes que exclua a responsabilidade moral também é encontrada em homens determinados, ela estava claramente propondo a afirmação mais forte, enquanto, tecnicamente, tudo o que o objetor precisa afirmar é que pelo menos uma propriedade em animais de estimação e marionetes exclui a responsabilidade moral e é encontrada em homens determinados. Essa afirmação mais fraca é muito mais difícil de refutar, porque encontrar uma diferença relevante — como eu afirmo ter feito — já não seria suficiente. Pelo contrário, seria necessário mostrar que não há similaridade relevante: eu precisaria mostrar que *todas* as propriedades em animais de estimação e marionetes que excluem a responsabilidade moral não estão presentes nas escolhas livres de homens determinados, e isso é muito mais difícil de provar. Então, o que pode ser dito em resposta? Simplesmente dizendo que o problema com a afirmação mais fraca é que ela é demasiado fraca para fazer o argumento funcionar. Uma vez que não nos é dito *qual* é essa suposta semelhança relevante, mas apenas *que* deve haver uma em algum lugar, a afirmação não tem absolutamente nenhuma relevância para o compatibilista; ela é claramente circular, e os compatibilistas não têm motivos para aceitá-la. Devo admitir que essa afirmação é muito difícil de se *refutar*, mas igualmente difícil é aceitá-la pela fé! E é por isso que os proponentes do argumento por analogia tendem a agir exatamente como McCann fez: escolher a afirmação mais forte, *desafiando* o compatibilista a encontrar uma diferença relevante, alegando, então, que "tal diferença não pode ser encontrada". Mas, nesse caso, eu *de fato* apresentei essa diferença relevante e, portanto, a premissa (10) se mostrou falsa, de modo que o argumento por analogia dos "animais de estimação e marionetes", seja na sua afirmação mais forte, seja na mais fraca, fracassa.

CAPÍTULO 2

O argumento da coerção

O determinismo implica coerção?

Um argumento melhor que poderia ser cogitado a fim de aprimorar o pressuposto incompatibilista seria a objeção de que o determinismo é óbice à responsabilidade moral, pois Deus estaria *coagindo* as escolhas humanas. Aqui, a alegação é que o Deus calvinista que decreta todas as nossas escolhas estaria nos forçando a escolher e agir da maneira que o fazemos; Deus estaria exercendo *coerção* sobre nós, a mesma força que remove a responsabilidade moral como é tão claramente testemunhado quando ocorre entre nós, seres humanos. Uma pessoa que é coagida a fazer algo, que não teria feito se tivesse alternativa, pode recorrer a esse fato para se justificar: não foi sua escolha; foi-lhe imposto; foi coagida. O incompatibilista pode argumentar algo assim:

12. Se o determinismo é verdadeiro, então todas as nossas escolhas são coagidas.

13. Se a pessoa é coagida a escolher de tal forma, então essa pessoa não pode ser moralmente responsável por sua escolha.

Portanto

14. Se o determinismo é verdadeiro, logo nenhuma pessoa pode ser moralmente responsável por quaisquer de suas ações.

O que seria o mesmo que dizer

6. O determinismo é incompatível com a responsabilidade moral.

Em resposta, o calvinista deve, obviamente, rejeitar a premissa (12) e defender que o determinismo não implica, de fato, qualquer tipo de coerção; mas para avaliar adequadamente os méritos da argumentação, deve-se primeiro observar o significado da palavra no centro da acusação: "coerção". O que significa coerção e que tipo de condição seria necessária e suficiente para caracterizar a coerção? Essas perguntas são importantes para se avaliar a objeção em questão. Infelizmente, como ocorre com muitos conceitos da metafísica, a coerção é tão controversa e difícil de se analisar de forma minuciosa e filosófica, quanto é fácil de se reconhecê-la intuitivamente — pelo menos em alguns casos mais evidentes. Como um modesto ponto de partida, então, pode-se pintar um quadro convenientemente simples: é possível definir coerção como o ato de persuadir uma pessoa, relutante, a fazer algo pelo uso da força ou por ameaças. Deve-se notar ainda que a ação feita por alguém coagido pode consistir em *fazer* algo ou *dizer* algo. À luz dessas descrições, respectivamente, é correto dizer que:

15. Os reféns foram coagidos a permanecer no banco pelos assaltantes.

Ou que:

16. Um suspeito foi coagido a confessar por meio de tortura.

O primeiro está realizando uma ação e o segundo está meramente informando, mas não há diferença moralmente significativa entre as duas ações: ambas são casos de coerção, para persuadir pessoas previamente relutantes a *fazer* algo (ação ou fala) pelo uso da força ou ameaças.

A dificuldade real surge, no entanto, quando duas complicações entram em cena: primeiramente, "ameaça" é um conceito difícil de definir e, em segundo lugar, nem todas as ameaças bem-sucedidas são exemplos de coerção.[43] Mas vamos evitar prudentemente essas dificuldades por enquanto e defender o ponto óbvio de que a premissa (13) seja verdadeira: partindo dessa compreensão inicial e intuitiva (embora incompleta) de coerção, é bastante claro que a coerção remove a responsabilidade moral. Considere (15) e (16). Se um dos reféns acabar perdendo o recital de piano de sua filha durante aquela tarde e, por assim dizer, quebrar sua promessa de comparecer ao evento, sua esposa chateada não pode responsabilizá-lo e culpá-lo por não cumprir sua promessa, pois ele foi coagido a ficar no banco contra sua vontade.

---

[43] Esses dois assuntos complexos são discutidos e parcialmente resolvidos em Frankfurt, "*Coercion and Moral Responsibility*", 26–46. Quanto ao primeiro, Frankfurt observa que as ameaças são propostas bicondicionais que provocam uma série de coisas se uma pessoa realizar uma ação, ou caso a pessoa não realize a ação. A dificuldade é que simples *ofertas* também são propostas bicondicionais, de modo que ameaças devem ser diferenciadas de ofertas por outro critério. Nesse sentido, Frankfurt discute a plausível sugestão de que "uma ameaça proporciona a seu destinatário o perigo de incorrer em uma penalidade, enquanto uma oferta oferece a ele a possibilidade de obter um benefício" (p.28). Segue-se uma discussão complexa sobre como medir se certas consequências equivalem a benefícios ou penalidades e, embora as sugestões de Frankfurt pareçam convincentes o suficiente, não é necessário que a avaliação do presente argumento interaja com suas propostas complexas. Quanto à segunda questão, a questão de quando as ameaças bem-sucedidas de fato equivalem à coerção, Frankfurt considera várias condições, mostrando uma após a outra como tais ameaças não são suficientes para a coerção, pois cada uma pode ser apresentada em uma situação que ainda não equivale à coerção. Isso nos deixa com uma lista de condições provavelmente necessárias, mas sem grande certeza de que sua conjunção equivalha a uma condição suficiente. Aqui, novamente, uma avaliação completa da proposta de Frankfurt não é necessária para a avaliação adequada do argumento incompatibilista em questão.

Da mesma forma, se a confissão do suspeito fosse uma confissão falsa, ele dificilmente poderia ser moralmente responsável por "mentir" se a tortura fizesse com que sua confissão fosse coagida, sendo contra sua vontade. Compreende-se, assim, que a verdadeira coerção exclui a responsabilidade moral; não há necessidade de contestar esse ponto. Portanto, a questão em pauta é se o determinismo teísta acarreta um tipo de coerção que exclua a responsabilidade moral das escolhas humanas.

Será que é isso que acontece, então? Uma escolha determinista é necessariamente coagida? É difícil entender por que esse seria o caso. Na explicação compatibilista teísta, todas as escolhas humanas são determinadas pelo decreto providencial de Deus, mas sob pena de raciocinar em círculos, os incompatibilistas não podem presumir que a única maneira de operar um decreto tão eficaz seja pelo uso da força ou ameaça. Nada disso precisa necessariamente estar presente na explicação compatibilista de como Deus providencialmente determina os resultados das escolhas humanas ou, de qualquer forma, tal coerção não precisa estar envolvida em *todas* as escolhas humanas deterministas — ao contrário do que o incompatibilista opositor teria que presumir na premissa (12). No compatibilismo teísta, nos casos comuns de livre escolha humana, Deus não determina as ações dos homens *contra* suas vontades, mas *através* de suas vontades. Deus geralmente não recorre a ameaças nem força física, mas, em vez disso, ele influencia providencialmente o coração dos homens a cumprir voluntariamente seus propósitos em todas as coisas. É claro que os incompatibilistas podem muito bem discordar dessa explicação, mas ela exclui coerentemente a *coerção* divina no caso das escolhas humanas feitas livremente no sentido compatibilista. Portanto, a premissa (12) é mais do que não comprovada; é comprovadamente falsa, tendo em vista que não pode haver coerção sem ameaças ou sem uso da força. Nesse ponto, o critério inteiramente especificado do que é *suficiente* para a coerção ainda não foi definido, mas independentemente do que *mais* for necessário para garantir a coerção além de meras ameaças, sabemos que ameaças ou força são, de qualquer forma, *necessárias*. E uma vez que ameaças e uso de força não estão presentes na explicação compatibilista coerente de uma livre escolha normal, é falsa a premissa de que o determinismo implica coerção.

Nossa compreensão incompleta sobre coerção propicia um incompatibilismo de lacunas?

A conclusão anterior é uma vitória parcial que merece a devida celebração, mas pode ser que os compatibilistas não estejam a salvo ainda, visto que enquanto não houver um critério completamente esclarecido sobre o que é suficiente para a coerção, pode-se temer que um compromisso com o compatibilismo impeça a identificação bem-sucedida de tal critério. Se o determinismo não é suficiente para a coerção, então talvez não haja mais nada que sirva suficientemente para implicar coerção. Enquanto tivermos essa lacuna em nosso conhecimento sobre coerção, pode ser que essa lacuna seja preenchida com compromissos incompatibilistas. Em outras palavras, nosso opositor alegaria que "apresentar determinação" é a única razão válida pela qual uma determinada instância de ameaças equivale a uma coerção que exclui a responsabilidade moral — já que vimos que as ameaças por si só não são suficientes para a verdadeira coerção. A acusação seria que, ao avaliar se uma ação foi ou não coagida, a única maneira bem-sucedida de concluir que houve coerção seria indicar que a ação foi determinada; determinação seria a única medida verdadeira de coerção. Mas se for esse o caso, e nós, como compatibilistas, afirmamos que o determinismo não implica coerção, então talvez isso nos impeça de identificar apropriadamente uma coerção. Talvez não haja nada mais que possamos identificar que nos leve a concluir que uma ação qualquer seja realmente coagida, a não ser pela determinação. E como obviamente existe coerção neste mundo, isso significaria que manter compromisso com o compatibilismo é impossível. Então, como o compatibilista deve responder?

A primeira coisa a salientar é que essas conjecturas são, senão falsas, pelo menos infundadas. Especular sobre a falta de conhecimento do que pode ou não ser uma falha problemática do compatibilismo não é um argumento contra o compatibilismo. Se o critério para uma identificação bem-sucedida de coerção está realmente ausente nessa lacuna de conhecimento, então ele está ausente para todos e ninguém pode presumir, sem argumentos, que, quando tal critério for encontrado, irá abalar o compatibilismo e corroborar o incompatibilismo.

E em segundo lugar, pelo lado positivo, há três opções para os compatibilistas refutarem a acusação. A primeira seria preencher essa lacuna de conhecimento: produzir essa preciosa lista de condições que sejam, em conjunto, suficientes para haver coerção e que não incluam o determinismo. Isso pode ser viável, mas continua sendo uma tarefa bastante difícil, enquanto duas outras respostas mais fáceis devem sozinhas resolver a questão, com base nos seguintes fatos: 1) a lógica da acusação é inválida, de modo que, ainda que verdadeira, nada se segue acerca do compatibilismo; e 2) Nem mesmo os próprios incompatibilistas conseguem defender e sustentar coerentemente essa objeção.

A premissa que essas duas respostas têm em comum é o fato de que, se a acusação atual estivesse correta, então se seguiria que a coerção implica determinação.[44] De fato, se determinação implica coerção e supostamente nada menos que determinação é suficiente para haver coerção, então isso significa que é preciso haver determinação para que haja coerção. Significa que a determinação é *necessária* para que

---

44 Observe que aqui falei de "determinação" em vez de "determinismo". Ambos se referem ao mesmo conceito metafísico de determinação, mas "determinismo" é a visão de que *todas* as escolhas são assim determinadas. Em vez disso, "determinação" no presente argumento, refere-se apenas à única escolha específica em consideração, pois pode-se acreditar coerentemente que a coerção implica *determinação* (nesse caso, todas as escolhas coagidas são determinadas) e também que o determinismo seja falso contanto que outras escolhas não coagidas sejam indeterministas.

haja coerção. Mas nada no compatibilismo exige que essa premissa seja falsa. Suponhamos que a coerção implique determinação; os compatibilistas poderiam facilmente responder que a determinação é apenas um dos vários itens na lista daquilo que é conjuntamente suficiente para que haja coerção e, portanto, não é por si só suficiente para que haja coerção, de modo que teríamos "coerção implica determinação" e "coerção exclui responsabilidade moral", das quais nem por um momento se seguiria que "a determinação exclui a responsabilidade moral". Se A $\Rightarrow$ B e A $\Rightarrow$ C, não se segue que B $\Rightarrow$ C. Portanto, mesmo que fosse verdade que coerção leva à determinação, não se seguiria que o compatibilismo é falso.

Mas, em segundo lugar, essa premissa seria sequer sustentável para nossos objetores incompatibilistas? Provavelmente não. A acusação feita é de que a coerção implica determinação. Isso significa que nosso objetor deve sustentar a afirmação de que não há coerção sem determinação. Todavia, não seria esse um comprometimento forte demais, mesmo para um incompatibilista libertário? Partindo de um ponto de vista libertário acerca da coerção, a pessoa que é coagida pela força ou por ameaças pode ser limitada em suas opções acessíveis e, portanto, pode não ter acesso a alternativas "razoáveis" ou "interessantes"[45], mas por que pensar que ela *não* tem alternativa? Presume-se que ela faça uso de seu livre-arbítrio indeterminista e libertário para *ou* se submeter à ameaça, *ou* resistir a ela e pagar a penalidade absurdamente alta. A coerção remove sua responsabilidade moral — porque a penalidade *é* absurdamente alta — mas presumivelmente não altera o tecido metafísico da vontade humana supostamente indeterminista com a qual ele escolhe a saída razoável. Assim, os incompatibilistas também precisarão trabalhar para fornecer uma condição suficiente para que as ameaças impliquem

---

[45] Mais será dito no capítulo 5 acerca da questão do acesso a possibilidades alternativas e sua relação com a responsabilidade moral.

coerção, e isso não dependerá — pois aparentemente não pode — apenas do determinismo. Consequentemente, enquanto esse for o caso, os compatibilistas provavelmente se darão por satisfeitos com qualquer explicação razoável que os libertários produzirem. Deixando de lado o determinismo, é provável que não haja controvérsia entre compatibilistas e incompatibilistas nessa questão. A coerção pode ainda não ter sido totalmente analisada, lacunas em nosso conhecimento podem ainda permanecer, mas agora foi demonstrado que o determinismo não é necessário nem suficiente para que haja coerção.

O determinismo é análogo à coerção?

Mas, por fim, talvez tenhamos sido rigorosos demais em nossa leitura da objeção em ambas as direções apresentadas. Talvez não seja a intenção do incompatibilista dizer que o determinismo realmente implica (nem que *é implicado por*) coerção universal. E talvez ainda exista alguma objeção similar, mais modesta, que necessite de resposta. Uma formulação mais promissora da acusação poderia ser que escolhas determinadas e escolhas coagidas são *análogas*. Pode ser que haja algo *acerca do* determinismo que seja *compartilhado* com a velha e conhecida coerção e que em ambos os casos exclua a responsabilidade moral; uma característica problemática tanto do determinismo quanto da coerção, que fique clara para os deterministas ao se destacar o terrível espectro da coerção.

Nessa leitura da objeção da coerção, o que os compatibilistas precisam fazer é perguntar exatamente o que coerção e determinismo podem ter em comum, bem como apresentar uma explicação coerente da razão pela qual, apesar dos pontos convergentes, o primeiro exclui a responsabilidade moral enquanto o último não. Essa resposta compatibilista irá mais uma vez expor a chamada falácia do termo médio não distribuído: só porque duas coisas têm uma parte em comum não significa que elas tenham tudo em comum. Em nosso caso, deve-se admitir claramente que o determinismo e a coerção de fato têm algumas coisas em comum. Por exemplo, eles compartilham um certo tipo de irresistibilidade: assim como o policial coercitivo obtém o que quer sem ser impedido pela vontade contrária do criminoso que está em seu caminho, o Deus calvinista obtém o que quer sem ser impedido pelas vontades contrárias dos homens pecadores que estão no caminho de seus decretos.[46] Outros candidatos decentes à característica análoga podem ser o fato de que em nenhum dos casos cabe "em última análise" ou "absolutamente" à pessoa o que ela faz, ou novamente que a pessoa "carece da capacidade de fazer o contrário". Essas objeções devem ser — e serão mais tarde — analisadas independentemente, mas fica claro que elas não são mais sobre coerção propriamente dita e, portanto, abrem caminho para as duas respostas compatibilistas seguintes. Primeiro, se não é mais *em virtude de* envolver coerção que se diz que a explicação determinista exclui a responsabilidade moral, precisamos de um argumento para explicar por que isso aconteceria. Que justificativa há para se pensar que o determinismo é semelhante à coerção? Por que deveríamos pensar que uma característica da coerção que exclui a responsabilidade moral está necessariamente presente — com o mesmo efeito — também no determinismo? E, em segundo lugar, pode-se demonstrar que a acusação é falsa. Para fazer isso, vamos aqui novamente formular o presente argumento como um silogismo dedutivo:

> 17. As escolhas feitas sob coerção têm uma propriedade que exclui a responsabilidade moral.
>
> 18. Se as escolhas feitas sob coerção têm uma propriedade que exclui a responsabilidade moral, então essa

---

[46] Em particular, assim ocorre quando o decreto em questão é a escolha graciosa de Deus para regenerar um pecador rebelde por meio de sua chamada "graça irresistível".

propriedade também é possuída por quaisquer escolhas feitas no determinismo.

Portanto

19. As escolhas feitas com base no determinismo têm uma propriedade que exclui a responsabilidade moral.

O que equivale a dizer que

6. O determinismo é incompatível com a responsabilidade moral.

Essa cuidadosa formulação do argumento deixa claro que a premissa (18) é o problema. É possível entendermos melhor sua natureza circular: o incompatibilista ainda precisa provar que qualquer propriedade de escolhas coagidas que exclua a responsabilidade moral necessariamente se estende a escolhas determinadas. Porém, mais importante, essa premissa não só carece de fundamentos, como é falsa e, para demonstrá-lo, tudo o que os compatibilistas precisam fazer é identificar uma propriedade que: 1) seja apresentada em casos de coerção; 2) exclua a responsabilidade moral; e 3) não seja apresentada por escolhas livres humanas, compatibilistas e deterministas. Tal propriedade, de fato, já foi identificada anteriormente: "o uso da força ou ameaças". As três condições mencionadas para um derrotador [47] bem-sucedido são satisfeitas: a coerção, por definição, faz uso de força ou ameaças; o

---

[47] No original, o autor faz uso da expressão "defeater", que é uma expressão popularizada pelo filósofo Alvin Plantinga. Na literatura, tem sido traduzida ou como derrotador ou como anulador. A primeira opção é escolhida pelo Prof. Desidério Murcho na sua tradução de PLANTINGA, Alvin; TOOLEY, Michael. *O Conhecimento de Deus*. São Paulo: Vida Nova, 2014; já o Prof. Agnaldo Portugal opta por traduzir como anulador em PLANTINGA, Alvin. *Crença Cristã Avalizada*. São Paulo: Vida Nova, 2018. A derrotabilidade [defeasibility] é a propriedade que uma crença tem de ter sua justificação/garantia diminuída ou mesmo anulada. Também deve-se distinguir entre undercutting defeaters e rebutting defeaters traduzidos como derrotador erosivo e derrotador negativo por Murcho e como anulador danoso e anulador refutante por Portugal. Rebutting defeaters são aqueles que se propõe a refutar a verdade de uma proposição, já os undercutting defeaters são aqueles que se propõe a remover determinada garantia epistêmica de uma proposição. Nesta obra, seguiremos a escolha do Prof. Desidério Murcho. [N. do R.]

uso de força ou ameaças — em um nível de intensidade que equivalha a coerção — exclui a responsabilidade moral, e casos normais de escolhas livres deterministas e compatibilistas não apresentam força nem ameaças. Consequentemente, os compatibilistas têm uma explicação perfeitamente coerente das razões pelas quais a coerção exclui a responsabilidade moral enquanto o determinismo não: a característica divergente entre coerção e decretos divinos deterministas é o uso da força ou ameaças, ou a ausência delas.

É claro que alguém pode objetar novamente — como foi discutido no argumento presente na seção "animais de estimação e marionetes" — que minha formulação do argumento por analogia é muito forte. Com sua premissa (18), ele propõe a afirmação mais forte de que "não existe diferença relevante entre coerção e determinismo", enquanto tudo o que o objetor tecnicamente precisa propor é a afirmação mais fraca de que "existe uma semelhança relevante entre coerção e determinismo". Mas o que eu disse no caso dos "animais de estimação e marionetes" se aplica aqui à coerção: sem nos dizer *qual* é a suposta similaridade relevante, a afirmação mais fraca é frágil demais para sustentar o argumento sem incorrer em raciocínio circular. É por isso que os proponentes do argumento devem naturalmente se voltar para a afirmação mais forte, contra a qual acabei de apresentar um derrotador negativo, fornecendo uma diferença relevante.

Portanto, mesmo por mera analogia, fica demonstrado o fracasso do argumento incompatibilista sobre a coerção divina e devemos prosseguir em nossa busca por um argumento incompatibilista bem-sucedido.

Repetição, exaustividade e o perigo do atalho *mutatis mutandis*

Além de animais de estimação, marionetes e coerção, existem algumas condições adicionais comparáveis, que provavelmente anulam ou enfraquecem a responsabilidade moral, independentemente da nossa visão sobre a questão da compatibilidade: vários tipos de manipulação — como hipnose e controle cerebral — ou doenças mentais — tal como casos severos de autismo, esquizofrenia e outros transtornos psiquiátricos. Todas essas condições podem ser — ou de fato são — sugeridas de forma semelhante por incompatibilistas para fornecer motivos para uma rejeição do compatibilismo.

Tendo fornecido uma refutação completa dos argumentos relativamente coincidentes dos "animais de estimação e marionetes" e da "coerção", tornou-se evidente que muitas dessas objeções incompatibilistas exibem paralelos diretos e o raciocínio inválido dessas objeções apresenta erros estritamente idênticos. Consequentemente, as suas refutações compatibilistas precisam apresentar uma boa dose de repetição, pois todas essas objeções compartilham muito do mesmo núcleo lógico, apresentando pequenas diferenças em cada caso. Dadas as prováveis repetições, é tentador renunciar à sua refutação completa, apoiando-se na força das respostas mencionadas e anunciando ditosamente que todos os outros argumentos semelhantes falham da mesma maneira, pois meus contra-argumentos se aplicam a eles *mutatis mutandis*.

No entanto, precisamos resistir a essa tentação. Apesar de todas as suas semelhanças, alguns desses argumentos incompatibilistas apresentam aspectos únicos — ainda que pequenos e secundários — que acredito merecerem comentários especiais. A fim de não deixar pedra sobre pedra, essas condições devem ser investigadas por seus próprios méritos e as alegações incompatibilistas refutadas, correndo o risco de repetição, mas assegurando, assim espero, a exaustividade. O primeiro candidato dessa lista é a "manipulação", ao qual nos voltamos agora.

CAPÍTULO 3

O Argumento da Manipulação

Há diversos argmentos conhecidos que recorrem à ideia de manipulação na literatura incompatibilista e precisam ser abordados nesta obra. Eles estarão descritos no decorrer deste capítulo, mas para analisar adequadamente o que é manipulação e construir progressivamente uma resposta coerente, começarei como fiz com o argumento da coerção, analisando as formulações mais simples — talvez mais ingênuas — do argumento, antes de refinar a acusação e interagir com as formulações sofisticadas do argumento de proponentes como Derk Pereboom, Alfred Mele, Robert Kane e Katherin Rogers. Por enquanto, vamos começar avaliando se o determinismo claramente *implica* manipulação.

O determinismo implica manipulação?

Da mesma forma que as outras alegações mencionadas acima, o argumento da manipulação afirma que os decretos deterministas da parte de

Deus equivalem a manipulação, levando à exclusão da responsabilidade moral. O argumento inicial tem a seguinte forma:

> 20. Se o determinismo é verdadeiro, então todas as escolhas humanas são "manipuladas"
>
> 21. Se a escolha de uma pessoa é "manipulada", então essa pessoa não pode ser moralmente responsável pela escolha.
>
> Portanto
>
> 14. Se o determinismo é verdadeiro, logo nenhuma pessoa pode ser moralmente responsável por quaisquer de suas ações.
>
> O que equivale a dizer que
>
> 6. O determinismo é incompatível com a responsabilidade moral.

Como foi com o caso da "coerção", não se pode ter total compreensão do que se entende por "manipulação" se ela não for qualificada, então a análise deve ser melhor desenvolvida. Há duas coisas na experiência humana que normalmente chamamos de "manipulação" e que vejo como boas candidatas para uma explicação de por que um agente não pode ser considerado moralmente responsável.[48] Vou chamá-las de "manipulação influente" e "manipulação dominante". A primeira, acontece quando uma pessoa[49] tenta provocar uma escolha ou ação por parte de outro agente, influenciando o agente de maneira ardilosa, injusta ou inescrupulosa. Ela pode assumir a forma de mensagens

---

[48] Não quero sugerir de forma alguma que esses sejam os dois únicos entendimentos possíveis de "manipulação". Entendo que a palavra pode ser usada com uma variedade de significados, mas os que identifico aqui são os únicos dois que são relevantes para as considerações da responsabilidade moral. O fato de nos referirmos a um quiropata "manipulando" uma coluna vertebral, um chef "manipulando" sua faca de cozinha ou um software de computador "manipulando" dados, há pouca relevância para a questão de saber se os decretos divinos deterministas equivalem a uma manipulação que exclui a responsabilidade moral.

[49] Ou talvez ocorra também com um grupo de pessoas.

subliminares, chantagem emocional, desinformação ou qualquer outra prática de manipulação[50], desde que sejam externas ao agente, para serem processadas como *inputs* por suas faculdades cognitivas, conscientes ou subconscientes. Em contraste, o último tipo, que chamei de "manipulação dominante", envolve um desvio total da vontade do agente, manipulando diretamente as faculdades decisórias internas do agente. Elas podem ser provocadas por meio de hipnose, drogas, de drinks boa noite Cinderela, ou manipulação física direta da atividade cerebral do agente para obter um determinado resultado.

Tendo distinguido entre esses dois tipos de manipulação, agora podemos investigar a verdade da premissa (21). Será que qualquer um desses tipos de manipulação realmente exclui a responsabilidade moral?

Sobre a leitura "dominante" da manipulação, penso que a premissa (21) é obviamente verdadeira. Um agente que passa por esse tipo de desvio total da vontade não pode ser considerado moralmente responsável. Não se pode dizer que a decisão que lhe foi imposta dessa maneira é verdadeiramente "sua". A resposta compatibilista ao argumento de manipulação assim entendido terá, portanto, de ser uma rejeição da premissa (20), que apresentarei em breve.

Mas o que devemos pensar sobre a leitura "influente" da manipulação? Aqui, a questão é mais complexa e não é tão fácil avaliar se o agente é de fato responsável. Pessoalmente, tendo a ser cético de que a mera influência manipulativa possa remover a responsabilidade moral da parte manipulada. Reconheço que tais práticas geralmente são moralmente erradas, que estão de fato levando a pessoa manipulada a fazer algo que ela possivelmente ou mesmo provavelmente não teria feito na ausência desses atos manipulativos, mas caso o faça parece-me

---

[50] Allen Wood, seguindo Marcia Baron, classifica essas práticas em três categorias: 1. Decepção (mentir, enganar, encorajar suposições falsas, promover o autoengano etc.), 2. Pressão (oferecer o tipo errado de motivos, ameaças que ficam aquém da coerção etc.) e 3. Apelos a emoções, necessidades ou falhas de caráter. Veja Wood, "Coerção, Manipulação, Exploração", 31–32, 35.

que ela ainda está no controle do que ela escolhe na situação, mesmo que seja uma situação em que ela teria preferido não estar. Joe Campbell ilustra esse ponto:

> Suponha que alguns malucos radicais de direita descobrissem que Bill Clinton gostava de garotas do Texas com cabelos grandes. Diante disso, eles decidem manipulá-lo para ter um caso com Monica Lewinsky. Isso por si só não demonstraria que as ações de Clinton não seriam livres. Nem mostraria que ele não seria culpado por suas ações.[51]

Isso me parece certo. Todavia, vamos supor que eu esteja errado. Vamos supor que a manipulação influente às vezes *de fato* chegue ao ponto de remover a responsabilidade moral de uma pessoa manipulada. Nesse caso, se a pessoa que sofre essas influências pode ser moralmente justificada por ceder será então uma questão de grau: o grau de intensidade dos ataques emocionais e o grau de injustiça da ação resultante. Em outras palavras, até que ponto essas influências afligiram o agente e quanto é razoável esperar que uma pessoa aguente antes de ceder ao que pode ser adequadamente descrito como não sendo culpa sua? Para essa pergunta, é claro, não tenho uma resposta; só sei que, *caso* a manipulação influente alguma vez remova a responsabilidade moral, deve haver um limiar em algum lugar, porque é bastante óbvio que doses homeopáticas de aborrecimentos leves não justificam assassinato, ainda que se reconheça que, no extremo oposto do espectro, não devemos culpar uma pessoa por não conter algum grau de raiva se ela tiver sido consistente e fortemente assediada por anos. Em algum lugar no meio deve estar o suposto limiar. Dado isso, para o argumento em questão, ficamos com dois casos em que a premissa (21) é reivindicada como verdadeira, ou seja, dois casos em que se diz que a manipulação exclui

---

51 Campbell, *Free Will*, 69.

a responsabilidade moral. São casos de 1) "manipulação dominante" e 2) "manipulação influente" em que a intensidade da manipulação é alta o suficiente e a injustiça do ato baixa o suficiente para que o agente possa ser justificado. Em ambos os casos, diz-se que a manipulação exclui a responsabilidade moral. Como mencionei, acho que a premissa (21) é verdadeira apenas em casos de manipulação dominante, mas vamos conceder ao incompatibilista que a premissa (21) é verdadeira em ambos os casos. O compatibilista deve então apontar suas armas para a premissa (20).

A premissa (20) afirma que o determinismo implica manipulação dessa forma. Então, será mesmo? Aqui, novamente, é difícil ver por que o faria. Por que o determinismo necessariamente implicaria manipulação? Muitas das mesmas respostas ao argumento da coerção se aplicam aqui. Na explicação compatibilista teísta, todas as escolhas humanas são determinadas pelo decreto providencial de Deus, mas para não incorrer em raciocínio circular, os incompatibilistas não podem supor que a única maneira de operar um decreto tão eficaz seja pelo uso da "manipulação" *apropriada*, seja ela influente ou dominante. Nenhuma delas precisa estar envolvida na explicação compatibilista de como Deus providencialmente determina os resultados das escolhas humanas, ou de qualquer forma, tal manipulação não precisa estar envolvida em todas as escolhas humanas deterministas — ao contrário do que o objetor incompatibilista teria que sustentar na premissa (20). No compatibilismo teísta, Deus opera providencialmente nos corações humanos, garantindo assim que seus propósitos sejam voluntariamente realizados em todas as coisas, mas em casos comuns de escolhas livres normais, Deus não usa nenhum dos mecanismos de manipulação descritos acima para fazê-lo: ele não assedia, não chantageia, não desinforma, não hipnotiza, não droga nem causa um curto-circuito cerebral. O mecanismo normal usado por Deus no calvinismo para executar as escolhas livres humanas carece das características necessárias para se configurar "manipulação influente", então segue-se que o determinismo não implica "manipulação influente". A premissa (20) é, portanto, falsa na leitura "influente" de manipulação.

Quando se trata de "manipulação dominante", no entanto, a refutação talvez não seja tão evidente, mas uma afirmação semelhante deve ser feita: a explicação compatibilista de uma livre escolha não precisa envolver nenhum dos mecanismos que reconhecida ou comprovadamente implicam "manipulação dominante". Essa é uma afirmação mais modesta: não é uma refutação direta; é apenas uma exigência de argumentos positivos, com a acusação de que os opositores incompatibilistas ainda estão raciocinando em círculos nesse ponto. Esse ainda é um problema sério para o objetor incompatibilista, mas existe uma diferença entre os argumentos de manipulação e os de coerção. Considerando que os compatibilistas poderiam refutar a premissa (12) com base na existência de características necessárias para a coerção que estão ausentes da explicação compatibilista de livre escolha, ou seja, o uso de ameaças ou força, no caso de "manipulação dominante", não há tal característica. Não há nenhuma característica ausente da explicação compatibilista em que nossos opositores incompatibilistas estejam comprometidos em entender como necessária para que haja manipulação. Portanto, a premissa (20) não pode ser diretamente *refutada* pelos compatibilistas, e tudo o que nos resta fazer é responder que discordamos, que a consideramos falsa e que não foi provada pelos incompatibilistas, sobre os quais está o ônus da prova. Penso que não é possível provar diretamente que o determinismo implique uma "manipulação dominante", tanto quanto não é possível provar que não implique — desconsiderando argumentos independentes para provar por que o próprio compatibilismo é verdadeiro, é claro[52]. Consequentemente, o ambicioso silogismo apresentado não prospera

---

52 Nesse caso, a prova seria a seguinte: se o determinismo implica em manipulação dominante, então o compatibilismo é falso, mas o compatibilismo é independentemente conhecido como verdadeiro, portanto, o determinismo não implica em manipulação dominante.

e tudo que resta ao incompatibilista é novamente a afirmação de que talvez o determinismo e a "manipulação dominante" sejam *análogas*, de modo que os compatibilistas incorrem em uma falácia da exceção ao rejeitar a responsabilidade moral no contexto da manipulação ao mesmo tempo que a sustentam no determinismo. Vou analisar essa afirmação logo mais, mas vamos primeiro abordar uma preocupação semelhante à que surgiu com a coerção: será que a nossa compreensão incompleta da manipulação influente permite um incompatibilismo das lacunas? É o determinismo a única razão possível pela qual as influências externas equivalem sempre a uma "manipulação influente" a um grau em que exclui a responsabilidade moral?

Nossa compreensão incompleta de "manipulação influente" permite um incompatibilismo das lacunas?

Assim como nos faltava um critério suficiente para declarar que um determinado curso de ação equivale a coerção, agora apontei também que talvez nos falte um critério suficiente para declarar que um determinado curso de ação equivale a "manipulação influente" a um grau suficiente para excluir a responsabilidade moral. Essa pode ser outra "lacuna" em nosso conhecimento, que pode — pelo que sabemos — expressar um compromisso incompatibilista. Ao afirmar que o determinismo não implica manipulação, os compatibilistas talvez não consigam especificar o *que* equivale a manipulação. Talvez nenhum critério suficiente possa ser oferecido sem determinação.

Claro que se, como eu suspeito, a manipulação influente *não* remove a responsabilidade moral, então não há argumento aqui. Compromissos incompatibilistas não serão encontrados em uma lista de condições para que a manipulação influente remova a responsabilidade moral, se é que há tal lista de condições suficientes. Mas vamos supor mais uma vez que eu esteja errado e ver se a acusação pode ser respondida por outros meios. Como se vê, essa acusação admite a mesma resposta que ofereci no caso da coerção: a primeira coisa a salientar é que essas conjecturas são, senão falsas, pelo menos infundadas. A especulação sobre a falta de conhecimento do que pode ou não ser uma deficiência problemática do compatibilismo não é um argumento contra o compatibilismo. Se o critério para uma identificação bem-sucedida da manipulação influente está de fato ausente, então está ausente para todos e os incompatibilistas não podem presumir sem a devida argumentação que, quando esse critério for encontrado, ele minará o compatibilismo e sustentará o incompatibilismo.

Quanto ao lado positivo, há três opções para os compatibilistas refutarem a acusação. Primeiro, pode-se preencher a lacuna. Poderíamos encontrar e apresentar esse critério tão procurado, que seria suficiente para identificar casos em que a manipulação influente retira a responsabilidade moral, mas isso é bastante difícil — especialmente porque penso que não existe — e as duas outras respostas devem resolver a questão pelo que se segue: 1) a lógica da acusação é inválida, de modo que, mesmo sendo verdadeira, nada se segue sobre o compatibilismo; e 2) nem mesmo os próprios incompatibilistas podem endossar e sustentar coerentemente essa objeção.

A premissa compartilhada por essas duas respostas é o fato de que, se a acusação atual estivesse correta, seguir-se-ia que a manipulação influente implica determinação. De fato, se a determinação implica manipulação influente e se supostamente nada menos que determinação é suficiente para que haja manipulação influente, então isso significa que é preciso haver determinação para que haja manipulação influente. Significa que a determinação é *necessária* para a manipulação influente. Mas nada no compatibilismo exige que isso seja falso. Suponhamos que a manipulação influente implique determinação; os compatibilistas poderiam facilmente responder que a determinação é apenas um dos vários itens na lista do que é conjuntamente suficiente para que haja manipulação influente e, portanto, não é por si só suficiente para que haja manipulação influente, de modo que teríamos "manipulação influente (no nível adequado de intensidade) implica determinação" e "manipulação influente — no nível adequado de intensidade — exclui a responsabilidade moral", das quais não se segue nem por um momento que "a determinação exclui responsabilidade moral". Se A ⇒ B e A ⇒ C, não se segue que B ⇒ C. Portanto, mesmo que seja verdade que a manipulação influente implica determinação, não se seguiria que o compatibilismo é falso.

Entretanto, em segundo lugar, essa premissa não é sustentável nem mesmo para nossos objetores incompatibilistas. Mesmo que o incompatibilismo e o indeterminismo sejam verdadeiros, presumivelmente há pessoas que sofrem manipulação influente, e ainda assim fazem uso de sua vontade indeterminista para sucumbir voluntariamente à manipulação — mesmo que com alguma relutância — em vez de lhe resistir. Uma vez que o agente não é, nesse caso, causado diretamente por seu manipulador, mas apenas indiretamente influenciado, pode haver tal situação sem que haja determinação, o que mostra que a determinação não é necessária para a manipulação influente e, portanto, que um critério suficiente para a manipulação influente poderia ser encontrado sem a determinação.

O determinismo é análogo à manipulação?

Tendo rejeitado as alegações de que o determinismo é necessário ou suficiente para a manipulação, chegamos agora ao que é a questão mais séria afirmada pelos incompatibilistas com relação à manipulação: se a manipulação exclui a responsabilidade moral, então como é que o determinismo não o faz? Qual é a diferença relevante, eles perguntam? A afirmação incompatibilista em questão é que determinismo e manipulação são *análogos*; eles são relevantemente semelhantes, de modo que se um exclui a responsabilidade moral — o que a manipulação faz[53]— então supostamente o outro deveria fazê-lo também. Os incompatibilistas argumentam que na receita da manipulação, o ingrediente que a torna imprópria para a responsabilidade moral também se encontra no determinismo, no qual deveria produzir o mesmo efeito.

Fazendo um adendo, deve-se observar que esse argumento poderia ser proposto por incompatibilistas de perspectivas teístas ou *ateístas*. A alegação anterior de que o determinismo *implica* manipulação só tinha sentido no teísmo, porque presumivelmente Deus seria o responsável pela manipulação, e não fazia sentido imaginar que seria o universo a fazê-lo: universos sem consciência normalmente não se envolvem em manipulação. Mas aqui, não é preciso acreditar em Deus para alegar que manipulação e determinismo compartilham uma propriedade relevante e, portanto, a acusação é de interesse de todos os compatibilistas e incompatibilistas, tanto teístas como ateus.

Em resposta a essa alegação, primeiro, devemos aqui novamente claramente salientar que se o determinismo não implica, nem é implicado pela manipulação, então não é mais *em virtude* de envolver manipulação que o determinismo supostamente exclui a responsabilidade moral e, portanto, devemos buscar um outro argumento incompatibilista, já que a manipulação *propriamente dita* não é mais o problema. Para tanto, o objetor incompatibilista é convidado a identificar qual é a semelhança relevante. Qual seria esse ingrediente

---

53 Uma opção teoricamente disponível para os compatibilistas é oferecer a chamada resposta "linha dura" ao argumento da manipulação: responder que a manipulação *não* exclui a responsabilidade moral. Essa resposta funciona muito bem quando tudo o que consideramos são os casos de manipulação influente leve, nos quais é razoável manter a responsabilidade moral pela parte manipulada, mas, como vimos, esses não são os únicos casos de manipulação, de modo que a resposta "linha dura" nem sempre está disponível. Há pelo menos *alguns* casos em que a manipulação exclui claramente a responsabilidade moral e, portanto, supondo que esses são os que atualmente são utilizados contra o compatibilismo, eu aqui oriento a chamada resposta "linha suave", a alegação de que esse tipo de manipulação exclui a responsabilidade moral, ao passo que o determinismo não, uma vez que não é análogo a esses casos de manipulação.

comum; aquela propriedade compartilhada que o determinismo e a manipulação supostamente comprtailham e que exclui a responsabilidade moral? O incompatibilista não pode responder que é o seu determinismo — dado, é claro, uma compreensão determinista da "manipulação dominante" de sua parte — uma vez que isso pressupõe que o determinismo exclui a responsabilidade moral, argumentando em círculos em favor do incompatibilismo com base na pressuposição de que o incompatibilismo é verdadeiro. Mas até que essa propriedade compartilhada relevante possa ser apresentada — e sua relevância devidamente argumentada — pelos incompatibilistas, a afirmação de que determinismo e manipulação são análogos continuará sendo circular.

Em segundo lugar, para ir além da acusação de raciocínio circular e em direção a uma refutação positiva, vamos colocar o argumento incompatibilista em sua forma silogística mais rigorosa:

> 22. Escolhas feitas sob manipulação têm uma propriedade que exclui a responsabilidade moral.
>
> 23. Se escolhas feitas sob manipulação têm uma propriedade que exclui a responsabilidade moral, então essa propriedade também é possuída por todas as escolhas no determinismo.
>
> Portanto
>
> 19. As escolhas feitas com base no determinismo têm uma propriedade que exclui a responsabilidade moral.
>
> O que equivale a dizer que
>
> 6. O determinismo é incompatível com a responsabilidade moral.

O ganho em clareza nos permite formular nossa resposta dupla de que a premissa (23) ainda é circular e que é, de fato, comprovadamente falsa. Antes de estabelecer isso, deixe-me repetir brevemente a observação que fiz no caso do argumento dos "animais de estimação e marionetes" e do argumento da "coerção". Podemos diferenciar entre a afirmação mais forte de que "não existe diferença relevante entre manipulação e determinismo" e a afirmação mais fraca de que "existe uma semelhança relevante entre manipulação e determinismo". Assim como fiz nos argumentos anteriores, a premissa (23) está aqui novamente pressupondo a afirmação mais forte, porque a afirmação mais fraca é obviamente um raciocínio circular. Deixe-me agora mostrar que a premissa (23), que propõe a afirmação mais fraca, ainda é circular e comprovadamente falsa.

Primeiro, ainda precisamos de um argumento para explicar por que qualquer propriedade de manipulação que exclua a responsabilidade moral também deve ser encontrada em escolhas determinadas normais. Como alguém poderia provar algo assim? Mesmo que os compatibilistas fossem incapazes de fornecer um contraexemplo, não se segue que não exista nenhum. Na verdade, os compatibilistas podem provar que a premissa é falsa, identificando essa propriedade relevantemente dessemelhante. O que eles precisam para refutar (23) é uma propriedade que: 1) esteja presente em casos de manipulação, 2) exclua a responsabilidade moral e 3) não esteja presente em escolhas livres humanas compatibilistas e deterministas.

Deixe-me então sugerir que a diferença relevante que estamos procurando é baseada em um princípio moral muito parecido com o seguinte: "a fim de que uma escolha humana seja moralmente responsável, é necessário que a escolha seja feita com base no *caráter e desejos concedidos por Deus* a essa pessoa." Em outras palavras, para uma escolha ser livre de tal modo que seu autor seja moralmente responsável, ela não precisa ser indeterminada, mas ela precisa ser determinada — supondo que o determinismo seja verdadeiro — pelos *próprios* desejos do agente, que fluem do caráter e inclinações concedidos por Deus a ele. Por exemplo, quando escolhi pedir minha esposa em casamento, a escolha fluiu de meu próprio caráter e desejos, todos os quais eu, como um calvinista, ainda afirmo que foram providencialmente — e romanticamente! — predestinados por meu criador — nesse sentido, ela realmente *era* o meu destino irresistível. Por outro lado, quando alguém se envolve em atos de manipulação — seja dominando ou influenciando com força suficiente, se é que tal coisa exista— ele "se intromete" nos desejos concedidos por Deus a outro agente. Ele faz uma escolha que *não* é feita com base no caráter e nos desejos dados por Deus a essa pessoa, mas sim desejos fabricados humanamente — direta ou indiretamente — e pelos quais o agente não pode ser moralmente responsabilizado.

Vários comentários são necessários:

Primeiro, esse critério é exatamente o tipo de propriedade que os incompatibilistas estavam exigindo, pois preenche as três condições citadas para estabelecer um derrotador bem-sucedido: 1) a intromissão problemática nos desejos benfazejos por Deus obviamente se faz presente em casos de manipulação, 2) exclui a responsabilidade moral e 3) está ausente no determinismo teológico em casos de escolhas ordinariamente livres e executadas de acordo com os desejos ministrados por Deus. Se essa condição for devidamente compreendida, é óbvio que as escolhas livres compatibilistas decretadas por Deus a satisfazem. Em casos assim, o providente Deus calvinista não interfere, nem anula nossos desejos que procedem dele; de maneira simples, ele os oferece providencialmente e é claro que é o doador daquilo que é dado por ele mesmo. Sua obra em nossos corações não é uma interferência invasiva no caminho de nossos caráteres e desejos providos por Deus; é sua legítima e perfeita fonte criativa. Portanto, não se deve dizer que seus comportamentos providenciais em casos ordinários apresentam essa característica que exclui a responsabilidade moral, ao passo que a manipulação claramente o faz.

Em segundo lugar, devo notar que o cumprimento das três condições nem sequer é controverso, visto que não pressupõe uma visão compatibilista do livre-arbítrio. É perfeitamente compatível com o indeterminismo, porque mesmo os incompatibilistas estão comprometidos com o fato de que se o caráter e os desejos de uma pessoa sofrem "interferência de um agente controlador que não seja Deus, isso exclui a responsabilidade moral. Claro, eles *também* acreditariam que isso acontece quando *Deus* controla o agente, coisa que eu não acredito, mas isso é irrelevante para minha alegação. Resta que os próprios incompatibilistas estão comprometidos com o fato de que minha condição expressada anteriormente é necessária para a responsabilidade moral. E como essa exigência da livre expressão dos desejos ministrados por Deus não é satisfeita por casos de manipulação, mas é satisfeita por escolhas livres compatibilistas, segue-se que é uma explicação suficiente para que o determinismo não exclua a responsabilidade moral, embora a manipulação o faça.

Em terceiro lugar, esse critério que estou sugerindo não é de todo novo. Em muitos aspectos, é semelhante às declarações feitas por Brian Leftow e Susan Wolf quando cada um usa o conceito do "eu real" de uma pessoa, ou John Martin Fischer, ao discutir "posse do mecanismo". Susan Wolf fala de uma visão do "eu real"[54], segundo a qual um agente é responsável se, e somente se, as escolhas são feitas ou controladas pelo "eu real", absorvido por um conjunto de valores. A principal diferença entre essa visão e a minha é que eu afirmo que o verdadeiro eu de um indivíduo é dado por Deus, enquanto Susan diz "não importar de onde vem o verdadeiro eu"[55]. Então, naturalmente, ela argumenta que se pode manipular o conteúdo do eu real, enquanto, a meu ver, isso é impossível: somente Deus define o eu real. Quanto a Brian Leftow, ele escreve:

> No relato "expressivista", sou responsável por qualquer coisa que expresse adequadamente meus julgamentos

---

[54] Wolf, *Freedom Within Reason*, 23–45.
[55] Ibid., 37.

racionais, valores ou caráter. Não importa que eu não possa fazer o contrário; sou responsável porque o ato é uma expressão genuína (nas circunstâncias) do meu verdadeiro eu.[56]

Essas observações combinam bem com a condição presentemente oferecida: a responsabilidade moral atribui louvor ou culpa pela expressão do caráter dado por Deus, ou do seu "eu real". Meu modelo também lembra a noção de "posse do mecanismo"[57] de John Martin Fischer: quer falemos de "eu real" ou de "posse do mecanismo", parece que todos estamos tentando identificar o mesmo tipo de condição de autenticidade para uma escolha livre e não manipulada. Meu modelo apenas sugere que a fonte adequada do "eu real" de alguém ou da "posse do mecanismo" é Deus como criador.

Finalmente, e ao contrário do que provavelmente será a principal objeção incompatibilista, meu critério *não* é arbitrário. O que equivale a manipulação para qualquer ser humano pode muito bem não ser manipulação para seu criador *em virtude de quem Deus é*. Paul Helm diz que:

> Pode ser que sempre que uma criatura governe outra, a governada sofra uma diminuição de sua responsabilidade pessoal. Mesmo que isso seja verdade, não se segue que quando Deus governa suas criaturas, elas não são responsáveis pelo que fazem.[58]

Compatibilista ou incompatibilista, de qualquer ponto de vista que se pretenda bíblico, a posição do Deus Todo-Poderoso é

---

[56] Leftow, "Tempting God," 20.
[57] Ver Fischer e Ravizza, *Responsibility and Control*.
[58] Helm, *Providence of God*, 33.

radicalmente diferente da posição de suas criaturas. Se nos é proibido matar o nosso próximo, está perfeitamente dentro da prerrogativa divina, como autor da vida, dá-la e tirá-la. Deus exerce confortavelmente essa prerrogativa e declara isso abertamente nas Escrituras: "Eu mato e eu faço viver; eu firo e eu saro" (Dt 32.39); "O Senhor é o que tira a vida e a dá; faz descer à sepultura e faz subir." (1Sm 2.6). Não é mais arbitrário que Deus possa determinar providencialmente as escolhas humanas, enquanto para mim isso seria manipulação, do que Deus possa tirar a vida como quiser, enquanto para mim isso seria assassinato.

Para esclarecer a questão e deixar de lado a acusação de arbitrariedade, é útil notar que algo como o critério da concessão divina como condição necessária para a autenticidade vale em outros campos para além da ética, como a estética ou o atletismo. A beleza de uma pessoa, em certo sentido, é autêntica apenas se for dada por Deus[59] e não como produto de uma cirurgia plástica feita pelo homem. Da mesma forma, o desempenho atlético de uma pessoa é reconhecido como genuíno apenas se for o trabalho de habilidades dadas por Deus e não por meio de doping com anabolizantes visando melhorar o desempenho. Que nossa responsabilidade moral dependa, dessa maneira, pelo fato de que nosso caráter e desejos ministrados por Deus não deve nos confundir mais do que nos campos menos controversos: Deus é nosso legítimo criador, e quem ou como nós real, genuína e autenticamente somos é a forma como Deus — não um cirurgião plástico, não uma seringa de esteroides e não um cientista louco manipulador — nos faz. Como tal, não é uma falácia da exceção afirmar que Deus pode e de fato faz coisas

---

[59] O sentido modesto emm questão aqui não pretende afirmar que cirurgia plástica é sempre errado, ou que algumas cirurgias plásticas não possam ser vistas como "dadas por Deus" também em outro sentido. Pode-se certamente dizer que Deus, em sua providência geral, graciosamente "concedeu" cirurgias plásticas, digamos, para pessoas que sofreram lesões que alteram o rosto, para recuperar uma aparência mais agradável. Não há nada de errado com esse uso da frase; não é apenas o senso de doação de Deus que está em questão aqui. Em vez disso, o sentido pretendido é simplesmente aquele segundo o qual a beleza natural da minha esposa é "dada por Deus" de uma forma que não seria se ela tivesse a testa cheia de Botox, silicone nos lábios e colágeno nas bochechas. Esse aspecto deve ser incontroverso.

que não podemos e não devemos fazer. Na compreensão calvinista, a determinação providente das escolhas humanas é uma dessas coisas.

Outra objeção pode dizer respeito ao meu apelo a Deus. No início deste trabalho, listei dois tipos diferentes de determinismo: um no qual as escolhas são determinadas por Deus, ou seja, o determinismo teológico, e outro em que as escolhas são determinadas pelas leis da natureza, independentemente de Deus existir. Como agora estou recorrendo a Deus em minha resposta ao argumento da manipulação, pode-se objetar que estou apenas defendendo a compatibilidade da responsabilidade moral com o determinismo *teológico*, não defendendo o compatibilismo em relação ao determinismo meramente físico, secular, o que seria uma falha em defender o compatibilismo *simpliciter*. Em resposta, vou simplesmente me declarar culpado. Concordo que tenho muita dificuldade em pensar numa diferença relevante entre casos de manipulação e casos de escolhas normais e determinadas, se Deus não existir. Essa é uma admissão tácita de que, pelo que sei, os argumentos de manipulação podem muito bem ser bem-sucedidos contra o determinismo não-teológico. É, portanto, uma boa razão para adotar o determinismo teológico e, de fato, equivale a um argumento para a existência de Deus para os compatibilistas! Duvido que muitos filósofos ateus considerem isso convincente, mas esse não é o ponto: o fato é que, *caso* Deus exista, como afirmo com alegria, minha resposta oferecida está disponível e preserva com sucesso a compatibilidade da responsabilidade moral com o determinismo teológico, o tipo do determinismo defendido pelos calvinistas.

Uma objeção final pode ser uma queixa de que, se nossas escolhas são determinadas por nossa queda, essa queda pode ser considerada um caso de manipulação, já que foi humana — causada por Adão —, portanto, nossa queda enfraqueceria a responsabilidade moral. Alternativamente, se dissermos que nossa condição decaída é, na verdade, dada por Deus —para evitar a acusação de manipulação — isso pode parecer teologicamente problemático. A isso, respondo primeiro que a ação de Adão, qualquer que tenha sido, não parece atender a nenhuma das definições do que chamei de manipulação influente ou dominante. Meu critério para avaliar a responsabilidade moral de uma parte manipulada pode, portanto, nem sequer ser relevante aqui: Adão não está nos enviando informações erradas, ou mensagens subliminares, ou poções de amor, ou manipulando nossos cérebros com eletrodos, etc. Em segundo lugar, se alguém quiser propor a influência de Adão sobre nós como um caso de manipulação dominante, parece-me que essa influência não é *operada* por Adão. Nas palavras de Romanos 5, Adão é a pessoa que trouxe *condenação* sobre a raça humana, mas a condenação é, em totalidade, de Deus. "O julgamento derivou de uma só ofensa, para a condenação" (Rm 5.16): a ofensa é de Adão, mas o julgamento é de Deus. Agora, é claro, se alguém pensa que o pecado original é teologicamente problemático dessa maneira, essa é uma objeção à parte, uma que visa o pecado original e não meu critério de doação de Deus para avaliar a manipulação; mas se alguém admite que a doutrina do pecado original é inquestionável, e que a condenação de Deus é justa e correta, então não é "teologicamente problemático" pensar que Deus é aquele que executa esse julgamento e aplica com justiça as consequências negativas da queda às nossas naturezas como parte dessa condenação. Nessa visão, Deus faria isso como nosso legítimo criador, de uma maneira que ainda conta como a fonte adequada de nosso caráter e identidade, deixando intacta nossa responsabilidade moral, independentemente da queda de nossa natureza. Nosso caráter, embora inclua desejos afetados pela queda, permaneceria dado por Deus no sentido relevante.

Nesse ponto, tecnicamente, já foi dito o suficiente para considerar o argumento da manipulação refutado, mas para apreciar como meu critério da "doação de Deus" se sai em resposta a tais acusações incompatibilistas de falácia da exceção, é útil aplicar a várias formulações mais específicas do argumento da manipulação: o famoso argumento dos "quatro casos" de Derk Pereboom, o argumento do "zigoto" de Alfred

Mele, o argumento "Walden II"[60] de Robert Kane e, finalmente, o argumento do "Controlador Divino" para o incompatibilismo, sugerido por Kane e desenvolvido por Katherin Rogers.

O argumento dos "quatro casos" de Derek Pereboom

O conhecido argumento dos "quatro casos" de Derk Pereboom é precisamente um exemplo do argumento da manipulação, como acabamos de discutir, que propõe que manipulação e determinismo seriam relevantemente análogos, de modo que "o determinismo causal é, em princípio, tanto uma ameaça à responsabilidade moral como é a manipulação velada"[61]. Pereboom tenta sustentar essa acusação oferecendo "uma série de casos que culminam em uma situação determinista que é comum do ponto de vista compatibilista", visando mostrar que "a não-responsabilidade de um agente sob manipulação velada se generaliza à situação comum."[62] Para esse fim, Pereboom conta quatro histórias sucessivas de um certo professor Plum que mata uma certa Sra. White e, em cada caso, Pereboom apenas modifica algumas pequenas características sobre o professor, que ele argumenta não fazer diferença na questão da responsabilidade moral de Plum. Desse modo, visto que seu primeiro relato da história (como veremos) exclui obviamente a responsabilidade moral de Plum, Pereboom pretende mostrar que cada caso, especialmente o quarto e último, exclui a responsabilidade moral da mesma forma. Assim, ele explica seu objetivo:

> Se eu estiver certo, acontecerá que nenhuma diferença relevante pode ser encontrada entre esses casos que

---

60 A referência é a um romance de B.F. Skinner, publicado no Brasil com o título Walden II. [N.R.]
61 Pereboom, *Living*, 89.
62 Ibid., 112.

justifique negar a responsabilidade sob manipulação velada, afirmando-a em circunstâncias deterministas comuns, e isso forçaria uma conclusão incompatibilista.[63]

Encontrar essa "diferença relevante" é precisamente o que eu afirmei ter feito com meu critério da "concessão por Deus", então vejamos se ele resolve com sucesso as histórias de Pereboom, refutando assim sua acusação de falácia da exceção e minando sua injustificada "conclusão incompatibilista".

Vale notar que a cada releitura de sua história, Pereboom fala muito sobre os chamados "desejos de ordem superior" do professor Plum, ou a "responsividade a razões" de seu processo decisório, a "resistibilidade" de seu desejo, o seu fluir de seu "caráter constante" e de ter "poderes de autocontrole reflexivo". Todos esses itens com nomes exóticos vêm diretamente da literatura sobre livre-arbítrio e constituem certas condições que foram propostas por importantes filósofos compatibilistas como sendo suficientes à responsabilidade moral — e, claro, compatíveis com o determinismo.[64] Pereboom se esforça para mostrar que Plum em cada caso satisfaz todas essas condições, de modo que, se e quando ele for considerado como não sendo moralmente responsável, seguir-se-á que essas condições compatibilistas não são suficientes para haver responsabilidade moral. Mas, como eu mesmo não endosso essas análises conclusivas, nem mesmo pretendo, nesse ponto, oferecer a minha própria condição suficiente[65], não tenho interesse em defender explicações compatibilistas específicas. O que importa é que eu seja capaz de excluir adequadamente a responsabilidade moral quando a manipulação o exigir, e ainda assim defender

---

63 Ibid.
64 Cada um é brevemente discutido por Pereboom logo antes de ele formular seu argumento dos quatro casos. Ele as lista como provenientes das penas de David Hume, A. J. Ayer, Harry Frankfurt, John Martin Fischer e Mark Ravizza e R. Jay Wallace.
65 Ver capítulo 7 para uma discussão de tais condições suficientes.

coerentemente a responsabilidade moral em casos de escolhas livres deterministas normais. A minha releitura das histórias de Pereboom ganhará, portanto, muito em simplicidade uma vez que omito todo esse material específico e irrelevante, e menciono apenas as partes que são relevantes para o argumento da manipulação em questão, ou seja, as partes que procuram estabelecer que a manipulação e o determinismo são relevantemente análogos.

O caso 1 é descrito da seguinte forma:

> O professor Plum foi criado por neurocientistas, que podem manipulá-lo diretamente através do uso de tecnologia semelhante ao rádio, mas ele é o mais parecido possível com um ser humano comum nessa história. Suponha que esses neurocientistas "localmente" o manipulem para empreender o processo de raciocínio pelo qual seus desejos são produzidos e modificados — produzindo diretamente todos os seus estados de momento a momento. Os neurocientistas o manipulam, entre outras coisas, apertando uma série de botões antes mesmo que ele comece a raciocinar sobre sua situação, fazendo com que seu processo de raciocínio seja racionalmente egoísta.[66]

Pereboom nos convida a concordar que Plum não seria moralmente responsável sob esse tipo de manipulação. Eu reconheço de bom grado esta conclusão: Plum aqui sofre do que chamei outrora de "manipulação dominante" — que afirmei na premissa (21) excluir a responsabilidade moral — e, portanto, não preciso rejeitar nenhuma das alegações do Caso 1.

Pereboom ajusta a história do Caso 1 para oferecer o Caso 2, em que Plum não é mais manipulado "localmente"; em vez disso, embora

---

[66] Pereboom, *Living*, 112–13.

sua decisão de matar a Sra. White ainda resulte da programação dos neurocientistas, essa programação agora teria ocorrido de uma única vez no passado distante e não no momento da escolha de Plum. Aqui, novamente, podemos concordar com as alegações de Pereboom:

> não soaria honesto afirmar que aqui, em contraste com o Caso 1, Plum é moralmente responsável porque o período de tempo entre a programação e a ação é suficientemente longo. Se a programação ocorre dois segundos ou trinta anos antes da ação parece irrelevante para a questão da responsabilidade moral.[67]

Até aí tudo bem. No Caso 2, Plum ainda é manipulado — por meio de manipulação dominante — e não é moralmente responsável.

Pereboom continua seus ajustes produzindo o Caso 3, no qual desta vez,

> Plum é um ser humano comum, exceto pelo fato de ter sido determinado pelas práticas de treinamento rigorosas em sua casa e comunidade, de modo que muitas vezes, mas não exclusivamente, é racionalmente egoísta — exatamente tão egoísta quanto nos casos 1 e 2. Seu treinamento ocorreu em uma idade muito precoce para que ele tivesse a capacidade de prevenir ou alterar as práticas que determinavam seu caráter.[68]

E, como esperado, o Caso 3 supõe que esse caráter egoísta incutido leva Plum a assassinar a Sra. White mais uma vez. Então, o que um compatibilista tem a ver com o Caso 3? Depende. Uma primeira

---

[67] Ibid, 114.
[68] Ibid.

dificuldade é que o Caso 3 introduz *duas* mudanças importantes ao mesmo tempo. A primeira mudança é que Pereboom agora removeu a manipulação direta dos neurocientistas. É aqui que entra meu critério da concessão divina, para justificar por que Plum, que não era moralmente responsável em casos anteriores, poderia ser agora: sua escolha não é mais fruto de um desvio de seu caráter e desejos interiores concedidos por Deus por meio de manipulação dominante. Com base nisso, uma vez que Plum claramente satisfaz no Caso 3 a condição necessária que eu apresentei, mas não satisfaz no Caso 2, seria coerente para o compatibilista sustentar que Plum é moralmente responsável no Caso 3 enquanto não o é no Caso 2 — tendo em mente que o ônus de provar que isso é inconsistente ainda reside nos ombros do incompatibilista, de qualquer maneira.

Mas Plum, de fato, é moralmente responsável no Caso 3? Difícil dizer, porque a segunda mudança que Pereboom introduziu simultaneamente no Caso 3 é agora uma possível instância de manipulação *influente*. Plum não é mais uma criação de neurocientistas; ele é um ser humano genuíno que os teístas compatibilistas são livres para entender como sendo criado por Deus com seu próprio caráter e desejos dados por Deus, mas agora nos é dito que ele sofreu com "as práticas rigorosas de treinamento em seu lar e comunidade". Então, o que isso significa? Aí reside a segunda dificuldade em julgar o Caso 3: não nos é dito o suficiente sobre essas práticas influentes. Se elas equivalem a táticas de manipulação influente impróprias, como eu descrevi acima, em um grau que atende ou ultrapassa o limite do que o isentaria de responsabilidade pela morte da Sra. White — se houver tal limite — então Plum não pode ser considerado moralmente responsável no Caso 3, de fato, mas isso seria porque a manipulação influente — *recém-introduzida* no Caso 3 — intrometeu-se indevidamente em seu caráter e desejos dados por Deus; *não* porque o Caso 3 se manteve análogo ao Caso 2. Se, por outro lado, essas práticas representam apenas uma influência parental e social adequada na educação de qualquer criança normalmente responsável, então nada obriga os compatibilistas a pensarem que Plum deve ser justificado no Caso 3. Sua responsabilidade moral pode ser mantida coerentemente à luz da diferença relevante sugerida acima por mim: no Caso 3, a escolha de Plum de assassinar a Sra. White surge de seu caráter e desejos concedidos por Deus, na ausência de uma manipulação imprópria (dominante ou influente) pela intromissão humana. A acusação de falácia de exceção (entre os casos 2 e 3) é, portanto, contestada com sucesso nesse ponto da argumentação.

Finalmente, Pereboom completa seu argumento apresentando o Caso 4, em que a escolha de Plum é uma escolha totalmente normal e determinista, tão livre quanto qualquer outra na visão compatibilista. Pereboom aqui argumenta que não há diferença relevante entre os casos 4 e 3 que excluiria a responsabilidade moral no Caso 3 ao passo que a resgataria no Caso 4, de modo que sem a falácia da exceção contra casos de manipulação velada, os compatibilistas não podem manter a responsabilidade moral nos casos normais enquanto afirmarem o determinismo. Mas, como agora ficou claro, o Caso 4 já não *precisa* ser relevantemente diferente do Caso 3. Tudo depende de qual das duas conclusões foi adotada anteriormente para o Caso 3. Se o Caso 3 foi julgado como não apresentando manipulação influente, então o Caso 4 de fato não introduz nenhuma diferença relevante, e nesse caso Plum será coerentemente visto como moralmente responsável, tanto no Caso 4 quanto no Caso 3, justificado pelo fato de que nenhum dos casos envolve uma manipulação problemática, pois a escolha de Plum de assassinar resulta de seu caráter e desejos naturais concedidos por Deus sem que tenham sofrido qualquer interferência. Por outro lado, se o Caso 3 foi julgado como apresentando manipulação influente em um grau que exclui a responsabilidade moral, então certamente o Caso 4 só pode resgatar a responsabilidade moral apontando uma diferença relevante com o Caso 3, mas essa diferença agora se torna óbvia. Nessa visão do Caso 3, Plum sofreu uma manipulação influente, enquanto o Caso 4 removeu explicitamente essa restrição, tornando-a assim explicitamente não-análoga. Qualquer que seja a maneira como se entenda a manipulação influente do Caso 3, então, nenhuma falácia de exceção está envolvida na manutenção da responsabilidade moral em casos normais de escolhas livres deterministas, conforme descrito no Caso 4 de Pereboom. Concluindo, o argumento dos quatro casos é refutado com sucesso por continuar a discriminar entre o determinismo e a manipulação velada com base no fato de que um manipulador velado — seja influente ou dominante — está "se intrometendo indevidamente no caráter e nos desejos dados por Deus a um agente", uma prática que enfraquece a responsabilidade, que obviamente está ausente em casos normais de livres escolhas deterministas e compatibilistas feitas por agentes que agem livremente, de acordo com seus caráter e vontades naturais. O argumento dos quatro casos, portanto, falha em estabelecer que determinismo e manipulação são análogos.

O argumento "zigoto" de Alfred Mele

A versão de Alfred Mele do mesmo quebra-cabeça é bastante semelhante à de Pereboom, mas trabalha com apenas dois casos, que, se análogos, mostram que o determinismo exclui a responsabilidade moral. Ele descreve o primeiro caso da seguinte forma:

> Diana cria um zigoto Z em Mary. Ela combina os átomos de Z porque ela quer que um certo evento E ocorra trinta anos depois. De seu conhecimento do estado do universo pouco antes de criar Z e das leis da natureza de seu universo determinista, ela deduz que um zigoto com precisamente a constituição de Z localizada em Mary se desenvolverá em um agente idealmente autocontrolado que, em trinta anos, julgará, com base na deliberação racional, que é melhor fazer A e desejar A com base nesse julgamento, produzindo assim E. [...] Trinta anos depois,

> Ernie é uma pessoa mentalmente saudável, perfeitamente autocontrolada, que exerceu regularmente seus poderes de autocontrole e não tem nenhuma atitude relevante compelida ou coercivamente produzida.[69]

Nessa história, espera-se que todos admitam que Ernie não pode ser considerado moralmente responsável por sua ação. Com essa concessão, Mele compara essa história a um caso normal de uma escolha humana feita com base no determinismo:

> Compare Ernie com Bernie, que também satisfaz [um conjunto de] condições compatibilistas suficientes para a livre ação. O zigoto que se desenvolveu até Bernie veio a existir se maneira normal. Um grande desafio para qualquer compatibilista que afirme que Ernie realiza a ação A sem liberdade, enquanto a ação A de Bernie é livre, é explicar como as diferenças nas causas dos dois zigotos têm essa consequência. Por que essa diferença histórica importa, dadas as propriedades que os dois agentes compartilham?[70]

Esse é, de fato, o desafio que o compatibilista enfrenta, mas meu critério da concessão divina satisfaz essa exigência: a escolha de Bernie é feita com base em seu caráter e desejos concedidos por Deus, que, pelo que nos disseram, foram realizados "da forma normal", ao passo que o de Ernie não o foi. Diana estava se intrometendo indevidamente no caráter concedido por Deus a Ernie, e assim meu critério oferece uma explicação coerente das razões pelas quais Bernie é responsável, apesar da isenção de Ernie.

---

[69] Mele, "Manipulation", 278, citado em Timpe, *Sourcehood*, 137.
[70] Ibid.

O Argumento "Walden II" de Robert Kane

Robert Kane também tenta sustentar a acusação de que o determinismo é análogo à manipulação com a seguinte estratégia: ele primeiro considera o conto de B. F. Skinner sobre a utopia "Walden II", em que todas as pessoas são controladas por meio da engenharia comportamental, e ele corretamente aponta que mesmo que essas pessoas façam o que querem, todos nós estamos inclinados a afirmar que essas pessoas não são realmente livres; eles não estão realmente fazendo suas "próprias" escolhas e, presumivelmente, não deveriam ser moralmente responsáveis por elas. Kane conclui que se tal manipulação exclui a responsabilidade moral, então o determinismo também deve fazê-lo.[71] Ele então identifica corretamente a tarefa a ser resolvido para compatibilistas que, como eu, querem refutar decisivamente a acusação de falácia da exceção: "O problema é localizar a diferença relevante entre os dois que torne um deles (controle CNC [controle não-restritivo velado]) objetável e o outro (mera determinação) não."[72] O meu critério, se coerente, cumpre exatamente isso. Ele explica por que a manipulação como aquela em B. F. Skinner exclui a responsabilidade moral — a engenharia comportamental interfere com o caráter e desejos concedidos por Deus aos agentes, não permitindo a livre expressão de quem Deus os fez ser — enquanto o decreto divino sobre o determinismo não o faz. Portanto, meu critério refuta com sucesso a acusação de falácia de exceção.

Mais além disso, por "mera determinação", o que Kane tem agora em vista é uma determinação ateísta, meramente por causas naturais, não o decreto sobrenatural de um Deus providencial. Embora ele tenha considerado brevemente o Deus que a tudo determina de Jonathan

---

71 Kane, *Significance*, 65–68. Peter van Inwagen oferece virtualmente o mesmo argumento por analogia, por meio da história de "Deltas" e "Epsilons" do romance de Aldous Huxley's, *Admirável Novo Mundo*. Ver van Inwage, "Argument from Evil", 66.
72 Kane, *Significance*, 68.

Edwards, Kane desqualificou seu "predestinacionismo" como tendo perdido sua popularidade entre os teístas, por excluir o livre-arbítrio humano e tornar Deus responsável pelo mal — nossas duas objeções de Romanos 9 mais uma vez![73] Assim, a visão de Edwards acaba no mesmo saco do exemplo de B. F. Skinner, excluindo a responsabilidade moral com base na manipulação.

A partir desse ponto, Kane ainda insiste na acusação de falácia de exceção contra aqueles que concordam que o caso de Skinner e a visão de Edwards excluem a responsabilidade moral, enquanto o mero determinismo naturalista não. Esse mesmo argumento é escolhido por Katherin Rogers, que o chama de "o argumento do controlador divino para o incompatibilismo".[74]

Argumento do "controlador divino" de Katherin Rogers

Rogers essencialmente defende a mesma afirmação que foi sugerida por Kane, mas ela nos ajuda fornecendo a estrutura formal do argumento da seguinte forma:

> Se Deus torna necessária a escolha, então você não é moralmente responsável por ela.
>
> A necessidade causal de sua escolha devido a causas naturais em um universo determinista é relevantemente semelhante à necessidade causal divina.
>
> Portanto

---

[73] "O predestinacionismo do tipo defendido por Hobbes e por alguns de seus sucessores compatibilistas, como Jonathan Edwards, não é mais tão popular como já foi entre os teístas, porque parece tirar uma liberdade significativa dos homens enquanto passa a responsabilidade final do mal para Deus." Ibid., 67.

[74] Rogers, "Divine Controller Argument", 275-94.

> Se causas naturais em um universo determinista tornam causalmente necessárias a sua escolha, você não é moralmente responsável por ela.[75]

Isso é claramente uma tentativa de mostrar que as pessoas estão incorrendo em uma falácia de exceção quando afirmam que um Deus que a tudo determina excluiria a responsabilidade moral e, ao mesmo tempo, que vivemos em um universo determinista com responsabilidade moral. Então, em lógica clara, o público ao qual esse argumento agora se dirige é aos ateístas deterministas compatibilistas que acreditam na responsabilidade moral e, ainda assim, sustentam que, *se* existisse um Deus que determina tudo, isso *excluiria* a responsabilidade moral. Esse escopo restrito passa longe de atingir os calvinistas. Quer a premissa 2 seja verdadeira ou não, é inútil estabelecer incompatibilidade contra teístas cristãos que talvez rejeitem a premissa 1, uma premissa que Rogers não sustenta e até explica por que o faz:

> A premissa no argumento do controlador divino diz que, se Deus causa sua escolha, você não é moralmente responsável. Então, por exemplo, não é *justo* que Deus, ou qualquer pessoa, puna você por um homicídio que Deus o tenha levado a escolher e cometer. Considero isso uma afirmação intuitiva que é imediata — vê-se logo que se entendem os termos — poderosa e amplamente aceita.[76]

É verdade que a afirmação é amplamente aceita — afinal, há muitos arminianos — mas que é imediatamente óbvia ou mesmo verdadeira é precisamente o que é contestado pelos calvinistas, de modo que o argumento é irrelevante para nossa controvérsia imediata, uma

---

75 Ibid., 277.
76 Ibid., 286.

vez que não oferece qualquer razão para que, dada a existência de Deus, o determinismo exclua a responsabilidade moral.

No entanto, o argumento malsucedido de Rogers e Kane ilustra um ponto interessante, visto que mostra por sua suposição incorreta onde nossa característica relevantemente não análoga realmente se encontra: sua pressuposição na premissa 2 era que, fossem eles manipuladores, universos desprovidos de consciência, cientistas loucos, demônios ou deuses, todos os controladores relevantes são criados em pé de igualdade. Mas se Deus existe, esse é um controlador que não se iguala e nem é criado, e que por sua alteridade refuta a acusação de falácia de exceção. Deus é relevantemente não-análogo a todos os manipuladores humanos, ocultos ou visíveis, influentes ou dominantes. Mostra-se, assim, falso que o determinismo e a manipulação são relevantemente análogos e, portanto, o argumento da manipulação não é mais bem-sucedido do que o argumento de coerção o foi em estabelecer o incompatibilismo.

CAPÍTULO 4

O Argumento da doença mental

Uma condição final — ou conjunto de condições — que supostamente exclui a responsabilidade moral e pode possivelmente ser apresentada para apoiar o incompatibilismo é a doença mental.

O determinismo sugere doença mental?

Como foi o caso da coerção e da manipulação, a doença mental provavelmente pode ser uma oportunidade para um punhado de argumentos distintos em favor do — ou minimamente caminhos em direção ao — incompatibilismo, o primeiro dos quais poderia mais uma vez ser uma reivindicação direta de implicação lógica do seguinte modo:

> 24. Se o determinismo é verdadeiro, então os homens são mentalmente doentes.

25. A doença mental exclui a responsabilidade moral.

Portanto

6. O determinismo é incompatível com a responsabilidade moral.

No entanto, ao contrário dos argumentos de coerção ou manipulação acima, no caso de doença mental, suspeito que essa forma direta do argumento dificilmente encontrará algum proponente, porque a premissa (24) é muito obviamente falsa. É bastante claro que nenhuma das patologias que chamamos de "doença mental" decorre do mero determinismo. Essas doenças mentais, ou psicoses, têm certos sintomas médicos, psiquiátricos: deficiências cognitivas, delírios, paranoia, etc. — mais sobre isso adiante — todos eles, evidentemente, ausentes dos casos normais de escolhas livres na visão determinista compatibilista. A partir disso, segue-se que o determinismo não sugere doença mental e, portanto, a melhor esperança de um argumento incompatibilista bem-sucedido é se basear mais uma vez na analogia. A acusação será de que o determinismo e a doença mental são relevantemente *análogos*; que tudo o que exclui a responsabilidade moral de doentes mentais deve igualmente fazê-lo para aqueles cujas escolhas são determinadas.

O determinismo é análogo à doença mental?

A primeira questão a ser levantada ao avaliar esse argumento será se a doença mental de fato exclui a responsabilidade moral. Será? Para responder a essa pergunta, é preciso primeiro saber o que é doença mental. Sem oferecer uma pesquisa médica psiquiátrica absurdamente volumosa, é necessário pelo menos algum grau de especificação, de exatamente que tipos de condições estão em questão. O que é "doença mental"? Como se vê, é difícil pensar em uma pergunta mais complexa. Se a coerção já era difícil de definir, quanto mais é o caso da doença mental? Apesar de todo o impressionante avanço da medicina moderna, o campo notavelmente difícil da psiquiatria ainda é muito controverso, e encontrar um forte consenso sobre as questões relevantes promete ser difícil.

Um ponto de partida decente, no entanto, seria listar algumas das doenças que podem ser adequadamente descritas como "psicose" ou "doença mental". Para isso, gostaríamos de recorrer a uma obra de referência, mas nem todos usam as mesmas classificações. Nos Estados Unidos, a *American Psychiatric Association* publica seu volumoso Manual Diagnóstico e Estatístico de Transtornos Mentais (*Diagnostic and Statistical Manual of Mental Disorders* ou DSM, agora em sua quinta edição, DSM-5), que parece ser uma obra de referência respeitável a que se deve recorrer, mas seu conteúdo está longe de ser incontestável; tem sido e continua a ser criticado por importantes opiniões no campo.[77] No Reino Unido, a obra padrão utilizada é a *Classificação Internacional de Doenças* da Organização Mundial da Saúde (*International Classification of Diseases* ou ICD, agora em sua décima primeira edição, ICD-11), cuja seção "Transtornos mentais e comportamentais" já difere do DSM de maneiras não triviais.[78] Assim fica claro que qualquer argumento filosófico que vise oferecer premissas incontroversas deverá ir além do entendimento comum de "doença mental", como supostamente definido por qualquer obra de referência, e aplicar suas reivindicações a designações mais específicas de transtornos mentais devidamente identificados. Essa restrição do escopo das doenças torna-se, de qualquer forma, ainda mais necessária quando nos voltamos para a questão da responsabilidade moral: a

---

[77] Ver Allen Frances, presidente da força-tarefa do DSM-IV, criticando fortemente o DSM-5 pela medicalização dos comportamentos normais da vida. Frances, *Saving Normal*.

[78] Ao examinar as semelhanças e diferenças do DSM-IV-TR e da ICD-10, o Dr. Michael First relata suas descobertas de que "dos 176 conjuntos de critérios em ambos os sistemas, apenas um, transtorno de tique transitório, é idêntico. 21% tinham diferenças de base conceitual e 78% tinham diferenças de base não conceitual". Primeiro, "Harmonization", 382

"doença mental" exclui a responsabilidade moral? Certamente nem *todos* os transtornos mentais listados no DSM ou no ICD removem a responsabilidade moral de um paciente pelo que fazem. Eu até me arrisco a dizer que alguns dos "distúrbios" listados pelo DSM estão apenas colocando um rótulo estranho em comportamentos normais, embora problemáticos, sem muita evidência de que esses comportamentos sejam algo para além de nossas respostas normais, livremente escolhidas, a várias tentações, ou ocorrências comuns da vida, em vez de doenças mentais. Por exemplo, Allen Frances critica que o DSM-5 transformou as birras temperamentais em "Transtorno Disruptivo de Desregulação do Humor", a gula em "Transtorno de Compulsão Alimentar", o luto normal em "Transtorno Depressivo Maior", o esquecimento visto na velhice em "Transtorno Neurocognitivo Leve", e que a maioria de nós adultos se qualificará para "Transtorno de Hiperatividade e Déficit de Atenção"[79]. Embora a crítica completa dos excessos da psiquiatria deva ser deixada para psiquiatras competentes, filósofos e teólogos estão provavelmente seguros em concordar com Frances e declarar que essas "condições" não são nem doenças mentais, nem a ocasião para uma exclusão de responsabilidade moral. De qualquer forma, mesmo sem ir tão longe, os incompatibilistas no mínimo reconhecerão que, para que seu argumento por analogia baseado na doença mental seja convincente, ele certamente não pode se basear em uma afirmação geral de que todas essas condições excluem a responsabilidade moral. Em vez disso, terá que entrar na discussão inevitavelmente confusa de declarar quais psicoses excluem a responsabilidade moral — pelo menos de forma relativamente incontroversa — e quais não.

Por enquanto, tomemos um exemplo tão incontroverso quanto pudermos encontrar. Consideremos um caso mais grave de autismo, digamos, onde a pessoa é severamente prejudicada em todas as suas

---

[79] Frances, *Saving Normal*, 177–205.

interações sociais, comunicação, não controla seu próprio comportamento, e qualquer outra coisa que qualquer filósofo exigiria para que essa pessoa fosse moralmente justificada. Nem todos concordam sobre quais são essas condições, mas todos deveriam concordar razoavelmente que *existem* certas condições para tais doenças mentais. Nesse exemplo incontroverso, então, teríamos o caso de uma pessoa mentalmente doente cuja doença mental remove sua responsabilidade moral. Em que consistirá então o argumento incompatibilista? Eles alegarão que as ações oriundas de doença mental desse paciente são *análogas* às de uma pessoa cujas escolhas são determinadas; qualquer que seja o ingrediente dessa doença mental que exclua a responsabilidade moral também está presente em qualquer caso de escolha determinada, anulando assim a responsabilidade moral no determinismo.

As respostas compatibilistas a esse argumento seguirão o mesmo padrão que seguiram outrora em casos de coerção ou manipulação, pois os mesmos pontos podem ser levantados mais uma vez: primeiro, se o determinismo em geral não sugere doença mental, então o argumento já não é sobre doença mental *propriamente dita*, e o incompatibilista está convidado a identificar a suposta propriedade relevantemente compartilhada entre a doença mental e o determinismo que exclui a responsabilidade moral; caso contrário, a afirmação infundada de que essa propriedade existe é apenas um raciocínio circular. E, em segundo lugar, para refutar a acusação, devemos mais uma vez formulá-la em sua rigorosa forma silogística:

> 26. Escolhas feitas por pessoas mentalmente doentes carregam uma propriedade que exclui a responsabilidade moral.
>
> 27. Se escolhas feitas por pessoas mentalmente doentes carregam uma propriedade que exclui a responsabilidade moral, então tal propriedade também faz parte de quaisquer escolhas feitas no determinismo.

Portanto

19. Escolhas feitas no determinismo carregam uma propriedade que exclui a responsabilidade moral.

Observe que estou mais uma vez pressupondo que o proponente desse argumento por analogia está propondo a afirmação mais forte de que "não existe diferença relevante entre determinismo e doença mental", em vez da afirmação mais fraca de que "existe uma semelhança relevante entre determinismo e doença mental". Veja minha discussão sobre esse assunto no argumento "animais de estimação e marionetes", bem como seu uso específico nos argumentos de coerção e manipulação: eu respondo à afirmação mais forte, porque a afirmação mais fraca é obviamente um raciocínio circular.

Todavia, uma vez que o argumento propondo a afirmação mais forte é colocado nessa forma mais clara, nossas mesmas duas críticas compatibilistas sobre a premissa (27) reaparecem: 1) continua a ser uma falácia da exceção, visto que nenhuma razão é dada para apoiar a alegação de que o que anula a responsabilidade moral no caso do doente mental está necessariamente presente em casos de escolhas deterministas normais; e 2) é falso, o que pode ser demonstrado pelos compatibilistas se identificarem uma propriedade relevante tal que: 1) esteja presente nos casos relevantes de doença mental, 2) exclua a responsabilidade moral, e 3) não esteja presente em escolhas humanas livres, compatibilistas e deterministas.

Deixe-me sugerir o seguinte como um critério de responsabilidade relevante: para ser moralmente responsável, é necessário que um indivíduo esteja devidamente ciente dos fatos morais relevantes sobre o que está fazendo, ou moralmente responsável por não estar ciente deles. Ele deve ter consciência moral no processo de tomada de decisão, a consciência de que o que está prestes a fazer (ou não fazer) é mau (ou bom), ou ser, a princípio, moralmente responsável por não saber. Essa segunda disjunção está aqui para dar lugar ao processo de cauterização da consciência, por exemplo, quando um malfeitor se torna alguém tão inflexível que nem sabe mais que o que está fazendo é errado. Também permite fazer um julgamento adequado em casos especiais como o que se segue: uma pessoa quer roubar um banco, mas também quer evitar a culpa moral, então faz uso de uma droga recém-inventada ("100-Consciência"), que desativa sua consciência moral por duas horas, durante as quais ele rouba o banco.

Se considerássemos apenas sua ignorância moral imediata, meu critério o justificaria; mas com a ressalva da segunda disjunção em vigor, podemos reconhecer que sua ignorância é culpável e, portanto, ele permanece culpado pelo roubo.[80] Deixando de lado esses casos especiais, a primeira disjunção do meu critério nos permite, por exemplo, declarar que não sou moralmente responsável se coloco açúcar no café da minha esposa e acontece que, sem que eu saiba, o açúcar no açucareiro tenha sido substituído por veneno: eu não sou culpado por matar minha esposa, visto que eu não sabia que era errado colocar aquilo no café dela. Que tais condições epistêmicas para a responsabilidade moral são necessárias não devem ser nada controversas.

Consequentemente, esse tipo de condição epistêmica necessária fornece aos compatibilistas a seguinte candidata a uma característica dessemelhante entre doença mental e determinismo: "a ignorância — não culpável — do indivíduo de que o que está fazendo é algo errado". Será que essa propriedade, então, satisfaz as condições 1, 2 e 3 estabelecidas anteriormente? Primeiro, satisfaz os itens 2 e 3: claramente, uma pessoa não pode ser culpada se não está ciente de que está fazendo algo errado, nem culpada por essa ignorância, e em casos normais de escolhas livres compatibilistas e deterministas, o indivíduo autoconsciente normalmente está ciente do que está fazendo quando age imoralmente. O item 1, no entanto, pode ser um pouco mais

---

[80] Esse caso especial me foi sugerido por James N. Anderson.

controverso. Será necessariamente o caso que os pacientes mentalmente doentes que são moralmente justificados não têm consciência de que estão fazendo algo errado? Essa questão controversa e difícil, mas central, que nos confronta equivale ao seguinte: "o que é preciso para uma pessoa mentalmente doente ser moralmente justificada por seus atos ilícitos?" Presumivelmente, todos concordamos que as disfunções mais leves listadas pelo DSM não se qualificam; então, a partir daí, à medida que os transtornos mentais aumentam em gravidade, em que nível devemos estabelecer um limiar para concluir adequadamente que um paciente não é mais moralmente responsável? Minha condição apresentada há pouco sugere que o limiar relevante pode ser o da autoconsciência dos fatos morais da situação, ou algo parecido. Quando o doente mental está tão prejudicado que não tem mais consciência de que seu ato é errado, ele não pode mais ser culpado. Sem ser muito dogmático nesse ponto — como um teólogo sensato deve ser em questões controversas de psiquiatria — parece-me ser uma boa medida não-arbitrária de responsabilidade moral dos mentalmente doentes, e refutará com sucesso o argumento da analogia entre doença mental e determinismo.

William Rowe discorda desse critério. Ele apresenta o caso de Andrea Yates, uma mulher mentalmente doente que afogou seus cinco filhos em 2001, no Texas. Ela ostentava um longo histórico de alucinações, delírios e tratamentos médicos pesados. A defesa argumentou que ela era insana à época dos crimes e, portanto, deveria ser declarada "inocente" em razão de sua insanidade. A promotoria discordou, pedindo a pena de morte, ao sustentar que ela estava sã quando matou seus filhos. Curiosamente, o critério usado pela lei do Texas para determinar se um paciente mentalmente doente deve ser declarado "inocente" foi precisamente o que sugeri anteriormente. Rowe explica que "de acordo com a lei do Texas, a defesa tinha o ônus de provar não apenas que Andrea sofria de uma doença mental grave, mas também que ela não sabia a diferença entre certo e errado no momento dos afogamentos"[81]. Como se vê, ela não atendeu a esse critério. Foram apresentadas evidências convincentes de que ela *de fato* sabia o que estava fazendo, e que ligou para o marido para contar o que havia feito e parecia ciente de que era moralmente errado. Assim, ela foi considerada culpada e condenada à prisão perpétua.[82]

Rowe considera esse julgamento inadequado e argumenta que as condições para a doença mental excluir a responsabilidade moral deveriam ser muito mais modestas. Ele escreve:

> Por que a defesa tem esse ônus? Não poderia alguém ser tão insano a ponto de ser *incapaz* de não cometer um crime horrível e ao mesmo tempo saber que se trata de um crime? Será que o simples fato de alguém saber que algo é moralmente errado basta para mostrar que não se é louco quando se faz tal coisa? Só de se fazer essa pergunta já se espera receber uma resposta negativa![83]

Dado o quão óbvio Rowe pensa que a resposta é, não nos é oferecido um argumento que possamos refutar[84], mas acho que podemos desenvolver adequadamente a afirmação apontando um provável equívoco no uso da palavra "insano" por Rowe. A palavra pode ser

---

[81] Rowe, *Can God Be Free?*, 66.

[82] Note que em 2005, um ano após a publicação do livro de Rowe, o Tribunal de Recursos do Texas reverteu as condenações e, em 2006, Andrea Yates foi julgada novamente, e desta vez foi considerada inocente por motivo de insanidade. No entanto, o critério legal não mudou, o que significa que o júri posterior concluiu que ela de fato *não* sabia que o que estava fazendo era errado. Os dois júris estão, portanto, em contradição direta nessa questão, mas este trabalho não é o lugar para discutir qual dos dois júris estava errado. Se Yates de fato atendeu ou não ao critério é de pouca relevância para nossa discussão atual sobre se o critério é apropriado ou não.

[83] Rowe, *Can God Be Free?*, 66.

[84] A alegação de Rowe em questão de fato levanta o questionamento de ser "incapaz de não cometer um crime horrível", mas devo adiar minha resposta a essa questão para um momento posterior na presente obra, quando as questões preliminares tiverem sido devidamente estabelecidas. Para essa discussão da responsabilidade moral à luz da "capacidade de se fazer o contrário", veja o capítulo 5.

usada para descrever uma de duas coisas: ou 1) que uma pessoa sofre de um transtorno mental sem qualificação adicional, ou 2) que uma pessoa sofre de um transtorno mental *que a qualifica como desprovida de responsabilidade moral*.[85] Se esse último significado é o que Rowe tem em mente, então não é nada óbvio que ter consciência dos fatos morais não exclui a insanidade de alguém nesse sentido: merecer ser isento por motivo de insanidade. Essa é a presente questão que está sendo debatida aqui, não é mesmo? Por outro lado, se por "insano" Rowe quer dizer o primeiro significado, isto é, qualquer tipo de transtorno mental, então "apenas fazer a pergunta" é, eu concordo, esperar receber uma resposta negativa de fato: "Será que o simples fato de alguém saber que algo é moralmente errado basta para mostrar que não se é insano no sentido de ter algum tipo de distúrbio mental?" Obviamente não. Certamente é possível sofrer de algum tipo de transtorno mental e ainda saber o que está fazendo. Mas, infelizmente, com esse modesto significado de "insanidade", a pergunta de Rowe já não tem mais relação com a questão da responsabilidade moral. Como foi apontado antes, sofrer de qualquer tipo de transtorno mental não é razão suficiente para excluir a responsabilidade moral. De fato, do ponto de vista cristão, isso levaria à conclusão absurda de que ninguém *jamais* é moralmente responsável por qualquer coisa errada que faça, porque, no fundo, o pecado é exatamente isso: algum tipo de "distúrbio" mental; uma disfunção das faculdades de tomada de decisão de uma pessoa. Na criação original, prelapsiariana e perfeitamente boa de Deus, a "função" apropriada de nossas faculdades de tomada de decisão era fazer escolhas racionais; decisões boas e racionais em relação ao que é certo e bom escolher. Pecar é justamente o contrário: agir irracionalmente; isto é, agir a partir de uma "disfunção" mental. Assim como Alvin Plantinga sugeriu que casos de *conhecimento* humano são encontrados quando nossas crenças

---

[85] Nem todos entendem responsabilidade legal e responsabilidade moral como sendo sempre equivalentes, mas eu estou aqui supondo que são intercambiáveis, para fins de argumentação.

verdadeiras provêm de faculdades cognitivas que estão "funcionando apropriadamente"[86], podemos entender que a *justiça* moral humana é encontrada quando nossas boas *escolhas* são feitas por *faculdades de tomada de decisão* que estão "funcionando apropriadamente."[87] Escolhas imorais, então, acarretam uma disfunção dessas faculdades: literalmente, um "distúrbio" mental. Agir imoralmente, rebelar-se contra o Deus criador perfeito é irracional; é "insano" nesse sentido, e quanto mais perverso o pecado, mais "insana" tendemos a considerar a pessoa. É bastante incontroverso, digamos, que Adolf Hitler fosse "insano" nesse sentido — ou "insanamente mau", pode-se dizer — mas será que isso exclui sua responsabilidade moral? Certamente não, e me parece que o critério relevante para manter sua culpa diante de seu mal insano continua sendo o oferecido há pouco: ou ele estava ciente de que o que estava fazendo era errado, ou, se supusermos que sua consciência estava inflexível o suficiente para que ele realmente não soubesse mais, então ele era culpado por sua ignorância.

Para concluir, portanto, não só foi demonstrado que doença mental e o determinismo não são análogos, como identificamos uma característica *dessemelhante*: plausivelmente, os doentes mentais que não são moralmente responsáveis não têm consciência de que o que estão fazendo é errado, enquanto os atos normais, livres e deterministas no compatibilismo apresentam uma consciência do que se está fazendo e o conhecimento do certo e do errado. Se esse critério for aceito, ele demonstra que a doença mental e o determinismo são relevantemente dessemelhantes. Se for rejeitada, então é o caso de que não ficou comprovada nenhuma característica relevantemente análoga entre o determinismo e a doença mental, de modo que o argumento incompatibilista,

---

[86] Ver Plantinga, *Warranted Christian Belief*.
[87] Deixo para outro a tarefa de avaliar o quanto dos *insights* originais de Plantinga no campo da epistemologia se aplicam aos campos da ética e da metafísica da maneira que sugiro aqui, mas parece-me que o paralelo é bastante razoável.

se não for comprovadamente falso, pelo menos permanece como uma falácia de exceção. Em todo caso, o argumento da doença mental falha e, portanto, o determinismo não exclui a responsabilidade moral com base no fato de ser análogo à doença mental.

Admitindo o óbvio: ainda restam questões difíceis

Agora, antes que essa minha bela e vingativa conclusão seja acusada de ser excessivamente simplista e irrealista para um campo confuso como a psiquiatria, deixe-me acrescentar algumas palavras para admitir o óbvio: apesar das respostas parciais e razoáveis fornecidas anteriormente, uma série de difíceis problemas psiquiátricos e questões morais certamente permanecem. Essas complexidades indiscutivelmente permanecem, e ficamos com casos problemáticos nos quais é muito difícil avaliar adequadamente se um indivíduo é ou não moralmente responsável. Psicopatas assassinos vêm à mente. Muito além do caso acima de Andrea Yates, alguns casos mais complicados e notáveis são mencionados na literatura sobre livre-arbítrio, geralmente com o propósito de enfatizar desde o início o quão difícil essas questões podem ser, mesmo antes — e mesmo depois! — de os filósofos começarem a pensar sobre algumas e tentar resolvê-las. John Martin Fischer abre sua coleção de ensaios sobre livre-arbítrio com o perturbador caso de Michael Bruce Ross, que estuprou e assassinou brutalmente oito mulheres com idades entre quatorze e vinte e cinco anos no início da década de 1980.[88] Ross explicou que estava mentalmente doente e sofria de impulsos constantes, visuais e poderosos para estuprar e matar mulheres; impulsos que ele mesmo abominava e procurava extinguir pelo uso de drogas ou castração química. Enquanto estava na

---

[88] Fischer, "Framework for Moral Responsibility", 1–5.

prisão, uma certa droga conseguiu isolar esses impulsos e oferecer-lhe um certo grau de paz, mas os impulsos violentos retornaram quando o uso da droga teve que ser interrompido. O que é perturbador é que, além de tudo isso, Ross é um graduado de Cornell, surpreendentemente articulado, cujas cartas exibem impressionante racionalidade, clareza e moderação em relação à sua condição e suas ramificações. Os impulsos sexualmente violentos são descritos como estranhos para ele, indesejados e avassaladores, e a releitura de sua história por Fischer torna plausível que os crimes não teriam acontecido se Ross estivesse tomando aquela droga especial para matar os impulsos sádicos o tempo todo. Então, o que fazemos com tudo isso ao ponderar a questão de sua responsabilidade moral? Eu não sei.

Ishtiyaque Haji abre seu livro de avaliação do incompatibilismo com o caso de Robert Alton Harris, que assassinou friamente dois adolescentes em San Diego em 1978, rindo de forma perversamente sádica de suas mortes.[89] Haji, então, explica que Harris sofreu brutalidades literalmente desde o útero: ele nasceu prematuro, como resultado de seu pai, por ciúmes, ter socado a barriga de sua mãe grávida acusando-a de que a criança não seria dele. Ambos os pais eram alcoólatras e acredita-se que Robert tenha sofrido de síndrome alcoólica fetal; sua mãe passou a ressentir-se dele pelas dificuldades que ela achava que ele causava em seu casamento; seu pai o tratava de forma abusiva por considerá-lo ilegítimo vindo a abandoná-lo aos quatorze anos. Rejeitado e abusado fisicamente literalmente desde o ventre e abandonado por seus pais quando criança; ele era a receita perfeita para um desastre. Sob essa ótica, por qual parte de sua raiva e psicopatia adulta estamos preparados para dizer que ele foi pessoalmente responsável moralmente? Não serei precipitado em tecer comentários. Esses casos

---

[89] Haji, *Incompatibilism's Allure*, 11–13.

são tão complexos que eu não ouso saber se, e em que medida,[90] esses indivíduos foram moralmente responsáveis, nem sei quais critérios exatos os julgariam com sucesso.

Seria esse, então, um ponto fraco na armadura compatibilista? É improvável que o seja. É certo que, como esses casos levantam questões para as quais não tenho respostas, é sempre teoricamente possível que as respostas certas estejam disponíveis apenas para incompatibilistas, mas considere o que teria de haver para que isso fosse verdade. Uma de duas coisas teria que ser verdade: ou 1) esses indivíduos são moralmente responsáveis e apenas critérios incompatibilistas justificam sua culpa, ou 2) esses indivíduos não são moralmente responsáveis e apenas critérios incompatibilistas os isentam com sucesso. Nenhum desses cenários parece provável nesse momento. O cenário 1 torna-se improvável pelo fato de que o incompatibilismo é uma tese que *exclui* a responsabilidade moral — nomeadamente quando o determinismo é verdadeiro — e não parece preparado para produzir julgamentos que *condenam* pessoas a quem qualquer outro critério compatibilista justificaria. Quanto ao segundo cenário e à necessidade de critérios que excluam adequadamente a responsabilidade moral quando necessário, mesmo que os critérios parciais compatibilistas que ofereci anteriormente não consigam resolver esses quebra-cabeças morais, que tipo de critério o incompatibilista sugeriria em seu lugar? Estão os incompatibilistas dispostos a argumentar que esses indivíduos só poderiam ser justificados se fosse constatado que eles não possuíam

---

90   De fato, a responsabilidade moral pode muito bem vir em graus. Uma pessoa que não é livre e, portanto, não é moralmente responsável por um ato não pode ser culpada, e uma pessoa que é inteiramente livre pode ser totalmente culpada, mas parece-me que há espaço no meio para dizer que uma pessoa era livre o suficiente para receber algum grau de culpa, mantendo, ao mesmo tempo, que a presença de alguns fatores atenuantes alivia parte de sua responsabilidade. Nesse caso, diríamos que a pessoa merece uma certa quantidade de culpa que fica aquém do valor total que a mesma ação *teria* merecido se fosse realizada sem essas circunstâncias atenuantes. Os casos perturbadores de psicopatas assassinos provavelmente cairão em algum lugar nessa área cinzenta, onde eles podem ser culpados até certo ponto, enquanto sua educação trágica alivia parte de sua responsabilidade, mesmo que se suponha que isso não a anule completamente.

um livre-arbítrio indeterminista e libertário? Como isso seria demonstrado? E, mais importante, como alguém — quanto mais um júri no tribunal — *mediria* isso? Nós simplesmente não temos os mecanismos para observar se uma escolha teve antecedentes determinantes ou não. E se não podemos fazê-lo em casos normais, quão menos podemos avaliar as vidas atormentadas de Michael Ross e Robert Harris? Portanto, quaisquer que sejam as complexidades apresentadas por esses indivíduos, devem ser enfrentadas tanto por incompatibilistas quanto compatibilistas, e se qualquer um dos campos vier a oferecer sugestões inovadoras sobre como entender a responsabilidade moral desses homens, é improvável que eles se baseiem em uma medida de determinismo ou indeterminismo. Portanto, a menos — e até — que um incompatibilista apresente um critério que resolva com sucesso e incontroversamente todos esses casos e implique incompatibilismo, podemos seguramente deixar esses casos de lado em nosso debate como sendo casos interessantes, perturbadores e enigmáticos, com pouca relevância atual para a questão do compatibilismo.

Por fim, o argumento da doença mental foi considerado indefensável se tomado como uma afirmação de que o determinismo acarreta doença mental, e infundado, ou mesmo refutado, se baseado em uma mera afirmação de que o determinismo e doenças mentais são análogos. As complexidades nessa área claramente permanecerão, mas já foi dito o suficiente para avaliar que o argumento da doença mental não sustenta, neste momento, qualquer conclusão incompatibilista.

Interlúdio bíblico: "nem da vontade do homem"

Tendo refutado até agora as afirmações incompatibilistas de que o determinismo anula respectivamente "escolhas" ou "livre-arbítrio", ou equivale a "coerção", ou "manipulação", ou mesmo "doença mental", é necessária uma breve pausa irônica, para considerarmos que algumas evidências bíblicas por vezes realmente se inclinam na direção de uma negação do livre-arbítrio. Embora, em certo sentido, nem mesmo os calvinistas estejam preparados para fazê-lo, algumas passagens bíblicas parecem negar abertamente a realidade das escolhas humanas na decisão de seguir a Cristo. Romanos 9 chega ao ponto de dizer no versículo 16: "Assim, pois, não depende de quem quer ou de quem corre, mas de usar Deus a sua misericórdia.". João 1.12-13 explica a maneira pela qual os pecadores nascem de novo: João diz de Jesus que "Mas, a todos quantos o receberam, deu-lhes o poder de serem feitos filhos de Deus, a saber, aos que creem no seu nome; os quais não nasceram do sangue, nem da vontade da carne, *nem da vontade do homem*, mas de Deus.". Em João 15.16, Jesus diz a seus discípulos: "Não fostes vós que me escolhestes a mim; pelo contrário, eu vos escolhi a vós".

"*Não* depende de quem quer ou de quem corre", "*não* fostes vós que me escolhestes", "*nem* da vontade do homem", a Bíblia não nega com isso a realidade filosófica das escolhas humanas moralmente responsáveis e livres, mas a coloca sob a graça providente de Deus. Os calvinistas oferecem essas duas realidades com sua visão compatibilista do livre-arbítrio e, portanto, podem ficar confiantes de que sua visão se encaixa bem (ou minimamente *visa* se encaixar bem) em ambas as vertentes do ensino bíblico.

CAPÍTULO 5

O argumento da consequência e o princípio de possibilidade alternativas

Incompatibilismo, ônus da prova e raciocínio circular

O punhado de objeções levantadas acima pode ser adequadamente classificado como argumentos de "espantalhos", visto que se opõem a vários elementos — negação de escolha, negação do livre-arbítrio, afirmação da coerção, afirmação da manipulação, afirmação da doença mental, etc. — nos quais os compatibilistas não creem — nem comprovadamente se seguem de crenças que eles afirmam. Um segundo tipo de alegação incompatibilista deve ser rejeitado no momento, não por não representar a visão compatibilista com precisão, mas por não estabelecer o incompatibilismo de maneira não circular. Pelas razões interessantes que serão discutidas mais adiante,[91] não é incomum que os libertários opositores ao calvinismo, que partem do princípio que o incompatibilismo é verdadeiro, simplesmente afirmem que "se todas as ações humanas são determinadas causalmente, então ninguém é moralmente responsável por qualquer ação"[92], deixando a afirmação relativamente desprovida de sustentação, como se fosse autoevidente. Jerry Walls chega a afirmar seu incompatibilismo como uma crença básica que *não pode* ser apoiada por nenhum argumento:

> Acreditamos que o livre-arbítrio libertário é intrínseco à própria noção de responsabilidade moral. Ou seja, uma pessoa não pode ser considerada moralmente responsável por um ato, a menos que seja livre para realizá-lo e livre para abster-se dele. Essa é uma intuição moral básica, e não acreditamos que existam convicções morais relevantes mais básicas do que essa que possam servir de premissas para prová-la.[93]

Da mesma forma, a própria força percebida da afirmação leva os incompatibilistas a se apoiarem na mera afirmação, raciocinarem circularmente em favor do incompatibilismo e a transferirem indevidamente o ônus da prova de volta para os compatibilistas. Consistentemente com isso, Randall Basinger exige que "o calvinista deve [...] explicar [...] como um Deus que decretou o que cada pessoa fará pode responsabilizá-los pelo que de fato fazem."[94] Mas o calvinista ainda

---

[91] Ver o capítulo 5 e sua análise de por que o princípio incompatibilista de possibilidades alternativas toma emprestado de forma inválida sua plausibilidade de um princípio semelhante, mas compatibilista.
[92] Hasker, *Metaphysics*, 46.
[93] Walls e Dongell, *Not a Calvinist*, 105.
[94] Basiger, "Exhaustive Divine Sovereignty", 191.

não enfrenta tal obrigação. Como um compatibilista, o calvinista de fato sustenta que Deus "decreta o que cada pessoa fará" e "as responsabiliza pelo que de fato fazem". Se uma contradição é apresentada ou sugerida pelo par de crenças acima, são os incompatibilistas que têm o ônus de descobri-la antes que eles possam esperar qualquer tipo de contra-argumento compatibilista.

Infelizmente, essa estratégia tem atração intuitiva suficiente para que os calvinistas, por vezes, mordam a isca e respondam à acusação de forma prematura e muito tímida. Eles respondem com vergonha, começam a confessar suas limitações racionais, defendem o mistério diante do desconhecido, e alguns chegam perigosamente perto de admitir haver uma irracionalidade. Uma breve amostra ilustrará o ponto. O calvinista Edwin Palmer dá um tiro desnecessário no próprio pé: "o calvinista admite livremente que sua posição é ilógica, ridícula, sem sentido e tola"[95]. Da mesma forma, e embora tenha sido muito cuidadoso em não admitir uma "contradição", J.I. Packer falou de uma "antinomia" em sua visão calvinista, provocando, assim, muita controvérsia.[96] Paul Helm reformula apropriadamente o sentimento: "como alguém pode ser responsabilizado por algo que foi decretado que fizesse é um tanto misterioso".[97] Até aqui a razão nos leva a admitir, com a qualificação de John MacArthur de que "é um mistério apenas para nós. Não sei como Deus resolve esse mistério, mas estou contente em deixá-lo com ele."[98] No entanto, quando Thomas Schreiner humildemente confessa que "a resolução final do problema da responsabilidade humana e da justiça divina está além de nossa capacidade racional" e que existem "alguns mistérios que não podemos desvendar" de modo que "em última análise, os problemas lógicos colocados não podem ser totalmente

---

[95] Palmer, *Five Points*, 104.
[96] Ver Walls e Dongell, *Not a Calvinist*, 115–16 e Helm, *Providence of God*, 62–66.
[97] Helm e Tiessen, "Room for Middle Knowledge?", 446.
[98] MacArthur, *Body Dinamics*, 28, citado em Walls e Dongell, *Not a Calvinist*, 155.

resolvidos",⁹⁹ eu penso que isso é entregar demais os pontos. Podemos apreciar uma revigorante humildade epistêmica calvinista, mas não nos deixemos confundir com os "problemas lógicos colocados". O ônus da prova *não* é de responsabilidade calvinista, e como nenhuma contradição foi demonstrada entre o determinismo e a responsabilidade moral, os calvinistas devem respirar fundo, relaxar e lidar com os argumentos. É um tanto irônico que essa resposta sóbria tenha sido dada a eles por um teísta aberto, David Basinger: "Se as verdades em questão não foram claramente demonstradas como contraditórias, então não é necessária uma "solução lógica" ou "desafio à lógica". [...] Se as verdades não forem claramente contraditórias, não há ainda nenhum problema lógico com o qual se preocupar."¹⁰⁰ E é exatamente esse o caso! O ônus da prova ainda reside firmemente nos ombros do incompatibilista, e ainda estamos procurando um argumento para sustentar a tese incompatibilista.

O argumento de consequência

Nem todos os incompatibilistas se dão por satisfeitos em deixar a tese sem sustentação, no entanto, e alguns tentam oferecer o passo que falta — o argumento que falta — para fundamentar a afirmação de que a responsabilidade moral é incompatível com o determinismo. Peter van Inwagen notoriamente tentou fazer exatamente isso, elaborando exatamente esse argumento, o chamado "argumento de consequência" para o incompatibilismo¹⁰¹. Ele formula o ponto principal de seu argumento da seguinte forma:

---

99 Schreiner, "Prevenient Grace", 245.
100 Basinger, "Biblical Paradox", 211.
101 Os defensores atuais do argumento da consequência incluem Carl Ginet, David Wiggins, James Lamb e Nelson Pike, todos listados em Kane, "Introduction", 10. E Ishtiyaque Haji traça as origens do argumento a Wiggins e Ginet antes dele. Haji, *"Incompatibilism's Allure"*, 29n1.

> Se o determinismo é verdadeiro, então nossos atos são consequências das leis da natureza e de eventos do passado remoto. Mas não depende de nós o que aconteceu antes de nascermos; e tampouco depende de nós quais são as leis da natureza. Portanto, as consequências dessas coisas — incluindo nossos próprios atos — não dependem de nós.[102]

A partir dessa formulação geral, van Inwagen passa a oferecer três argumentos, ou três articulações específicas diferentes do que ele vê como essencialmente o mesmo argumento amplo para o incompatibilismo: o argumento da consequência. Cada um destes se mostrará infundado.

Formulação Geral

Uma deficiência importante do argumento de van Inwagen é que ele entende o "incompatibilismo" de maneira diferente do que foi definido até agora. Tradicionalmente, e na presente obra, o incompatibilismo foi definido como a tese de que o determinismo é incompatível com a *responsabilidade moral*. Em vez disso, o argumento de van Inwagen visa estabelecer a tese de que o determinismo é incompatível com o "*livre-arbítrio*"[103] — em suas palavras, a tese de que "se o determinismo é verdadeiro, não há livre-arbítrio"[104]. Ora, se "livre-arbítrio" nessa sua frase é entendido da mesma forma modesta e agnóstica de compatibilidade que entendi, como uma mera expressão que equivale "a liberdade da vontade que é necessária e suficiente na área de controle

---

102 Van Inwagen, *Essay*, 16.
103 "Devo argumentar que o livre-arbítrio é incompatível com o determinismo." Van Inwagen, *Essay*, 13.
104 Van Inwagen, *Essay*, 106.

da responsabilidade moral", então esse argumento estabeleceria de fato o incompatibilismo. Mostraria que o determinismo é incompatível com esse tipo relevante de livre-arbítrio; uma incompatibilidade que implica que o determinismo exclui a responsabilidade moral. Infelizmente, não é assim que van Inwagen entende a expressão não qualificada "livre-arbítrio". Ele deixa claro tanto em sua definição da frase[105] quanto em seu uso do conceito no argumento da consequência[106] que o que ele tem em vista é o livre-arbítrio *libertário*. E, obviamente, a incompatibilidade entre determinismo e livre-arbítrio *libertário* é bastante incontroversa e requer pouca argumentação; é a definição! Mas a partir disso, o entendimento usual — e o único interessante — acerca do incompatibilismo — a tese de que o determinismo exclui a *responsabilidade moral* — simplesmente não se segue. Examinarei, portanto, três de suas formulações, cada uma das quais afirmo estabelecer o que admito tranquilamente, a saber, que o livre-arbítrio libertário é incompatível com o determinismo, mas ficam aquém de refutar o compatibilismo.

De início, uma palavra rápida pode ser dita sobre a formulação geral do argumento da consequência, como citado acima. Desde já, pode-se apontar onde o argumento apresenta circularidade. O compatibilista é livre para concordar com todas as alegações do argumento e reconhecer sua conclusão de que, no determinismo, nossos atos, *em última análise*, não "dependem de nós" em certo sentido. Conquanto os compatibilistas não concordem com a suposta equivalência entre: 1) escolhas e ações serem "nossas", *no sentido libertário*; e 2) o serem "moralmente responsáveis", o argumento da consequência ainda fica aquém de confirmar a tese do incompatibilismo sob disputa. Ele falha

---

[105] "Ser moralmente responsável por algum ato ou omissão é, pelo menos, poder ter agido de outra forma, independentemente do que possa envolver; poder ter agido de outra forma é ter livre-arbítrio". Ibid., 162.

[106] Ver minha revisão de suas três formulações de argumentos de consequência abaixo.

em nos dizer que sentido de "ultimidade"[107] ou "dependência-nossa" é necessário para atribuições de responsabilidade moral.

Como documentarei agora, essa falha, por sua vez, não é compensada por nenhuma das três articulações específicas do argumento de consequência.

Primeira formulação

A primeira formulação consiste na afirmação de que se o determinismo é verdadeiro, então os agentes não têm o poder de "falsificar proposições" sobre o que escolhem e fazem. É formalmente estabelecido por van Inwagen da seguinte forma, com J sendo qualquer pessoa (especificamente um juiz em seu exemplo), T um instante em que J optou por não levantar a mão em uma votação, T_0 qualquer instante antes do nascimento de J, P_0 uma proposição que expressa o estado do mundo em T_0, P uma proposição que expressa o estado do mundo em T (portanto, incluindo que J não levanta a mão), e L a conjunção em uma única proposição de todas as leis da natureza.

1. Se o determinismo é verdadeiro, então a conjunção de P_0 e L implica P.
2. Não é possível que J tenha levantado sua mão em T, e P ser verdadeiro.
3. Se (2) é verdadeiro, então se J pudesse ter levantado sua mão em T, J poderia ter tornado P falso.
4. Se J poderia ter tornado P falso, e se a conjunção de P_0 e L implica em P, então J poderia ter tornado a conjunção de P_0 e L falsa.

---

[107] A ultimidade é a hipótese de tentativa de qualificação holofilosófica da infinitude, ou eternidade, evolução e princípio consciencial, moral e auto-discernidor.

5. Se J poderia ter tornado a conjunção de P_0 e L falsa, então J poderia ter tornado L falsa.
6. J não poderia ter tornado L falsa.
7. Se o determinismo é verdadeiro, J não poderia ter levantado sua mão em T.[108]

Todas essas alegações podem, sem qualquer dificuldade, ser reconhecidas pelo compatibilista coerente. Essa formulação deixa bem claro que a conclusão, (7), não é a tese do incompatibilismo. O argumento nem uma vez fez menção à responsabilidade moral. Em vez disso, o que esse argumento estabelece é que, se o determinismo é verdadeiro, todas as coisas sendo como são, os homens "não podem fazer diferente do que de fato fazem". Em certo sentido isso é correto e os compatibilistas devem, por sua vez, exigir uma razão para pensar que esse tipo de capacidade é necessária para a responsabilidade moral. Muito mais será dito adiante no capítulo atual sobre essa "capacidade", "possibilidades alternativas" e sua conexão com a responsabilidade moral, mas por enquanto basta entender que a primeira formulação do argumento da consequência deixa de estar à altura de sua ambição: não confirma o incompatibilismo, e as formulações subsequentes não se saem melhor.

Segunda formulação

A segunda articulação do argumento da consequência é baseada na noção de "acesso a mundos possíveis". Embora van Inwagen defina formalmente um punhado de operadores lógicos para expressar seu argumento de forma compacta, eles não precisam nos deter e ser reproduzidos aqui, porque mais uma vez eles servem apenas para estabelecer

---
[108] Van Inwagen, *Essay*, 70.

verdades que devem ser tranquilamente aceitas pelos compatibilistas, visto que ainda ficam aquém de apoiar o incompatibilismo. Portanto, podemos deixar passa livremente todas essas considerações e pular diretamente para a conclusão perfeitamente aceitável de van Inwagen, sem nos preocuparmos em como ele chegou lá. Ele finalmente encerra sua argumentação (válida): "Podemos colocar a conclusão do segundo argumento assim: se o determinismo é verdadeiro, então ninguém tem acesso a nenhum mundo não real. Ou seja, ninguém tem uma habilidade que possa ser corretamente descrita como uma habilidade de realizar alguma possibilidade de fato não realizada."[109]

Isso é bem correto. O determinismo não permite que um agente livre no mundo real "acesse" mundos possíveis verdadeiramente alternativos. Somente um livre-arbítrio indeterminista e libertário permite o acesso a mundos possíveis alternativos que compartilham um passado idêntico ao mundo real em relação a todos os fatos até o momento da livre escolha, em que começam a diferir. Mas é claro que os compatibilistas vão querer ouvir o porquê *de isso* ser relevante para as atribuições de responsabilidade moral. Por que a responsabilidade moral é excluída pelo tipo de livre-arbítrio que não dá acesso a mundos alternativos possíveis, mas incluída pelo tipo que dá acesso a tais mundos? Por que o impedimento de nosso mundo determinista de acesso a mundos possíveis distintos o descartaria como inadequado para a responsabilidade moral? Em suma, ainda, por que o livre-arbítrio libertário é necessário para a responsabilidade moral? O segundo argumento não responde, e por se tratar de ser a questão central do debate sobre compatibilismo, esse silêncio o desqualifica para servir à causa incompatibilista.

---

[109] Van Inwagen, *Essay*, 93.

Terceira formulação

A terceira e última articulação do argumento da consequência introduz um operador, N, e duas regras, α e β, como segue:

Para qualquer sentença p, Np é a proposição de que "p é verdadeiro, e ninguém tem, ou nunca teve, qualquer escolha sobre se p é verdadeiro".

α $\Box p \vdash Np$

β $N(p \supset q), Np \vdash Nq$[110]

Tendo afirmado e sustentado esses dois princípios, van Inwagen supõe que P_0 é uma proposição que expressa o estado do mundo em algum momento do passado remoto, L é a conjunção das leis da natureza e P é qualquer proposição verdadeira. Ele então oferece a seguinte formulação de seu argumento da consequência para estabelecer que se o determinismo é verdadeiro, Np é verdadeiro para toda proposição verdadeira p:

1. $\Box ((P_0 \& L) \supset P)$ (declaração de determinismo)
2. $\Box (P_0 \supset (L \supset P))$ (segue-se de (1))
3. $N (P_0 \supset (L \supset P))$ (segue-se de (2) e (α))
4. $N P_0$ (nova premissa)
5. $N (L \supset P)$ (segue-se de (3), (4) e (β))
6. $N L$ (nova premissa)
7. $N P$ (segue-se de (5), (6) e (β))

Nossa atitude em relação a essa formulação do argumento dependerá mais uma vez de como vamos analisar a palavra "escolha" na

---
[110] Ibid., 93–94.

definição de N. Essa definição não nos diz se "ter uma escolha" deve ou não ser analisada em termos libertários. Se assim o for, então todas as premissas iniciais α, β, (4) e (6) são, de fato, verdadeiras, e a conclusão (7) se segue, confirmando que se o determinismo é verdadeiro, então para toda proposição verdadeira *p*, ninguém tem, ou alguma vez já teve, qualquer escolha de livre-arbítrio *libertário* sobre se *p* é verdadeiro.[111] Isso dificilmente é discutível. Mas, mais uma vez, continuamos a nos perguntar por que o livre-arbítrio *libertário* é necessário para a responsabilidade moral.

Van Inwagen sobre a resposta compatibilista

No final de sua defesa dessas três vertentes do argumento de consequência, van Inwagen finalmente reconhece isso, antecipando que os compatibilistas provavelmente acharão seu argumento uma petição de princípio (como eu acho) e seu uso não qualificado de "livre-arbítrio" ou "escolha" problemático. Ele escreve que os compatibilistas podem dizer algo assim: "Seu argumento simplesmente demonstra que quando você usa frases como "poderia ter feito de outra forma" ou "tem uma escolha", você está dando a eles um significado diferente do significado que eles têm em nossos debates sobre responsabilidade moral".[112] Na verdade, não é tanto que ele lhes dê um significado *diferente* do habitual, mas sim um significado *libertário*, o que torna a questão do incompatibilismo em relação à responsabilidade moral uma petição de princípio. Em resposta, van Inwagen diz que tudo o que é preciso para evitar a acusação para o terceiro argumento (e, em sua opinião, para os outros dois *mutatis mutandis*) é a seguinte reformulação do princípio N: N*p* é a proposição de que *p* é verdadeira e "apenas no sentido de

---

111 A menos que o significado de "escolha" seja alterado entre as premissas e a conclusão, visto que o argumento obviamente se tornaria inválido em vista da equivocação.
112 Ibid., 104.

se *ter uma escolha* que é relevante em debates sobre responsabilidade moral, ninguém tem, ou nunca teve, qualquer escolha sobre se *p*".[113]

Mas isso não servirá. Se não mais se supõe que o sentido de "escolha" e "livre-arbítrio" que é empregado em todas as três formulações do argumento da consequência não é libertário, então nenhuma de suas conclusões negativas decorre da mera verdade do determinismo. No primeiro argumento, apenas um livre-arbítrio *libertário* apresenta a capacidade de se fazer o contrário, mantendo o passado e as leis da natureza no lugar. No segundo argumento, apenas um livre-arbítrio *libertário* permite o acesso a mundos possíveis alternativos. E no terceiro argumento, apenas um livre-arbítrio *libertário* assegura a verdade de α, β, (4) e (6). Desenvolverei esses fatos mais adiante neste capítulo, revisitando o argumento da consequência ao discutir as questões de "capacidade" e "possibilidades alternativas", mas uma conclusão decisiva já está assegurada: o argumento de van Inwagen não confirma o incompatibilismo, mas apenas que o determinismo é incompatível com o livre-arbítrio libertário.

Outras opiniões incompatibilistas acerca do argumento da consequência

Para que não pensemos que a culpa é apenas de van Inwagen, deixe-me assegurar aos incompatibilistas que o problema está no argumento, não na pessoa. O argumento apresenta a mesma falha quando defendido por outros defensores competentes: Daniel Speak introduz abertamente o argumento da consequência como sua tentativa de demonstrar "a tese de que, necessariamente, se o determinismo é verdadeiro, então ninguém dispõe de livre-arbítrio"[114]. E o termo "livre-arbítrio", propenso à

---

[113] Ibid.
[114] Speak, "Consequence Argument Revisited", 116.

equivocação e aqui empregado, também não é sequer deixado de forma ambígua sem maiores qualificações. Speak deixa claro que o sentido é libertário, o que pressupõe circularmente o incompatibilismo: "Os proponentes do argumento da consequência normalmente *assumem* que a liberdade envolve possibilidades alternativas".[115] Precisamente. O argumento da consequência é circular; presume o que precisa provar. A tentativa do incompatibilista Robert Kane de defender o argumento de consequência ilustra ainda mais o ponto. Ele endossa suas premissas óbvias e reafirma sua conclusão da seguinte forma:

> Uma vez que esse argumento pode ser aplicado a quaisquer agentes e ações em qualquer momento, podemos inferir dele que, *se o determinismo é verdadeiro, ninguém pode agir diferente*; e se o livre-arbítrio requer o poder de agir diferentemente do que realmente agimos (como na imagem de caminhos que se bifurcam), então ninguém possui livre-arbítrio.[116]

Ao que os compatibilistas irão dizer: tudo bem! *Se* o livre-arbítrio exige o poder de agir diferente do que realmente agimos, *então* ninguém tem livre-arbítrio. Mas ainda não recebemos uma razão para acreditar no tão importante *se*.

Agora é importante identificar adequadamente um conceito que, nesse ponto, evidentemente entrou em nosso debate, embora não tenha sido anunciado até agora: quando van Inwagen, Speak e Kane refletem sobre o conceito de "fazer de outra forma", ou uma liberdade envolvendo "possibilidades alternativas", ou uma "capacidade de fazer o contrário", eles fazem uso de uma alegação incompatibilista relacionada, mas ligeiramente distinta, chamada de "princípio das possibilidades

---

[115] Ibid., 118.
[116] Kane, "Libertarianism", 10–11.

alternativas". Trata-se de uma alegação de que se uma pessoa não tem a "capacidade de fazer o contrário", então ela não pode ser moralmente responsável. O argumento da consequência depende vitalmente desse princípio, pois tudo o que ele mostrou foi que o determinismo exclui a capacidade de fazer de outra forma, sendo todas as coisas como são; exigiria, portanto, a premissa adicional de que essa capacidade é necessária para a responsabilidade moral. Uma avaliação completa desse princípio de possibilidades alternativas é o objeto da próxima seção deste capítulo, mas precisávamos reconhecer o princípio aqui, porque Robert Kane faz uma declaração final interessante sobre o uso do princípio de possibilidades alternativas pelo argumento da consequência. Depois de identificar corretamente esse princípio, Kane observa que os compatibilistas tendem a trabalhar com uma compreensão diferente do que a expressão "poder" significa na frase "podem agir diferentemente". Isso é verdade, e eu mesmo farei isso no presente capítulo,[117] mas Kane erroneamente pensa que, consequentemente, o debate fica travado nesse ponto, com acusações iguais de raciocínio circular em cada lado do debate. Ele escreve:

> Nesse ponto, os argumentos sobre o argumento da consequência tendem a chegar a um impasse. Os defensores incompatibilistas do argumento afirmam que os críticos compatibilistas estão raciocinando em círculos ao interpretar "pode" no argumento da consequência de uma maneira compatível com o determinismo.[118]

Mas essa decisão de impasse não servirá. Ela compreende mal a situação dialética dos participantes desse debate. Quem está fazendo uma afirmação controversa aqui? Quem está argumentando? Quem

---

117 Ver a próxima introdução de um princípio que nomeei PPA$_{if}$
118 Kane, "Libertarianism", 11.

tem o ônus da prova? É o incompatibilista. O argumento da consequência para o incompatibilismo é uma tentativa *do incompatibilista* de demonstrar o incompatibilismo — a tese de que a responsabilidade moral é incompatível com o determinismo. Portanto, é o incompatibilista que deve arcar com o ônus da prova e apresentar argumentos de apoio a essa conclusão. O compatibilista não tem nenhuma falácia a ser "desfeita" em relação ao argumento da consequência. Ele poderia perfeita e racionalmente sentar-se, minimamente expressar seu ceticismo e apenas apontar quais etapas do argumento não se mostraram verdadeiras — embora eu mesmo vá fazer mais do que isso. Ao fazê-lo, uma vez que sua conclusão não mais se segue, o argumento de consequência falha.

Leigh Vicens também retoma o argumento da consequência, mas sua contribuição não tem qualquer relação com a presente controvérsia, porque o que ela argumenta é que o livre-arbítrio é tão incompatível com o determinismo teológico quanto com o determinismo natural que foi alvo da versão do argumento da consequência de van Inwagen.[119] Seu ponto é que, se alguém aceita que o argumento da consequência confirma com sucesso que a responsabilidade moral exclui o determinismo *natural*, então ele — ou uma versão ligeiramente modificada dele — também pode ser usado para rejeitar a compatibilidade da responsabilidade moral com o determinismo *teológico*. Essa afirmação condicional é, portanto, irrelevante aqui, como ela prontamente reconhece,[120] uma vez que sua premissa foi rejeitada: o argumento da consequência falhou em mostrar que a responsabilidade moral é incompatível com o determinismo, seja ele natural ou teológico.

---

[119] Vicens, "Consequence Argument", 145–55.

[120] "Claro, aqueles que pensam que o determinismo divino natural *é* compatível com a liberdade humana não serão persuadidos a rejeitar o determinismo divino não-natural pelo argumento que apresento neste capítulo." Vicens, "Critical Consideration", 92.

Finalmente, o ceticismo acerca do argumento da consequência surge até mesmo do campo incompatibilista. Thomas Flint enxerga a falha que apontei e admite que, por causa dela, o argumento não consegue confirmar o incompatibilismo. Ele conclui mais ou menos como eu o fiz acima: "se alguém pode plausivelmente acusar que o senso de inevitabilidade empregado no argumento não é relevante para a questão da liberdade humana, o argumento terá falhado em refutar o compatibilismo".[121]

Agora, como mencionado anteriormente, tanto Kane quanto Speak em sua defesa circular — ou assim eu afirmei — do argumento da consequência recorreram à noção de "possibilidades alternativas" ou "a capacidade de agir diferentemente". Como mencionei, essa é uma alegação incompatibilista independente, de cuja verdade o argumento da consequência parece depender, e para a qual nos voltamos agora.

O princípio das possibilidades alternativas (PPA)

Em seu famoso ensaio de 1969 "Realidades Alternativas e Responsabilidade Moral", Harry Frankfurt esforçou-se para avaliar (e rejeitar) um princípio de responsabilidade moral amplamente aceito, que ele chamou de "princípio das possibilidades alternativas" (ou PPA). Frankfurt descreveu o PPA da seguinte forma: "uma pessoa é moralmente responsável pelo que fez apenas se pudesse ter feito de outra forma"[122]. Esse princípio, que à primeira vista pode parecer intuitivo, tem sido difundido há séculos por filósofos e teólogos incompatibilistas contra as visões deterministas do livre-arbítrio humano[123], e pode muito bem ser o candidato mais sério a um argumento incompatibilista.

---

[121] Flint, "Argument from Unavoidability", 428.
[122] Frankfurt, "Alternate Possibilities", 1.
[123] Essa foi a alegação de Pelágio contra Agostinho, de Erasmo contra Lutero, dos oponentes de Calvino contra ele e de Finney e Wesley contra o calvinismo.

Como o determinismo afirma que a totalidade dos antecedentes no momento de uma escolha determina a única escolha que o agente pode fazer e fará, segue-se que, sendo todas as coisas como são, o agente não tem a capacidade de fazer outra coisa senão o que ele faz. Isso, afirma o PPA, descartaria a responsabilidade moral do agente por sua decisão e ação. O PPA é, dessa forma, usado como munição contra o compatibilismo, que é a visão de que a responsabilidade moral é compatível com o determinismo.

Para apreciar sua força, pode ser útil lê-lo diretamente da pena de seus proponentes modernos.

Alvin Plantinga pergunta: "Como posso ser responsável por minhas ações, se nunca esteve ao meu alcance realizar quaisquer ações que de fato não realizei, e nunca esteve ao meu alcance abster-se de realizar qualquer ação que realizei?"[124]

Thomas Flint: "Certamente nenhuma ação livre é inevitável para mim, uma ação sobre a qual não tenho qualquer controle".[125]

Richard Rice: "Para que os seres humanos sejam genuinamente livres, ao que parece, eles devem não apenas ser capazes de fazer aquilo que escolhem, mas também devem poder escolher de outra forma."[126]

David Widerker: "Um agente é moralmente culpável por realizar um determinado ato A somente se ele pudesse ter evitado realizá-lo".[127]

E Peter van Inwagen: "Ser moralmente responsável por algum ato ou omissão é, pelo menos, poder ter agido de outra forma, independentemente do que possa envolver; ter a capacidade de ter agido de outra forma é ter livre-arbítrio".[128]

---

[124] Plantinga, "Advice to Christian Philosophers", 265.
[125] Flint, *Divine Providence,* 27.
[126] Rice, "Divine Foreknowledge", 125.
[127] Widerker, "Blameworthiness and Frankfurt's Argument", 54.
[128] Van Inwagen, *Essay,* 162.

Embora nem sempre com tantas palavras, tanto teólogos quanto filósofos expressam o mesmo sentimento: cf. Olson,[129] Picirilli,[130] Geisler,[131] Reichenbach.[132]

Como foi explicado anteriormente[133], nem todos os indeterministas são, em relação ao livre-arbítrio, incompatibilistas, e nem todos os incompatibilistas endossam o PPA, mas esse princípio expressa bem a suposta força da posição libertária: o fato de um libertário poder ser capaz de afirmar, a respeito de qualquer pessoa que cometa um ato imoral, que "o agente é responsável por seu delito, porque embora ele tenha cometido uma transgressão, ele foi capaz de optar por *não* fazê-la, com todas as coisas sendo exatamente do jeito que eram", enquanto o calvinista, com sua visão determinista compatibilista do livre-arbítrio deve dizer: "dadas todas as circunstâncias e o estado de seu coração e mente, o agente não teve a capacidade de se abster de transgredir naquele momento". Isso, alega o incompatibilista, deveria ser suficiente para dar um veredicto de "inocência".[134] O que então um compatibilista deve responder? Há uma série de pontos a serem destacados.

---

[129] "Se as decisões e ações das pessoas são determinadas por algo tal que elas não poderiam fazer de outra forma, em que reside sua responsabilidade moral ou culpa?" Olson, "Responses to Bruce A. Ware", 134.

[130] "Se, de fato, aqueles que crucificaram Jesus *tiveram* que fazê-lo, se a pré-ordenação de Deus por sua própria eficácia tornou suas ações inevitáveis, então eles não eram livres para fazer o contrário — não *poderiam* fazer de outra forma — e, portanto, não eram responsáveis." Picirilli, *Grace, Faith, Free Will*, 80.

[131] "Livre escolha implica o fato de que poderíamos ter agido de outra forma." Geisler, "Geisler's response (to Reichenbach)", 131.

[132] "Se não podemos deixar de pecar, não podemos ser moralmente responsáveis por nossas ações." Reichenbach, "Freedom, Justice and Moral Responsibility", 280.

[133] Ver definições de "libertarianismo" e "livre-arbítrio libertário" na seção introdutória sobre definições.

[134] Mais uma vez, a ressalva de que estamos falando aqui apenas de ações diretamente livres é importante, uma vez que os incompatibilistas podem querer dizer que uma determinada ação pode ser livre mesmo que, atualmente, o agente não pudesse ter agido de outra forma, desde que ele pudesse ter feito de outra forma no passado. Para saber mais sobre essa distinção entre diretamente livre e derivativamente livre, veja minha discussão sobre o princípio que chamo de PPA_{Past} no capítulo 6.

Em primeiro lugar, a formulação do PPA deve ser contestada sob a acusação de equivocação, uma equivocação que esconde um incompatibilismo circular. Os compatibilistas devem primeiro descobrir a equivocação e desafiar as suposições incompatibilistas não qualificadas do PPA. E, em segundo lugar, mesmo que a pressuposição de incompatibilismo seja suficiente para minar o argumento incompatibilista e estabelecer o fracasso do PPA, os compatibilistas podem, na verdade, partir para a ofensiva e oferecer vários derrotadores ou argumentos que mostrem que o PPA em sua forma incompatibilista não só não foi comprovado, mas é de fato falso. Deixe-me desenvolver todas essas respostas.

PETIÇÃO DE PRINCÍPIO CAMUFLADA PELA EQUIVOCAÇÃO

Explicando o problema

Como o próprio Frankfurt reconheceu, o critério especificado pelo PPA está longe de ser unívoco, "seu significado exato é uma questão controversa"[135]. Mais precisamente, a equivocação reside na compreensão de "capacidade" cuja posse é considerada necessária para a responsabilidade moral. Proponho remover a equivocação, tornando explícitos dois importantes entendimentos distintos dessa "capacidade", e articular os dois diferentes princípios morais de possibilidades alternativas que deles resultam:

Que PPA_{All} seja o princípio de que "uma pessoa é moralmente responsável pelo que fez apenas se, *sendo todas as coisas, dentro e fora da pessoa, exatamente como são no momento da escolha*, ela poderia ter feito de outra forma".[136] Vamos chamar esse tipo de capacidade de *capacidade categórica*.

---

[135] Frankfurt, "Alternate Possibilities", 1.
[136] Mais precisamente, por "todas as coisas", tecnicamente quero dizer "todos os fatos concretos", porque claramente *algumas* coisas devem ser diferentes no cenário alternativo: se nada mais,

E agora, que PPA$_{If}$ seja antes o princípio em que "uma pessoa é moralmente responsável pelo que fez apenas se pudesse ter feito de outra forma, *caso seus desejos internos assim a tivessem inclinado a fazê-lo no momento da escolha*". Esse critério modificado não requer mais uma *capacidade categórica* de se fazer diferente, mantendo todas as outras coisas no lugar; antes, é uma *capacidade condicional* que está em questão:¹³⁷ se a pessoa tivesse querido, isto é, *se* — contrariando os fatos — seu coração e sua mente a tivessem inclinado a fazê-lo, *poderia* a pessoa ter seguido esses desejos alternativos e agido de outra forma do que ela, de fato, agiu? Caso contrário, esse recém-introduzido PPA$_{If}$ declararia sob essa condição que ela não é moralmente responsável. Observe que essa não é uma tentativa de *definir* as palavras "poder" ou "capacidade", portanto, não deve ser preocupante que a palavra "poderia" tenha aparecido novamente em minha explicação. Não é uma definição circular da palavra, é apenas uma tentativa de capturar um sentido particular de capacidade — a capacidade condicional — que se pode dizer ter, se, supondo que seus desejos fossem diferentes, ele pudesse ter agido de acordo com esses desejos e feito de outra forma. Se, ao contrário de como as coisas são, a pessoa tivesse querido, haveria algo além de seus desejos impedindo-a de executar o curso de ação alternativo? Em caso afirmativo, o PPA$_{If}$ declara que ela não é moralmente responsável pela sua incapacidade de agir diferentemente.

Em outras palavras, PPA$_{All}$ diz que uma capacidade categórica de agir diferentemente é necessária para a responsabilidade moral,

---

pelo menos a *escolha* é diferente. Tudo o que quero dizer é que, no cenário alternativo previsto, estamos mantendo no lugar tudo sobre a pessoa e seu ambiente que pudesse influenciar sua escolha de alguma forma.

137 Rótulos idênticos de "capacidade categórica" e "capacidade condicional" são encontradas em Ekstrom, *Free Will*, 81. Joseph Campbell também ressalta que G. E. Moore havia vociferado a equivocação entre capacidades "hipotéticas" e "categóricas" em Moore, *Ethics*, citado em Campbell, *Free Will*, 88.

enquanto PPA$_{If}$ diz que uma capacidade condicional de agir diferentemente é necessária para a responsabilidade moral.[138]

Uma vez que se desfaça a ambiguidade da capacidade, como acima, fica claro que dos dois princípios, apenas o PPA$_{All}$ é incompatível com o determinismo. Se a possibilidade alternativa deve ser acessível pela vontade do agente, todas as coisas sendo categoricamente exatamente como são, então exige de fato o indeterminismo. PPA$_{If}$, por outro lado, é perfeitamente compatível com o determinismo, porque sua condição inerente em "seus desejos internos o inclinaram a fazê-lo" permite uma modificação hipotética e contrafactual dos antecedentes (ou seja, o estado de coração e mente do agente antes da escolha) e, assim, abre a porta para uma possibilidade alternativa (uma escolha alternativa) sem necessitar de indeterminismo.

Como um compatibilista, afirmo que PPA$_{All}$ é falso e PPA$_{If}$ é verdadeiro.[139] Isso é altamente controverso, é claro. Mas uma vez que a equivocação seja removida, a natureza de petição de princípio do PPA se torna evidente: PPA$_{All}$ não tem (pelo menos até agora) nenhuma influência sobre o compatibilista, e os incompatibilistas não podem apenas presumir sua veracidade para confirmar o incompatibilismo; eles precisam comprová-la. Portanto, aos incompatibilistas não basta depender da mera verdade do PPA$_{If}$. Uma vez que PPA$_{If}$ é perfeitamente compatível com o compatibilismo, qualquer conclusão prematura de

---

[138] Esses dois sentidos de capacidade são igualmente distinguidos por Ishtiyaque Haji, que os nomeia "o sentido hipotético de 'poder'" e "o sentido categórico de 'poder'." Haji, *Incompatibilism's Allure*, 34–36. No mundo teológico, encontramos a mesma distinção em Jonathan Edwards e A. W. Pink. Edwards escreve "sobre a distinção entre necessidade e incapacidade natural e moral", em Edwards, *Freedom of the Will*, 23-31 (Parte I, seção IV). Quanto a A. W. Pink, todas as referências a essa distinção na edição de 1945 de *The Sovereignty of God* foram inaceitavelmente removidas pelos editores da edição de 1961. Veja a explicação e a crítica legítima de Paul Helm em http://paulhelmsdeep.blogspot.com/2013/03/pink-and-murray-and-jonathan-edwards.html (acessado em fevereiro de 2015).

[139] A essa altura, todos os tipos de supostas deficiências familiares do PPA$_{If}$ já devem estar ficando claras, mas me absterei de oferecer uma defesa adequada do PPA$_{If}$ contra eles até posteriormente, neste capítulo.

incompatibilismo com base em PPA$_{If}$ ser verdadeiro é logicamente inválida, visto cometer um *non sequitur*.

Localizando o problema

Então, como essa estratégia sofisticada, mas inválida, toma forma na prática? Muito simplesmente, um defensor incompatibilista do PPA poderia, por exemplo, alegar que "seria irracional mandar alguém fazer algo impossível para ele. Seria como ordenar a um homem sem braços que te abraçasse."[140] Podemos facilmente reconhecer que um homem sem braços não deve ser considerado moralmente responsável por sua falha em abraçar alguém (nesse caso "você"). Mas qual é a natureza exata da incapacidade que tão obviamente o desqualifica como alvo adequado de culpa? Essa natureza está arraigada no fato de que sem braços, esse homem não poderia abraçá-lo, *mesmo que quisesse*. Mesmo que os desejos íntimos desse homem no momento da escolha fossem tais que ele quisesse obedecer ao comando e abraçá-lo, ele se veria incapaz de fazê-lo; em outras palavras, sobre seu fracasso, não é o caso de que ele poderia ter feito de outra forma, caso seus desejos internos o inclinassem a fazê-lo. O PPA$_{If}$ assim o declara, com sucesso, isento de culpa, e segue-se que um compatibilista que afirma o PPA$_{If}$ não precisa aceitar PPA$_{All}$ para evitar a conclusão absurda de que um homem sem braços pode ser considerado moralmente culpado por não abraçar alguém. PPA$_{If}$ é suficiente (e PPA$_{All}$ desnecessário) para resolver esses casos com sucesso.

A equivocação, por sua vez, explica muito bem por que o ambíguo PPA não é devidamente defendido (se é que é defendido) por seus defensores incompatibilistas: o verdadeiro PPA$_{If}$ é evidente a todos os

---

[140] Esse caso ilustrativo preliminar é retirado de um exemplo real de uma fonte popular: Vines, "Sermon on John 3:16", 26.

que têm olhos para ver, sua alta plausibilidade é claramente percebida por todos nós. Assim, com uma sofisticada equivocação, o infundado PPA_{All}, observando à espreita, beneficia-se ilicitamente da plausibilidade de seu vizinho verdadeiro e intuitivo, o PPA_{If}. Felizmente para os compatibilistas, no entanto, uma vez que se está ciente e atento a tal transferência injustificada de plausibilidade, a manobra (intencional ou não) é facilmente revelada nos escritos incompatibilistas. Considere os seguintes casos:

David Widerker imagina que Holly havia prometido comparecer à grande festa de aniversário de Sarah, mas acabou não indo. Sarah culpou Holly, mas depois descobriu que ela não pôde comparecer em razão do cancelamento do voo da companhia aérea. Widerker conclui sobre seu apoio ilustrativo ao PPA: "Parece, racionalmente, que Sarah deveria deixar de culpar Holly, justificando-a. Holly não tinha alternativa viável para comparecer à festa de Sarah e, portanto, não é moralmente responsável por sua ausência."[141] Sim, de fato, salvo qualquer responsabilidade que Holly possa ter por possivelmente se tornar dependente de uma companhia aérea não confiável em primeiro lugar, podemos concordar com Widerker que ela não é culpável; mas esse veredicto não é obtido apenas com base em um PPA não qualificado. O muito mais modesto PPA_{If} faz o trabalho tão bem quanto, produzindo o resultado correto: Holly não é moralmente responsável, porque o fracasso da companhia aérea fez com que ela não pudesse cumprir sua promessa, *mesmo que ela quisesse*. Dada a ausência de transporte disponível, Holly não cumpriu sua promessa e, após seu fracasso, não é o caso de que ela pudesse ter agido de outra forma *caso seus desejos internos a inclinassem a fazê-lo*. Na verdade, se ela for uma amiga decente, podemos ainda supor que seus desejos íntimos *de fato* a inclinaram fortemente a fazê-lo, embora ela lamentavelmente não

---

[141] McKenna e Widerker, "Introduction", 3.

o pudesse. Aqui, novamente, PPA_{If} é comprovadamente suficiente (e PPA_{All} desnecessário) para julgar com sucesso a disputa de Holly e Sarah, de modo que o caso de Widerker não force suporte ao PPA_{All}.

David Copp oferece outra história em que um chefe exige que um funcionário faça algo que ele não tem capacidade de fazer. "Um supervisor nos correios pode exigir que um carteiro cozinhe um suflê para todos nos correios nos próximos cinco minutos, quando o carteiro nem sequer sabe o que é um suflê."[142] Claro que aquele carteiro não pode ser culpado pela falha, porque ele não poderia cozinhá-lo *mesmo que ele quisesse*. O PPA_{If} condicional é usado mais uma vez para dar suporte a um PPA não qualificado e, portanto, não cumpre a impossível tarefa.

Um exemplo final vem da pena de Peter van Inwagen, que imagina alguém acusando você de não se pronunciar enquanto Jones estava sendo mal falado. Essa pessoa, diz van Inwagen, "deve retirar sua acusação se você puder convencê-lo de que foi amarrado e amordaçado enquanto Jones estava sendo difamado".[143] E esse exemplo é novamente usado para apoiar a afirmação não qualificada de que "dever implica poder" — veja a próxima seção neste capítulo para a relação dessa afirmação semelhante com o PPA. A invalidade desse padrão deve estar evidente agora: você não é responsável se amarrado e amordaçado, porque você não poderia ter falado *mesmo se você quisesse*. Ao deixar de falar, não é o caso que você poderia ter agido de outra forma, caso seus desejos interiores o inclinassem a fazê-lo. PPA_{If} é suficiente e PPA_{All} desnecessário. Portanto, esses casos não apoiam PPA_{All}; eles apenas reafirmam um PPA_{If} que, sugiro eu, deveria ser bastante incontroverso.

---

[142] Copp, "'Ought' Implies 'Can'", 271.
[143] Van Inwagen, *Essay*, 161.

A máxima — "dever" implica "poder"?

Como visto na argumentação de van Inwagen, há outra maneira de colocar o princípio das possibilidades alternativas, afirmando, em vez disso, a máxima de que "dever implica poder" — doravante "a máxima".[144] Uma vez que a formulação da máxima não é estritamente idêntica à do PPA, alguns podem querer introduzir na máxima uma afirmação de verdade ligeiramente diferente daquela feita pelo PPA, mas não encontro diferença significativa entre as duas nesse contexto, e acho mais simples entendê-las como amplamente equivalentes. Isso é mais ou menos justificado ainda nas seguintes suposições modestas:

Imaginemos uma pessoa P que realiza uma ação moralmente significativa A. Sendo A *moralmente* significativa, pode ser moralmente boa ou moralmente má. Suponhamos que A seja moralmente má, embora essa análise não seja afetada por essa suposição, pois ela se aplica a ambos os casos simetricamente.

Suponhamos que dever implica poder e que P é moralmente responsável por fazer A, uma ação moralmente má e pecaminosa. Por definição (pelo menos na visão cristã), se A é uma ação moralmente má e pecaminosa, isso significa que P deve abster-se de A; P deveria fazer "não-A", em vez disso. Agora, uma vez que supomos que dever implica poder, e P deve fazer "não-A", segue-se que P pode fazer "não-A", o que quer dizer que P tem a capacidade de fazer diferente de A. Isso mostra que se dever implica poder, então a responsabilidade moral requer a capacidade de fazer o contrário. A máxima implica o PPA.

Por outro lado, suponhamos agora que a responsabilidade moral requeira a capacidade de agir diferentemente, e que P deve fazer "não-A". Se P *deve* fazer "não-A", então P tem o dever moral de fazer "não-A". Tal dever moral presumivelmente implica que P é moralmente

---

[144] Dentre outros, essa máxima é famosamente atribuída a Kant. Ver Frankfurt, "We Are Morally Responsible", 95.

responsável por sua escolha de fazer A ou "não-A", porque se P não fosse moralmente responsável por isso, não seria razoável impor o dever *moral* em P de fazer "não-A". Da responsabilidade moral de P e do pressuposto princípio da possibilidade alternativa, segue-se que P poderia fazer diferente do que fez; ele poderia fazer diferente de "não-A", o que significa dizer que P pode fazer A. Isso mostra que, se a responsabilidade moral implica a capacidade de agir diferentemente, então dever implica poder. O PPA implica a máxima.

Assim, as duas direções da implicação são estabelecidas nesse entendimento, e temos, assim, equivalência entre o princípio das possibilidades alternativas e a máxima "dever implica poder". Dito isso, se outros insistem que uma diferença ainda precisa ser mantida em qualquer ponto entre os dois, nada de sério se segue para o presente debate: apenas uma barreira de linguagem, em que coisas diferentes serão entendidas por "dever implica poder" em seus escritos do que se entende pela mesma frase na presente obra. Isso permitiria, então, desassociar as afirmações da máxima daquelas do PPA e entender que o PPA sustenta o incompatibilismo, mas a máxima não e vice-versa.[145] Nenhum argumento incompatibilista separado pode ser baseado nisso,

---

[145] Observe, por exemplo, Ishtiyaque Haji, que, sendo um compatibilista, nega o PPA, mas afirma a máxima: "Se a moral *exige* que você faça algo, então você pode fazê-lo". Haji, *Incompatibilism's Allure*, 92. Mas é claro que, como compatibilista, o que ele quer dizer com "pode" na máxima não é uma capacidade categórica, mas uma capacidade condicional, o que torna sua compreensão da máxima um equivalente do PPA_{If}. Isso é verificado pelo fato de que os dois exemplos seguintes que ele fornece para sustentar essa máxima são casos claros em que falta uma capacidade *condicional* a um agente, acarretando sua falta de responsabilidade moral: "Se você não pode, por exemplo, salvar uma criança de um afogamento porque você está amarrado à cadeira, ou porque você foi dominado pela paralisia, o princípio do "dever" implica "poder" indica que você não tem a obrigação moral de salvar a criança; a moralidade não pode exigir que você faça o que você não está em seu poder." Ibid. Claramente, estar amarrado ou paralisado faz com que você não possa salvar a criança, *mesmo que você quisesse*. Nenhuma afirmação de capacidade categórica incompatibilista é referida aqui, e assim Haji vê a máxima como condicional e compatibilista. E, claro, sobre esse entendimento de poder, eu me juntaria a Haji na afirmação da máxima (como faço com o PPA_{If}).
Veja também Harry Frankfurt, que sustenta "que renunciar ao PPA não exige negar que 'dever' implica 'poder' e que o PPA não é implicado pela visão kantiana". De modo que Frankfurt presumivelmente defende a máxima, embora rejeite claramente o PPA. Frankfurt, "We Are Morally Responsible", 96.

no entanto, e permanecer sem considerações pela minha crítica atual, uma vez que tanto o PPA quanto a máxima são aqui considerados como tendo as mais fortes aspirações incompatibilistas, e *nessas leituras incompatibilistas* encontram-se refutadas pela presente crítica. Portanto, um desacordo sobre o significado preciso da máxima não enfraquece minha defesa contra o incompatibilismo e estou livre para continuar vendo as duas como sendo amplamente equivalentes.

Além disso, não apenas esses dois são equivalentes nas afirmações de verdade que os vejo fazer, mas também se prestam à mesma equivocação esclarecida acima com relação à "capacidade". O "poder" não qualificado em "dever implica poder" pode ser interpretado ou condicionalmente ou categoricamente, assim como o poderia na frase "poder agir diferentemente" do PPA. Assim, a máxima deve seguir minhas conclusões acima sobre o PPA: a máxima deve ser vista como compatibilista e verdadeira se "poder" for entendido condicionalmente, e incompatibilista, mas falsa (ou pelo menos até agora não comprovada) se "poder" for entendido categoricamente. A equivocação entre capacidades condicionais e categóricas é a mesmo identificado acima.

Reexaminando o argumento da consequência para além dessa equivocação

Tendo introduzido a diferença coerente entre capacidade categórica e capacidade condicional, este é um bom momento para pararmos um pouco e reexaminarmos o argumento da consequência com essas distinções em mente. O argumento da consequência foi rejeitado por não dar suporte ao incompatibilismo, em razão de sua compreensão circular de escolha e livre-arbítrio, mas a fim de neutralizarmos completamente sua plausibilidade inicial, podemos agora analisar suas alegações com uma análise compatibilista e condicional de capacidade, para vermos que, assim entendido, esse tipo de capacidade *é* de fato realmente necessária, e penso que foi isso o que tornou o argumento inválido parcialmente convincente a princípio.

Quando Inwagen argumentou que não podemos ser moralmente responsáveis por "consequências" do passado e pelas leis da natureza, foi convincente visto que todos sentimos que não se pode ser moralmente responsável por tais consequências sobre as quais não temos "controle". Mas o único controle que se mostra necessário é um senso condicional de controle, e esse senso condicional é muito — inteiramente, afirmo eu — responsável pela plausibilidade intuitiva indevidamente concedida ao argumento da consequência, porque esse senso condicional de capacidade é deveras obviamente necessário para a responsabilidade moral. Com um senso de capacidade condicional, certamente queremos sustentar que nossa liberdade humana de controlar nossas escolhas; queremos que nossas escolhas "dependam de nós", visto que temos pelo menos a capacidade de escolher um caminho ou outro, de acordo com nossos próprios desejos. Queremos a capacidade de escolher A ou B, *se quisermos*. E na ausência dessa capacidade, não podemos ser considerados moralmente responsáveis: o que quer que seja exigida pela responsabilidade moral, ela não exige menos do que essa capacidade condicional.

Primeira formulação

Tomemos, então, a primeira articulação do argumento da consequência, que concluiu que "se o determinismo é verdadeiro, J não poderia ter levantado a mão em T". Se o sentido de "poderia" é entendido condicionalmente, então podemos ver que exclui a responsabilidade moral. Se J foi algemado com as mãos atrás das costas, falta a ele a capacidade condicional de levantar a mão, dado que não poderia levantar a mão mesmo que quisesse. O argumento da consequência falhou em mostrar por que uma capacidade categórica seria necessária para a responsabilidade moral, mas uma capacidade condicional é, inquestionavelmente, necessária para tal.[146]

Segunda formulação

A segunda formulação do argumento da consequência foi formulada em termos de acesso a mundos possíveis. Foi ali estabelecido que apenas um livre-arbítrio libertário fornece a um agente acesso a mundos possíveis alternativos que compartilham um passado idêntico em todas as coisas ao mundo real. O argumento falhou em mostrar por que esse tipo de acesso era necessário para a responsabilidade moral, mas há aqui novamente um senso próximo de capacidade, um sentido condicional, que é realmente necessário para a responsabilidade moral. Formulado em termos de acesso a mundos possíveis, esse senso condicional de capacidade exigiria que existisse um mundo possível no qual o agente escolhesse de forma diferente da que escolheu no mundo real, e que fosse idêntico ao mundo real em todas as coisas até o momento de escolha, *exceto pelos desejos internos e inclinação do agente*. Essa diferença entre os passados

---

[146] Esse fato é o que leva Christopher Hill a criticar essa primeira formulação do argumento da consequência, alegando que a definição de van Inwagen de "poder" ou pressupõe incompatibilismo, ou não sustenta uma das premissas do argumento, a saber, que J não poderia ter tornado L falso (L sendo a conjunção das leis da natureza). Hill, "van Inwagen on the Consequence Argument", 49–55. Hill diz que há análises de "poder" sob as quais é falso que J não poderia ter tornado L falso. A resposta oferecida por van Inwagen é esclarecedora: ele não apresenta um argumento em favor da premissa como entendida em um sentido categórico de "poder"; em vez disso, ele diz que para ele (e, assim espero, para uma audiência de leitores indecisos) o sentido condicional de "poder" não é nenhuma capacidade digna desse nome. Assim, van Inwagen deixa sua premissa se sustentar por conta própria, supondo que ela será considerada verdadeira por seu público. Van Inwagen, "Reply to Christopher Hill", 56–61. Mas, mais uma vez, a questão não é definir a palavra "poder"; trata-se de saber se qualquer sentido de "poder" se mostra necessário para a responsabilidade moral e incompatível com o determinismo. Então, é claro, para um compatibilista que pensa que o argumento está se beneficiando da transferência inválida de plausibilidade entre os sentidos de capacidade condicional e categórica, tudo que isso revela é que a capacidade categórica é incompatível com o determinismo, mas nenhuma razão é dada para acreditar na afirmação circular de que uma capacidade categórica de fazer o contrário seja necessária para a responsabilidade moral.

dos dois mundos possíveis explica a compatibilidade do determinismo com essa explicação condicional. Nessa análise condicional, o agente não precisa ter uma capacidade categórica para saltar de um mundo possível para outro estritamente distinto; em vez disso, ele precisa ser tal que pudesse ter feito uma escolha diferente, *caso estivesse em um mundo possível alternativo diferente do mundo atual apenas em relação às suas inclinações internas*.[147] O argumento da consequência havia falhado em mostrar por que agentes sem uma capacidade categórica de acessar mundos alternativos possíveis não poderiam ser moralmente responsáveis, mas a capacidade condicional de acessar tais mundos, como acabei de definir, é certamente necessária para a responsabilidade moral. Se nosso juiz J falhasse em levantar a mão no mundo atual, *e* não pudesse ter levantado a mão mesmo que se encontrasse em um mundo alternativo possível cuja única diferença com o nosso mundo é que, nesse mundo, ele realmente quisesse fazê-lo, então segue-se que ele não pode ser moralmente responsável por deixar de levantar a mão no mundo atual. Isso é visto, mais uma vez, se o imaginarmos algemado no mundo real. Não existe um mundo possível em que o juiz algemado tenha apenas desejos internos alternativos e seja capaz de levantar as mãos, visto que os desejos alternativos nesse mundo alternativo possível ainda estão sendo impedidos de exercerem influência, em virtude das algemas mantidas em ambos os mundos. Esse senso condicional de capacidade é visto como necessário para a responsabilidade moral, embora compatível com o determinismo, enquanto o senso categórico excluiu o determinismo, mas não se mostrou necessário para a responsabilidade moral.

---

147 Essa análise condicional de mundos possíveis é proposta em termos muito semelhantes por Keith Lehrer que sugere: "quando dizemos que uma pessoa poderia ter feito algo que não fez, não deveríamos afirmar com isso, e acredito que não estejamos afirmando, que toda condição necessária antecedente a sua execução é cumprida. Basta que haja algum mundo possível minimamente diferente do mundo atual restringido de forma adequada para que a pessoa realize a ação e essas condições sejam cumpridas. Podemos falar de mundos restritos de maneira apropriada como mundos possíveis que são *acessíveis* aos agentes do mundo atual". Lehrer, "'Can' in Theory and Practice", 253–54, citado em Fischer e Pendergraft, "Beg the Question?" 589.

"Mundos quase possíveis" (ou "quase-mundos possíveis")

Agora, com respeito aos mundos possíveis, pode-se objetar que em certos relatos deterministas compatibilistas — por exemplo, aqueles em que existe um melhor mundo possível e que Deus necessariamente o cria[148] — realmente não há outro mundo possível além do mundo atual. Pareceria, então, impossível que alguém fosse moralmente responsável nesse relato, se a responsabilidade moral exigisse a existência de *qualquer* mundo alternativo possível, mesmo que modesto, como definido por mim, que não tenha de corresponder ao mundo atual em *todas* as coisas, antes do momento da escolha. Nem mesmo esses existem, se houver apenas um mundo possível. Será essa uma dificuldade intransponível? Eu acho que não. Uma maneira de contornar isso seria refinar a descrição desse necessário "mundo possível" alternativo, removendo do livro desse mundo as proposições sobre por que, em última análise, Deus providenciou qualquer escolha humana em vez da contrária — e presumivelmente todas as proposições verdadeiras que as implicam. Em outras palavras, digamos que nessa visão Deus trouxe no mundo real W uma escolha humana A ao invés da escolha B, porque Deus havia um bom propósito P por trás do acontecimento de A; então poderíamos falar da ocorrência de B como pertencente a um mundo possível alternativo W^* (ambos W e W^* sendo deterministas aqui), se, e somente se, nós cortarmos e removermos de W^* a consideração do propósito P que nessa visão exigia a atualização de A.

---

[148] Hugh McCann discute essa questão e argumenta a favor de tal visão (de que existe um único melhor mundo possível), embora, que eu saiba, ele não chegue a concluir disso que existe apenas um mundo possível. Essa parece ser, no entanto, uma consequência boa e necessária de sua visão, porque se existe um melhor mundo possível, e Deus é o maior ser concebível, Deus necessariamente escolherá esse melhor mundo possível e, portanto, nenhum outro mundo menor permanece verdadeiramente possível, *dado quem é Deus*. Ver McCann, *Creation*, 155–175.

Poderíamos nomear um mundo possível tão incompleto como W^* um "quase-mundo possível". Ao considerar seu conteúdo para julgamentos morais em W, estaríamos perguntando: "Se Deus, supondo que ele não tivesse o propósito P para atualizar a escolha A, realmente tivesse, por alguma outra razão, inclinado providencialmente essa pessoa a escolher B em vez disso, seria essa pessoa, então, capaz de agir de acordo com esses desejos e escolher B, ou não?" Se não, então a pessoa não é moralmente responsável por sua falha em agir no mundo atual. Acredito que esse uso de mundos (quase) possíveis, hipotéticos e incompletos é coerente, útil e bastante intuitivo. Se os libertários, no entanto, não estão preparados para conceder tanto, tudo o que se segue é que a necessidade de uma capacidade condicional para assegurar a responsabilidade moral não pode ser *expressa* aqui em termos de mundos possíveis. Pode ser um pouco decepcionante para aqueles de nós que pensam que mundos possíveis são ferramentas úteis — para não dizer divertidas — mas para nossos propósitos imediatos, nada está em jogo no que diz respeito ao fracasso do argumento da consequência em confirmar que um acesso a mundos possíveis alternativos é necessário para a responsabilidade moral.

Terceira formulação

Por fim, a terceira articulação do argumento da consequência fez uso do operador N e das regras α e β.

Np significava que "p é verdadeiro, e ninguém tem, ou nunca teve, qualquer escolha sobre se p é verdadeiro", e α e β foram definidos como:

α $\Box p \vdash Np$
β $N(p \supset q), Np \vdash Nq$

Aqui, em uma análise condicional, é "Np exclui a responsabilidade moral" que é obviamente verdadeira para cada proposição p sobre o que uma pessoa escolhe e realiza. Se uma pessoa não tem e nunca teve escolha — compreendida condicionalmente — sobre o que faz, então não pode ser considerada moralmente responsável por escolher e agir de acordo com isso.

Na análise condicional, no entanto, α é falso, porque se considerarmos uma proposição p que descreve o resultado da livre escolha de uma pessoa, mesmo que p seja necessariamente verdadeiro, isso não exclui a possibilidade de que a escolha seja feita livremente no sentido condicional, isto é, no sentido de que a pessoa poderia ter feito de outra forma, se apenas seu estado interior e desejos totalmente especificados, que no determinismo tornam p necessário, tivessem sido diferentes e, portanto, não mais tornassem p necessário.

Quanto a β, reconheço ser evidentemente verdadeiro, primeiro, para quaisquer proposições p e q que não descrevam escolhas humanas. Se ninguém tem ou nunca teve uma escolha sobre a verdade da lei da gravidade, e ninguém tem ou nunca teve uma escolha sobre o fato de que se a lei da gravidade for verdadeira as maçãs cairão das árvores, então ninguém tem ou nunca teve uma escolha sobre o fato de que as maçãs caem das árvores. E em segundo lugar, reconhecemos anteriormente que β era de fato verdadeiro também para as escolhas humanas, se a escolha em N fosse entendida em um sentido libertário.

Todavia, será que β é falso se considerarmos as proposições p e q que têm a ver com escolhas humanas, e entendermos "escolha" em N condicionalmente? Na análise condicional, ter uma escolha sobre p significa ser capaz de suscitar a verdade ou inverdade em p se supusermos que os desejos da pessoa a inclinaram a isso. Com esse significado de escolha em vista, vamos considerar se um contraexemplo para β pode ser oferecido. Em uma explicação calvinista, determinista e compatibilista da providência, o melhor candidato para tal contraexemplo para β seria considerar uma livre escolha humana entendida condicional e deterministicamente, e ver se pode se dizer que uma pessoa a faz livremente no sentido condicional, sendo tal que a escolha decorre necessariamente de condições antecedentes — a saber, do decreto de Deus — sobre as quais o agente não tem escolha — mesmo condicionalmente — de modo a provar β falso. Em outras palavras, seria possível encontrarmos proposições *p* e *q* tais que N($p \supset q$) seja verdadeira (em que a escolha em N seja entendida condicionalmente), N*p* seja verdadeira — no sentido condicional de escolha também — e ainda N*q* seja falsa, caso a escolha seja entendida de maneira condicional? Isso levaria à conclusão de que β é falso na compreensão condicional de escolha, porque sua consequência não mais decorreria necessariamente da verdade de seus antecedentes. Consideremos, então, a relação entre uma livre escolha compatibilista e seu antecedente determinante, o decreto prévio de Deus, para ver as partes sobre as quais se pode dizer que o agente humano tem uma escolha compreendida condicionalmente. Consideremos uma ação A que uma pessoa P realiza em um dado instante t, e seja *p* a proposição "Deus decretou que P faria A no instante t". Seja *q* a proposição "P realiza a ação A em t", e, mais uma vez, seja N*p* a proposição de que "*p* é verdadeira e ninguém tem ou alguma vez teve uma escolha compreendida condicionalmente sobre se *p* é verdadeira". Com essas considerações em vigor, podemos agora avaliar se esse melhor candidato constitui um contraexemplo para a regra β. Para que esse seja o caso, precisaríamos descobrir que N($p \supset q$) e N*p* são verdadeiros, enquanto N*q* é falso.

Primeiro, N($p \supset q$) é de fato verdadeiro. O agente P não tem escolha, mesmo condicional, se $p \supset q$. *p* é o decreto de Deus de que P realizaria A, e *q* é o fato de que P realiza A. O que quer que A escolha, é impossível que ele faça com que *p* seja verdadeira e *q* seja falsa, mesmo que A quisesse. Ele não tem a capacidade condicional de suscitar a inverdade de $p \supset q$, de modo que N($p \supset q$) é verdadeiro.

Em segundo lugar, N*q* (o consequente de β) é realmente falso conquanto a palavra "escolha" em N seja entendida de modo condicional. Se a ação A é uma ação normal de livre escolha determinista, mas compatibilista, então é o caso de que P poderia ter se abstido de realizá-la, *se assim o quisesse*. Se a escolha de P de realizar A satisfaz as condições compatibilistas deterministas normais para responsabilidade moral, P *de fato* tem uma escolha, entendida condicionalmente, sobre se q é verdadeiro, dado que ele tem a capacidade de seguir seus desejos internos em relação a A, e *seria* capaz de escolher *não*-A, se ele assim o desejasse, isto é, se Deus tivesse proposto inclinar P diferentemente do que de fato o fez. Em outras palavras, Deus decreta o resultado, mas P ainda tem que decidir sobre q ou *não q*. Portanto, P tem uma escolha compreendida de modo condicional sobre realizar A e, portanto, Nq é falso.

Mas será o Np verdadeiro? Para que Np seja verdadeiro, teria que ser o caso de P não ter uma escolha, mesmo compreendida condicionalmente sobre se p — o decreto de Deus de que P realizaria A. Mas não é provável que esse seja o caso. É verdade que se Deus decreta deterministicamente que P realizará A, então P não pode ter uma capacidade *categórica e libertária* de abster-se de fazer A; mas se a escolha de P for compreendida *condicionalmente*, então P *tem* uma escolha sobre p ser verdadeiro ou não. Se P quisesse abster-se de A, isto é, se — contrariamente aos fatos — os desejos de P o tivessem inclinado a não realizar A, então teria sido o caso de que o decreto de Deus nunca incluiu a realização de A por P. Se P assim o quisesse, ele poderia ter se abstido de A e, para que isso acontecesse, teria de ser o caso de p ser falso. Resta que P tem uma escolha entendida condicionalmente sobre se p é verdadeiro. Portanto, Np é falso e, portanto, escolhas livres compatibilistas juntamente com seus antecedentes determinados não constituem contraexemplos para a regra β, em que a escolha em N é entendida condicionalmente. Uma vez que eles são plausivelmente os melhores candidatos para um contraexemplo para a regra β, é plausível que β seja de fato verdadeiro, mesmo na análise condicional.

Até agora, vimos que em uma análise condicional de escolha, enquanto β é verdadeiro, α é falso. O que isso significa, porém, para a análise condicional da terceira formulação do argumento da consequência? Não muito. De fato, embora α seja falso, ele é usado apenas no argumento para estabelecer algo que, no entanto, é verdadeiro. Vamos relembrar os passos da terceira formulação:

1. □ ((P_0 & L) ⊃ P) (declaração do determinismo)
2. □ (P_0 ⊃ (L ⊃ P)) (segue-se de (1))
3. N (P_0 ⊃ (L ⊃ P)) (segue-se de (2) e (α))
4. N P_0 (nova premissa)
5. N (L ⊃ P) (segue-se de (3), (4), e (β))
6. N L (nova premissa)
7. N P (segue-se de (5), (6), e (β))

Como é visível acima, α é usado apenas para justificar a inferência de (2) a (3), mas (3) é inquestionável mesmo em uma análise condicional: eu penso que ninguém tem ou alguma vez teve uma escolha — mesmo entendida condicionalmente — sobre o fato de que o passado e as leis implicam o presente no determinismo, ou — para colocar a questão menos em termos de determinismo natural e mais em termos de determinismo teológico — ninguém tem ou alguma vez teve uma escolha — mesmo entendida condicionalmente — sobre o fato de que se Deus decretasse alguma coisa, aquilo ocorreria. Ninguém jamais poderia fazer com que Deus decretasse algo e, ainda assim, que tal coisa não acontecesse. Então, para usar a linguagem da premissa (3), *mesmo que, condicionalmente*, a pessoa tivesse querido, ela não poderia ter feito nada que falsificasse P_0 ⊃ (L ⊃ P) no determinismo. Portanto, a premissa (3) é boa, mesmo em uma análise condicional.

Tudo isso parece bem, no entanto, uma vez que na análise condicional, é a premissa (4) que é falsa, pela mesma razão que β foi considerado verdadeiro: ou seja, o sentido condicional de escolha é moderado o suficiente a tornar possível que uma pessoa o tenha, até mesmo sobre coisas que aconteceram no passado; é um sentido contrafactual de capacidade. Embora evidentemente ninguém tenha uma capacidade *categórica* de falsificar o passado, as exigências de uma capacidade *condicional* acomodam muito bem esse conceito. Dizer que uma pessoa tem uma escolha compreendida condicionalmente é precisamente dizer que a pessoa poderia ter escolhido de outra forma, se *tão somente* algo — como seus desejos internos — tivesse sido diferente no passado. Como acabei de mostrar em minha discussão sobre a regra β, em uma análise condicional de escolha, não apenas ela é coerente, mas algo parecido é até mesmo *necessário* para afirmar que uma pessoa possui uma escolha condicional e contrafactual sobre os decretos passados de Deus. Ele poderia escolher de forma diferente do que escolhe, se *tão somente* seus desejos fossem diferentes, isto é, se tão somente o decreto passado de Deus sobre sua inclinação tivesse sido diferente. Isso significa claramente que a premissa (4) é falsa em uma análise condicional de escolha.

Devo acrescentar que, embora eu achasse mais plausível focar dessa maneira na premissa (4) e sua falsidade sob uma análise condicional, suponho que se poderia, em vez disso (ou também), oferecer uma rejeição semelhante da premissa (6), argumentando como David Lewis faz, que em uma análise condicional, uma pessoa *tem* a capacidade, não de infringir a lei, mas de agir de tal forma que, se assim o fizesse, algo que é de fato uma lei teria sido infringido — e, portanto, não teria sido uma lei.[149] E, novamente, se alguém segue esse raciocínio, também não parece menos significativo rejeitar (3) e (5) dessa maneira, afinal. Se seguirmos Lewis e dissermos que uma pessoa tem uma escolha condicional sobre se uma lei é realmente uma lei, por que não afirmar que essa pessoa tem uma escolha condicional sobre se $P_0 \supset (L \supset P)$? Eu acho que é mais significativo entender uma escolha condicional como um poder contrafactual sobre a declaração passada do decreto de Deus — e, portanto, rejeitar (4) — mas é realmente uma questão

---

[149] Ver Davis Lewis, "Break the Laws?" 122-29.

subjetiva sobre qual parte do passado pensa-se que seja mais plausivelmente alterada na afirmação da condição contrafactual exigida pela análise condicional.[150]

Agora deixe-me reafirmar que a *verdade*, ou *suficiência*, ou *adequação* da análise condicional não são os pontos debatidos aqui. Eu entendo que os libertários considerem essa análise condicional muito desagradável, e isso é um direito deles — mais sobre isso adiante neste capítulo. Meu ponto mais modesto aqui é que a premissa (4) não é verdadeira em uma análise condicional, a única análise de escolha que até agora foi demonstrada — e admitida — como necessária para a responsabilidade moral.

Em conclusão a respeito desse reexame do argumento da consequência, ficou claro em cada uma das três formulações que a capacidade categórica é incompatível com o determinismo, mas não se mostra necessária para a responsabilidade moral; ao passo que a capacidade condicional mais branda é necessária para a responsabilidade moral, mas compatível com o determinismo.

O argumento de consequência e a necessidade do passado

Uma crítica um pouco diferente do argumento da consequência foi oferecida por Joseph Campbell em um importante artigo que desencadeou um debate interessante sobre outra possível falha no argumento.

---

150 Na verdade, acho que a sugestão de Lewis pode ser plausivelmente reduzida à minha, afinal. Ele é bastante claro que não afirma a análise condicional da escolha como um poder para fazer com que algo seja ao mesmo tempo uma lei e uma violação; antes, é o poder de fazer com que aquilo que é de fato uma lei que *teria* sido quebrado e, portanto, não teria sido uma lei. Essa alteração contrafactual, parece-me, equivale a mudar o conteúdo do passado, ou seja, mudar P_0. Se, digamos, *l* é de fato uma lei no mundo atual, então o estado do mundo no passado distante, P_0, contém o estado de coisas em que *l* é uma lei. E, portanto, o contrafactual que Lewis vislumbra, a saber, que "se a pessoa agisse de outra forma, *l* não teria sido uma lei", não é nada mais do que uma afirmação de que se a pessoa agisse assim, P_0 teria sido diferente: não conteria o fato que *l* era uma lei.

Como não exploro pessoalmente essa possível fraqueza, não entrarei em muitos detalhes aqui sobre sua questão, mas pode valer a pena explicá-la sucintamente, para ver como nossas respectivas respostas ao argumento da consequência diferem. Voltemos às premissas de van Inwagen na terceira formulação do argumento da consequência:

1. $\Box((P_0 \& L) \supset P)$ (declaração de determinismo)
2. $\Box(P_0 \supset (L \supset P))$ (segue-se de (1))
3. $N(P_0 \supset (L \supset P))$ (segue-se de (2) e (α))
4. $N P_0$ (nova premissa)
5. $N(L \supset P)$ (segue-se de (3), (4), e (β))
6. $N L$ (nova premissa)
7. $N P$ (segue-se de (5), (6), e (β))

A conclusão NP expressa a tese inaceitável de que ninguém tem ou alguma vez teve escolha sobre qualquer proposição P. Podemos agora apreciar onde Campbell e eu objetamos, cada um. Minha resposta é, como explicado acima, que se por "escolha" pressupomos que seja libertária e que apresente uma capacidade categórica de se agir diferentemente, então todo o argumento é sólido, mas sua conclusão é tão somente que ninguém tem ou alguma vez teve uma escolha *libertária* sobre P. Isso decorre incontroversamente do determinismo, mas não confirma o incompatibilismo até que alguém nos diga por que o livre-arbítrio libertário é necessário para a responsabilidade moral. No entanto, se já não supomos que a escolha seja libertária, então simplesmente rejeito (4). Se P agora expressa o resultado de uma escolha livre como eu a entendo, não pressupondo que ela seja libertária, então a capacidade condicional mais modesta — a única que é admitida como necessária para a responsabilidade moral — é perfeitamente possível de ser possuída pela pessoa que escolhe P. Mesmo que a escolha seja determinada, podemos supor que a pessoa *possui* essa capacidade condicional de escolher de outra forma de uma maneira que tornaria P falsa: ela poderia, se quisesse. E nesse caso, de fato, significaria que P_0 tinha que ser diferente, então, nesse sentido, diríamos que a pessoa tem uma escolha, condicionalmente falando, sobre P_0, e rejeitamos (4). Nada disso é permitido se, de fato, estivermos falando de uma capacidade categórica de agir diferentemente, mas em um sentido condicional e contrafactual, tornando P_0 falso por supor que uma ligeira modificação do passado é exatamente o que estamos fazendo na expressão de nossa condicional do subjuntivo: estamos dizendo que se a pessoa tivesse tido desejos antecedentes ligeiramente diferentes (no passado), ela poderia ter escolhido diferentemente, sem que nada mais estivesse em seu caminho. Assim, vemos mais uma vez que a modesta capacidade condicional de agir diferentemente não é excluída pelo determinismo e a capacidade categórica de agir diferentemente não é estabelecida como necessária para a responsabilidade moral.

Essa minha resposta difere da de Campbell. Ele também rejeita (4), mas por um motivo diferente. Ele não protesta contra a capacidade categórica de agir de modo diferente que o argumento presume; em vez disso, ele diz — presumivelmente mesmo que a capacidade em questão seja categórica — que só porque P_0 está no passado, isso não significa que ninguém tem, ou alguma vez teve, uma escolha sobre P_0. Se o instante que P_0 descreve está no passado recente, quando a pessoa estava viva, então, embora ninguém *agora* tenha escolha sobre seu conteúdo, alguém pode muito bem *ter tido* uma escolha sobre isso. "O fato de que ninguém *pode* mudar o passado é irrelevante para saber se alguém alguma vez já *teve* uma escolha sobre se alguma proposição verdadeira sobre o passado é verdadeira",[151] diz ele. Em vez disso, o que impediria que alguém alguma vez tivesse tido uma escolha sobre P_0 seria não apenas o fato de que isso estava no passado, mas de que estava

---

[151] Campbell, "Necessity of the Past", 107.

no passado *remoto*: antes que alguém tivesse nascido para fazer uma escolha sobre isso. E, nesse caso, o que Campbell argumenta é que, mesmo que o argumento seja sólido em nosso mundo, ele pressupõe a existência de um passado remoto, que ele diz não ser uma característica metafisicamente necessária do mundo, de modo que o argumento falha em estabelecer que determinismo e livre-arbítrio são incompatíveis em todos os mundos possíveis. O argumento da consequência, portanto, não confirma o incompatibilismo, propriamente dito.

Penso que isso é uma brecha interessante no argumento da consequência, e gerou uma boa quantidade de debates estimulantes,[152] mas não vou me alongar muito nesse ponto aqui, pelas duas razões seguintes. Primeiro, acredito que não é muito dispendioso aos incompatibilistas aceitarem a objeção de Campbell, admitirem a deficiência do argumento da consequência e se reorganizarem, simplesmente adicionando a premissa de que existe um passado remoto. Assim, já não estabelecem mais a incompatibilidade do livre-arbítrio e do determinismo em todos os mundos possíveis (ou seja, incompatibilismo), mas ainda podem reivindicar fazê-lo em todos os mundos possíveis que têm um passado remoto, como o nosso. Afinal, como Andrew Bailey apontou, "argumentos para o incompatibilismo são interessantes, em parte, devido à sua relação com a questão de saber se *nós* somos livres".[153]

E em segundo lugar, em qualquer caso, acredito que minha própria resposta acima expôs um problema mais fundamental do argumento, sobre a qual me sinto muito mais confortável para apoiar o meu caso, e assim o farei: o argumento da consequência estabelece com sucesso que o determinismo é incompatível com o livre-arbítrio libertário, mas falha em nos dizer por que o livre-arbítrio libertário é necessário para

---

[152] Para um bom resumo do estrago que foi causado por Campbell, ver Bailey, "Incompatibilism and the Past", 351–75.
[153] Ibid., 363.

a responsabilidade moral, pois não consegue desfazer a ambiguidade do sentido de "escolha" ou "capacidade de agir diferentemente" que emprega na premissa (4) e em sua conclusão.

Aplicação ao argumento de deliberação — a deliberação racional pressupõe a crença na capacidade categórica de agir de modo diferente?

À medida que nos esforçamos para rastrear e expor a equivocação entre capacidades condicionais e categóricas, e avaliar adequadamente o papel que desempenham nos debates sobre o livre-arbítrio, há um argumento final que chama nossa atenção. É um argumento que já não se refere estritamente ao incompatibilismo; é um para o indeterminismo, mas que continua sendo útil avaliar aqui porque apresenta o mesmo apelo para possibilidades alternativas, e faz uso da mesma equivocação que acabamos de descrever entre capacidades categóricas e condicionais. Vou chamá-lo de argumento da deliberação. Por vezes, argumenta-se que o próprio ato de tomar decisões por deliberação racional trai a crença na capacidade de se agir de modo diferente. Não se delibera sobre opções sabidamente impossíveis, dizem-nos; assim, a própria deliberação é apresentada como evidência da crença na capacidade categórica de escolher essa ou aquela opção. Inwagen argumenta que

> qualquer pessoa que rejeitasse o livre-arbítrio não poderia deliberar de forma consistente sobre cursos de ação futuros. Isto é assim, argumentarei, simplesmente devido ao fato de que não se pode deliberar sem acreditar que as coisas sobre as quais se está deliberando são coisas possíveis de serem feitas.[154]

---

[154] Van Inwagen, *Essay*, 19.

E assim como antes, por "livre-arbítrio", o que está em questão é o "livre-arbítrio libertário". Hugh McCann coloca desta forma: "Fenômenos como decisões *cheiram a libertarianismo*".[155]

O problema com esse argumento é que, tanto para a deliberação racional quanto para os juízos morais, o que se sabe ser necessário é uma capacidade *condicional* de escolha, não uma categórica. O que importa é acreditarmos que as opções diante de nós *estariam* acessíveis se as escolhêssemos. Certamente, ninguém jamais delibera sobre opções que seriam impossíveis, *mesmo que fossem escolhê-las*. John Martin Fischer ilustra essa noção mínima de capacidade que todos vemos impactar a deliberação racional:

> Posso ir ao cinema mais tarde visto que iria ao cinema, se eu fosse escolher ir ao cinema, e posso ir à palestra visto que iria à palestra, se escolhesse ir para a palestra, e assim por diante. [...] Eu não delibero se devo saltar para a lua, porque — pelo menos em parte — eu não conseguiria saltar para a lua, mesmo se eu escolhesse saltar para a lua.[156]

Essa é a explicação compatibilista e condicional da capacidade e, portanto, todas essas intuições condicionais são insuficientes para apoiar as atuais alegações libertárias. Peter van Inwagen oferece o seguinte exemplo, em suporte à sua afirmação acima:

> Não se pode deliberar sobre a realização de um determinado ato a menos que se acredite que seja possível realizá-lo — qualquer um que duvide que esse seja realmente o caso, pode considerar esclarecedor imaginar que está em uma sala com duas portas e que acredita que

---

155 McCann, *Works of Agency*, 145.
156 Fischer, "Compatibilism", 49.

uma das portas está destrancada, enquanto a outra está trancada e intransitável, embora ele não tenha ideia de qual é qual; tente então imaginá-lo deliberando sobre por qual porta sair.[157]

Fazendo um adendo, a história de van Inwagen é de fato bastante complexa e não muito bem explicada. Na verdade, afirmo que ela é irrelevante para a conclusão libertária que pretende apoiar, independentemente da forma como a interpretamos. A afirmação incompatibilista em questão é que a deliberação implica uma crença na capacidade categórica — não meramente condicional — de realizar a ação sobre a qual se está deliberando. Para apoiar isso, van Inwagen precisaria apresentar uma história na qual:

1. O agente não acredita em sua capacidade categórica de realizar uma ação,

2. O agente não delibera

e,

3. A *razão* pela qual ele não delibera é porque lhe falta a crença em sua capacidade categórica de realizar a ação.

Nenhum dos candidatos disponíveis para uma ação presentes na história de Inwagen — ou em seu entorno — satisfaz essas três condições.

Consideremos, primeiro, a deliberação exata mencionada por van Inwagen, uma deliberação "sobre por qual porta sair". Isso significaria deliberar sobre as ações "sair pela porta A" ou "sair pela porta B". O agente sabe que qualquer uma das portas pode estar trancada, então ele não acredita em sua capacidade categórica de *sair* por qualquer uma

---

[157] Van Inwagen, *Essay*, 154.

delas. Mas, novamente, ele *também* não acredita em sua capacidade *condicional* de fazê-lo: sabendo que qualquer uma das portas pode estar trancada, ele não acredita que *sairia* por qualquer uma das portas, condicionalmente, *se tão somente escolhesse fazê-lo*. Sua escolha seria insuficiente; para ter sucesso, a porta *também* teria que ser destrancada. Por que, então, sua falta de capacidade *condicional* não poderia ser a razão pela qual ele não delibera, dado que os compatibilistas concordam integralmente que uma crença nesse tipo de capacidade *é* necessária para a deliberação racional? A história não diz e, portanto, não consegue discriminar entre capacidades condicionais e categóricas, ou seja, não apoia o indeterminismo.

Mas e se a ação em consideração passasse a ser "*tentar* sair pela porta A" ou "*tentar* sair pela porta B"? Nesse caso, o agente possui a capacidade condicional de fazer qualquer um dos dois: independentemente de estarem trancadas, o agente sabe que ele *tentaria* abrir a porta A *se* quisesse tentar, e *tentaria* abrir a porta B *se* quisesse tentar. E, mais uma vez, todos concordamos que ele provavelmente também não deliberará sobre essas duas opções, considerando o fato de elas estarem trancadas ou destrancadas. Mas é porque ele não acredita em sua capacidade categórica de realizar qualquer uma das opções? De modo algum.[158] A razão pela qual seria inútil deliberar sobre as opções é o fato de ele não saber qual porta está trancada e, portanto, *até onde se saiba*, qualquer porta que ele escolher terá exatamente o mesmo resultado. Até onde ele saiba, escolher um ou outro não faz diferença. *Essa* é a razão que nenhuma deliberação ocorre. O objetivo da deliberação é pesar diferentes resultados com base em nosso conhecimento do que se seguiria para cada caso, de nosso conhecimento da diferença que a escolha faria no mundo. Se não tivermos conhecimento de qualquer diferença entre duas opções diante de nós, não deliberaremos sobre

---

158 De fato, se seu livre-arbítrio é libertário, então ele *tem* a capacidade categórica de realizar qualquer uma das opções: ele categoricamente *pode* tentar abrir a porta A ou a porta B.

elas de fato, mas então nada se seguirá sobre nossa crença em qualquer capacidade categórica (ou falta dela) de escolher uma ou outra. Nada de interessante se seguirá sobre a natureza de nosso livre-arbítrio.

Agora, a fim de identificar e abordar todas as intuições presentes no exemplo de van Inwagen e seu entorno, vamos considerar um exame final da história. Suponhamos agora que a pessoa seja informada de que "a porta A está trancada e a porta B está aberta". Nesse caso, todos concordamos que ele ainda não deliberaria sobre a tarefa impossível de sair pela porta A, nem mesmo sobre *tentar* abrir a porta A, mas isso tampouco sustentaria as afirmações indeterministas, pois, claramente, seria um caso em que o agente sabe que lhe falta a capacidade *condicional*. Ele não deliberaria mais sobre sair pela porta A porque não poderia abri-la, *mesmo que quisesse*. Os compatibilistas afirmam enfaticamente a necessidade desse tipo de capacidade e possibilidade, mas disso a necessidade de uma capacidade categórica simplesmente não se segue e, portanto, intuições sobre deliberação racional não oferecem suporte para a visão indeterminista.

Em conclusão, uma vez descoberta a equivocação entre as capacidades, vemos que uma capacidade categórica é incompatível com o determinismo, mas não se mostra necessária para a deliberação racional, enquanto uma capacidade condicional é necessária para a deliberação racional, mas perfeitamente compatível com o determinismo.

A objeção padrão: a morte do compatibilismo clássico e sua análise condicional desagradável

Tendo distinguido coerentemente entre análises condicionais e categóricas de capacidade, uma objeção importantíssima deve agora ser abordada. Sem falta, sempre que os conceitos acima são mencionados, os incompatibilistas afirmam que, na ausência de uma capacidade categórica para agir de modo diferente, fica-se com uma mera análise condicional de capacidades, a qual, segundo nos dizem, não é viável. A análise condicional da capacidade é atribuída aos chamados "compatibilistas clássicos", cuja visão há muito foi declarada insustentável.[159] Mais do que isso, foi desprezada! Gary Watson relata que "essa linha de defesa tem parecido tão claramente defeituosa para seus críticos que eles muitas vezes cogitam suspeitas hostis sobre a integridade filosófica daqueles que a buscam".[160] William James e Immanuel Kant, respectivamente, chamaram isso de "pântano de evasão" e um "subterfúgio miserável".[161] Portanto, antes mesmo de considerarmos meus próximos argumentos para rejeitar o PPA_{All} com seu entendimento categórico de capacidade, queremos ter certeza de que o entendimento condicional de capacidade encontrado no PPA_{If} restante não seja tão desagradável quanto alguns filósofos dizem que é. Assim sendo, façamos a única pergunta relevante: qual parece ser exatamente o problema com a análise condicional da capacidade de agir de modo diferente?

Três tipos de objeções foram oferecidos contra ela: alguns a consideraram uma petição de princípio, alguns consideraram que não era *necessária* e alguns consideraram que não era *suficiente*. Vamos examinar cada problema por sua vez para ver que nenhum deles deve nos preocupar muito.

A acusação de petição de princípio

Primeiro, então, é a acusação de que a análise condicional é uma petição de princípio. Peter van Inwagen introduz a análise condicional

---

[159] Robert Kane atribui a invenção do rótulo a Gary Watson, e lista os seguintes filósofos como seus representantes: Thomas Hobbes, David Hume, John Stuart Mill, A. J. Ayer, Moritz Schlick e Donald Davidson. Ver Kane, "Introduction", 11–16.
[160] Watson, "Introduction", 4.
[161] Ambos citados em Dennett, *Elbow Room*, 131.

como um dos mais importantes "argumentos para a compatibilidade do livre-arbítrio e do determinismo",[162] mas permanece, em grande parte, pouco impressionado e responde da seguinte forma:

> O que é que a análise [condicional] faz por nós? Como afeta nossa compreensão do problema de compatibilidade? Faz muito pouco por nós, até onde posso ver, a menos que tenhamos alguma razão para pensar que está *correta*. Muitos compatibilistas parecem pensar que precisam apenas apresentar uma análise condicional da capacidade, defendê-la ou modificá-la diante de contraexemplos que possam surgir, e que assim terão feito o que é necessário para defender o compatibilismo.
>
> Não é assim que vejo. A análise particular da capacidade que um compatibilista apresenta é, a meu ver, simplesmente uma de suas premissas; sua premissa central, de fato. E premissas precisam ser defendidas.[163]

Assim, van Inwagen diz essencialmente que a análise condicional da capacidade, tomada como argumento para o compatibilismo, é uma petição de princípio. Eu penso que está certo, e os compatibilistas podem se juntar a van Inwagen em sua condenação: tomada como um argumento contra o incompatibilismo, ela "faz muito pouco por nós" de fato. Mas tudo isso significa apenas que os compatibilistas não devem usá-la desse modo. Em vez disso, a única afirmação compatibilista que vale a pena fazer nas redondezas é muito mais modesta do que isso: é simplesmente aquela que diz que uma análise condicional é compatível com o determinismo, e é a única análise que se mostrou necessária para a responsabilidade moral e o livre-arbítrio. Isso eu defendi com

---

[162] Van Inwagen, *Essay*, 114.
[163] Ibid., 121.

sucesso acima. Portanto, a análise condicional é um fracasso total se for tomada como um ataque ao incompatibilismo, mas serve como uma boa defesa do compatibilismo contra a afirmação positiva de que a responsabilidade moral e o livre-arbítrio exigem uma capacidade de agir de modo diferente, uma alegação positiva que, como expliquei anteriormente, pressupõe o incompatibilismo, um raciocínio circular camuflado pela equivocação na palavra "capacidade".

A questão da necessidade

A segunda crítica à análise condicional é a afirmação de que ela não é *necessária*. Para mostrar que é o caso, ou seja, que não é necessária, van Inwagen novamente aponta de passagem que "Napoleão poderia ter vencido em Waterloo" dificilmente pode significar "se Napoleão tivesse escolhido vencer em Waterloo, Napoleão teria vencido em Waterloo".[164] Ele então aponta para a importante obra de J. L. Austin sobre a questão da necessidade.[165] Austin analisou o significado condicional de "poder" em declarações de capacidade. Ele observou que quando se diz que uma pessoa P tem a capacidade condicional de fazer a ação A, isso deve significar "P *faria* A *se A quisesse*". Mas Austin então encontrou falhas nessa análise de capacidade, porque supostamente, "que P faria A se A quisesse" não é necessário para que se diga que P tem a capacidade de fazer A. Robert Kane explica o contraexemplo clássico de Austin, o golfista:

> Pois às vezes é verdade que uma pessoa pode (ou poderia) fazer alguma coisa, mas é falso que a pessoa faria (ou teria feito), se quisesse ou tentasse. O exemplo mais conhecido

---

[164] Ibid., 115.
[165] Ibid., 235n7.

de Austin que ilustra esse ponto foi aquele em que ele se imaginou um jogador de golfe, diante de uma tacada de um metro. Seria perfeitamente consistente, argumentou Austin, dizer que ele poderia (ou tinha o poder de) acertar a tacada, embora pudesse ter errado. Pois ele acertou muitas tacadas dessa distância em circunstâncias semelhantes no passado — e também errou algumas. Seu poder de fazê-lo, portanto, não implica que ele *faria* isso toda vez que quisesse ou tentasse.[166]

Tudo isso é simples e convincente. Infelizmente, ele falha em minar qualquer alegação condicional que valha a pena fazer. O que defendi acima na presente obra não foi que "toda e qualquer discussão sobre capacidade deve ser interpretada condicionalmente, como uma afirmação contrafactual como as anteriores". Portanto, é perfeitamente correto dizer que o golfista, em um sentido muito real, "tem a capacidade" de acertar a tacada, mesmo que seu suposto desejo não garanta o sucesso. Esse tipo de capacidade condicional de "sucesso garantido" nunca foi considerado necessário *para o uso adequado da linguagem de capacidades*. O que a análise condicional do PPA (o PPA_{If}) exigia para uma capacidade condicional de agir de modo diferente era a *responsabilidade moral*. Ela alega apenas que sem uma capacidade condicional para fazer A, P não poderia ser moralmente responsável por não fazer A. O exemplo do golfista não refuta isso. Nem mesmo se refere a questões de responsabilidade moral, pois eu consideraria óbvio que, salvo condições muito estranhas e incomuns, ninguém se revela justo ou mau por empurrar — ou deixar de empurrar — uma bola de golfe em um buraco no gramado.

De fato, removamos toda e qualquer suspeita sobre a visão compatibilista em face da presente objeção, considerando a formulação

---

[166] Kane, *Significance*, 54.

preferida de Austin da análise condicional — onde "P poderia fazer A" é entendido como "P faria A se P quisesse fazer A" — e sua característica especial do golfista que pode ou não acertar sua tacada, mas desta vez introduzindo uma situação moral no exemplo, para mostrar que o PPA_{If} permanece obviamente verdadeiro enquanto "meramente condicional". O exemplo ficaria mais ou menos assim: imagine que o golfista de Austin está preparando sua tacada no gramado, quando vê uma senhora idosa sendo assaltada no estacionamento do campo de golfe, a 50 metros dali. Ele não pode correr lá sozinho, nem alertar ninguém a tempo. Digamos que sua percepção esteja correta: sua única opção para evitar o ato seria acertar o assaltante na cabeça com a bola de golfe, uma proeza cuja precisão ele já igualou muitas vezes no passado, mas que ainda pode falhar em fazer eventualmente. Vamos agora considerar os seguintes três cenários possíveis: 1) Ele rapidamente mira, se prepara e dispara direto na cabeça do assaltante, que cai inconsciente. 2) Ele tenta o arremesso, mas falha, a bola é desviada e o assalto ainda ocorre. 3) Ele nem tenta atirar e assiste enquanto a idosa é assaltada.

Em cada um desses três cenários, acertar a tacada com sucesso *não* é algo que o golfista "pode" fazer no sentido condicional acima de que ele "*faria* se quisesse", já que supomos que ele poderia errar. Certamente, há também um outro sentido — defendido por Austin — em que poderíamos dizer significativamente que ele "pode" fazer o arremesso, mas esse sentido não está aqui nem lá; é irrelevante para as decisões feitas pelo PPA_{If}. Em nosso anterior entendimento condicional, resta que o golfista não pode fazer a tacada, pois não pode garantir o sucesso. Portanto, no cenário #2, de acordo com o PPA_{If}, ele não pode ser responsabilizado moralmente por não acertar o homem. Ele não é culpado por não parar o assalto, porque nesse sentido condicional relevante, ele não poderia tê-lo atingido, mesmo que o quisesse. Agora, no cenário #3, não é dito se ele teria sucesso ou não se tivesse tentado, e nem o próprio golfista saberia, então o que podemos dizer é que ele é moralmente culpado por não *tentar* impedir o assalto. Sabemos que ele teria feito *isso* — a tentativa — se quisesse. Não havia nada além de seus desejos o impedindo de *tentar* atirar a bola no assaltante e, portanto, nenhuma incapacidade sua excluiu sua responsabilidade moral. Em cada caso, o PPA_{If} e seu apelo à capacidade condicional são coerentemente sustentados e convincentemente aplicados: uma capacidade condicional de agir de forma diferente, se alguém assim o quiser, é, e permanece sendo, necessária para a responsabilidade moral.

Agora, alternativamente, se a alegação de não-necessidade em questão não é mais proposta em relação à mera *linguagem de capacidade*, e realmente diz que uma capacidade condicional não é necessária *para a responsabilidade moral*, então a objeção se torna totalmente autorrefutável, vinda de incompatibilistas que tentam, com ela, reforçar a verdade do PPA_{All}. É absurdo afirmar que a capacidade condicional mais fraca não é necessária, enquanto se sustenta que a capacidade categórica mais forte é de fato necessária para a responsabilidade moral. Se alguém possui uma capacidade categórica, segue-se que também possui uma capacidade condicional;[167] e se uma pessoa nem sequer possui uma capacidade condicional, então é inútil pensar que ela tem uma capacidade categórica. Portanto, se a falta de capacidade condicional para agir de outra forma não exclui a responsabilidade moral, a falta de capacidade categórica exclui ainda menos. Logo, se PPA_{If} for falso, segue-se que PPA_{All} também é falso, e ao atacar a análise condicional de capacidade como não

---

[167] Alguém poderia objetar que a capacidade condicional não decorre de fato da capacidade categórica, uma vez que a primeira diz que o agente pode agir de outra forma, enquanto mantém todas as coisas no lugar, e a segunda diz que o agente poderia agir de outra forma apenas se supusermos que seus desejos são diferentes. Expresso assim, parece que uma capacidade não diz muito sobre a outra, mas isso é facilmente corrigido especificando ainda mais a capacidade condicional da seguinte forma: "o agente tem a capacidade condicional de agir de outra forma se, e somente se, ele pudesse agir de outra forma, *permitindo*, enquanto isso, que seus desejos sejam diferentes". Dessa forma, fica claro que aquele que tem a capacidade categórica mais forte também tem a capacidade condicional mais branda, e nada é alterado na minha discussão sobre PPA_{If} e como ela se relaciona com o determinismo e o compatibilismo.

sendo necessária para a responsabilidade moral, o libertário fornece a munição na premissa (29) abaixo para refutar seu próprio PPA$_{(All)}$ por *modus tollens*.

28. PPA$_{All}$ $\Rightarrow$ PPA$_{If}$
29. ¬PPA$_{If}$ (de acordo com a objeção)
Portanto
30. ¬PPA$_{All}$ (por *modus tollens*)

Portanto, não é possível que o defensor do PPA encontre falhas na análise condicional da capacidade de agir de modo diferente com base no fato de não ser *necessária*, sem prejudicar sua própria análise não condicional.

Em conclusão, a objeção da necessidade é irrelevante se estiver falando sobre necessidade *de descrições apropriadas de capacidade*, e é autorrefutável se estiver falando sobre necessidade *de responsabilidade moral*. A objeção da *necessidade* não é, portanto, um ponto de partida; passemos então ao terceiro dos alegados problemas, a questão da *suficiência*.

A questão da suficiência

Há aqui novamente algumas preocupações relacionadas ao fato de que a análise condicional da capacidade não é suficiente. Eles são rotulados pelos incompatibilistas como as supostas deficiências do compatibilismo clássico e que supostamente explicam a sua merecida ruína, mas assim como foi o caso há pouco com a questão da necessidade, ao avaliar se a análise condicional é *suficiente*, nem todos os incompatibilistas realmente criticam que ela não seja suficiente *para a mesma coisa*.

Alguns argumentam que a análise condicional "a pessoa P faria a ação A se P quisesse" não é suficiente *para declarar que P tem a capacidade de fazer A*. Para demonstrar que esse é o caso, um contraexemplo é oferecido em que uma pessoa possui esse tipo de capacidade condicional de realizar uma ação, mas ainda se pode propriamente dizer que ela *não* tem a capacidade para realizá-la. Kane relata o doce vermelho, clássico exemplo de Lehrer:

> Suponha que alguém lhe presenteie com uma bandeja de doces vermelhos. Nada o impediria de comer um dos doces, *se* assim o desejasse. Mas você tem um medo patológico de sangue e de comer qualquer coisa da cor do sangue, então você não pode *escolher* comer os doces; e assim você não pode *comê-los*.[168]

Kevin Timpe argumenta igualmente que, se Allison cair do convés de um navio de cruzeiro, ela "poderia fazer outra coisa senão se afogar, caso ela fosse uma sereia", mas na verdade ela "não pode fazer nada além de afundar".[169]

A resposta compatibilista a tais exemplos é a mesma que foi dada às reclamações semelhantes sobre a necessidade. Assim como as análises condicionais não pretendem ser *necessárias* para resumir todas e quaisquer declarações de capacidade, elas tampouco pretendem ser *suficientes* para resumir todas e quaisquer declarações desse tipo. É perfeitamente correto dizer que, em um sentido real, a pessoa hematofóbica "não pode" comer o doce vermelho, e Allison "não pode" evitar o afogamento. Não é apenas o senso de capacidade que preocupa o PPA_{If}. O PPA_{If} não nos diz qual pode ser suficientemente o caso para declarar uma pessoa "capaz" em todos os sentidos. Apenas nos fala de um tipo específico de incapacidade que exclui a responsabilidade moral. Portanto, essa primeira objeção de suficiência é simplesmente irrelevante para a verdade do PPA_{If} e sua análise condicional de capacidade.

---

[168] Kane, *Significance*, 57.
[169] Timpe, *Sourcehood*, 75–76.

A segunda e mais séria preocupação dos incompatibilistas em relação à suficiência da análise condicional da capacidade é que ela falha em fornecer a conclusão correta em alguns casos morais importantes. Eles temem que, na ausência do PPA_{All}, o PPA_{If} seja inadequado para fazer julgamentos apropriados de responsabilidade moral, uma vez que supostamente não absolve agentes que, no entanto, obviamente não são responsáveis por sua ação. "Uma objeção padrão sustenta que o mero fato de um agente agir de acordo com sua preferência ou fazer 'o que quiser' é insuficiente para sustentar atribuições de responsabilidade moral."[170] Hugh McCann assim se opõe:

> compulsivos, viciados, pessoas que agem sob coação — praticamente todos aqueles cuja liberdade de desejar de modo diferente nós consideramos comprometida — seriam considerados livres por esse critério. Certamente, se o determinismo for verdadeiro, eles teriam desejado de forma diferente se seus motivos mais fortes fossem diferentes. No entanto, essas são as pessoas cuja responsabilidade pelas decisões questionaríamos, precisamente *porque* consideramos que seu motivo mais forte era influente demais.[171]

Estes contraexemplos apresentados por incompatibilistas também incluem casos de medo patológico,[172] e casos do que chamei de "manipulação dominante" no capítulo 3, em que um hipnotizador habilidoso ou um cientista louco poderia usar um laser para manipular impulsos no cérebro de um paciente e controlar com sucesso as suas ações. Se o cientista louco ou o hipnotizador usar seu poder para fazer

---

170 Ciocchi, "Reconciling Divine Sovereignty", 409.
171 McCann, *Works of Agency*, 177.
172 Van Inwagen, *Essay*, 115.

o paciente cometer um erro moral, o PPA$_{If}$ seria inútil para inocentar o paciente. De fato, ele "poderia ter agido de outra forma *caso seus desejos íntimos o tivessem inclinado a fazê-lo*", e é claro que para que esses desejos fossem assim, teria sido necessário que o cientista não estivesse presente, mas resta que o paciente possui a capacidade condicional e, portanto, o PPA$_{If}$ não conseguiria anular a responsabilidade moral do paciente, ao passo que todos percebemos que ele não é nem livre e nem culpado, visto estar sob o esquema de controle do cientista louco ou do hipnotizador — afirmamos positivamente no capítulo 3 que a manipulação dominante exclui a responsabilidade moral.

O problema com essa objeção, no entanto, é que ela é verdadeira, mas irrelevante. Por que devemos nos preocupar aqui com esse tipo de suficiência? Contra qual alegação ou princípio os escritores incompatibilistas estão argumentando? O PPA$_{If}$ sustenta que é *necessário* ter a capacidade condicional de agir de modo diferente, se assim o quiser, mas nunca disse que isso era *suficiente*. Daniel Speak objeta que "a verdade da condicional relevante não é realmente *suficiente* para a capacidade".[173] Mas isso nunca foi parte da alegação. O PPA$_{If}$ nos diz apenas que a responsabilidade moral implica a capacidade condicional de agir de outra forma; não nos diz, inversamente, que a capacidade condicional de agir de outra forma *por si só* implica responsabilidade moral. Ela nos diz que se uma pessoa não pudesse fazer de outra forma, mesmo que seus desejos íntimos a tivessem inclinado a fazê-lo, então falta-lhe responsabilidade moral; mas o PPA$_{If}$ nada diz sobre qualquer *outra* coisa que possa ser exigida conjuntamente para assegurar a responsabilidade moral. E aqui, o compatibilista é livre para considerar e aceitar qualquer análise refinada e convincente que desejar, e listar qualquer número de itens possivelmente necessários, que juntos constituem uma condição

---

[173] Speak, "Consequence Argument Revisited", 123.

suficiente para a responsabilidade moral.[174] Os compatibilistas são perfeitamente livres para incluir muitos desses itens nessa lista;[175] eles apenas sustentam que "uma capacidade categórica e libertária de agir de modo diferente" não é um deles.

Conclusão sobre análises condicionais: expectativas equivocadas

Esses vários mal-entendidos da real afirmação feita pelos compatibilistas com seus modestos PPA_{If} levaram os incompatibilistas a colocar expectativas irreais na chamada "análise condicional" da capacidade. Vimos acima que eles queriam que ela entregasse muitas coisas que jamais pretendeu produzir: um argumento para o compatibilismo, uma condição necessária para todas as descrições de capacidade, uma condição suficiente para todas as descrições de capacidade e uma condição suficiente para atribuições de responsabilidade moral; quando ela nada mais é que uma condição necessária para atribuições de responsabilidade moral. Portanto, é claro que essas expectativas serão frustradas, mas como mostrei que elas não fazem nada para minar o compatibilismo, essa perda não será lamentada. A análise condicional de capacidade no modesto PPA_{If} realmente não deveria ser tão controversa, uma vez que PPA_{If} não é apenas obviamente verdade, mas também é um firme compromisso dos próprios incompatibilistas, assim que eles apresentam o PPA_{All}, de qualquer maneira. O que os incompatibilistas não deveriam dizer que essa análise não é "verdadeira", mas sim que ela não

---

174 Por exemplo, no que diz respeito aos casos de manipulação, apresentei no capítulo 3 a importante condição de agir de acordo com o caráter e os desejos "dados por Deus". Ela fez com sucesso o que o PPA_{If} é acusado de não fazer agora: permitiu excluir coerentemente a responsabilidade moral em casos de manipulação (enquanto a mantinha em casos normais de livre escolha determinista). PPA_{If} não é a resposta para tais casos de manipulação, mas os compatibilistas têm mais de uma opção ao seu dispor.
175 Mais será dito sobre essa importante "lista" no capítulo 7.

é "adequada" ou "suficiente", para todos os tipos de *outras* coisas que eles gostariam que ela fizesse, mas nunca sendo parte de suas alegações.

Então, onde isso nos deixa em relação à tão proclamada morte do compatibilismo clássico? Depende de quais afirmações de verdade entendemos que os compatibilistas clássicos fizeram. Se o compatibilismo clássico pretende ou pretendeu reivindicar qualquer uma das quatro teses equivocadas que rejeitei em relação à "análise condicional", então ele merece a sepultura, de fato. Mas será que algum compatibilista alguma vez fez, sobriamente, afirmações tão radicais?

Se, no entanto, entende-se que os compatibilistas clássicos simplesmente alegam que uma capacidade condicional de agir de outra forma é necessária para a responsabilidade moral e uma capacidade categórica não o é, ou seja, a verdade de PPA_{If} e a falsidade de PPA_{All}, então devo me considerar como um deles, e oferecer a presente obra como evidência de que o compatibilismo clássico, assim entendido, está vivo e passa bem.

De qualquer maneira, qualquer que seja a visão que se tenha sobre o que "compatibilismo clássico" alguma vez significou, a essa altura o PPA_{If} e sua análise condicional estão seguros, e nossa rejeição do PPA_{All}, com seu apelo por capacidade categórica, não nos compromete com qualquer posicionamento desagradável, insustentável ou mesmo falido. Com essas considerações de capacidade no lugar, tendo devidamente neutralizado as alegações positivas do argumento da consequência e do argumento de deliberação, e tendo defendido a respeitabilidade intelectual das análises condicionais de capacidade, voltemos ao PPA — do qual vimos que o argumento da consequência depende vitalmente — para terminar o trabalho, indo além do mero ceticismo, para a sua refutação positiva.

CAPÍTULO 6

Para além do mero ceticismo

Argumentos positivos contra o princípio das possibilidades alternativas e o que sua falsidade significa para o incompatibilismo

A essa altura, o princípio das possibilidades alternativas mostrou-se insuficiente para confirmar o incompatibilismo, sob a acusação de ser um equívoco e uma petição de princípio: em sua leitura condicional de capacidade (PPA_{If}) é perfeitamente compatível com o compatibilismo, e em sua leitura incompatibilista e categórica de capacidade (PPA_{All}) é uma petição de princípio em favor do incompatibilismo. Embora isso seja suficiente para declarar o fracasso do PPA em confirmar o incompatibilismo, a defesa compatibilista ainda não deu sua palavra final. Se é bom mostrar que um argumento é inválido, é ainda melhor mostrar que sua conclusão é falsa. No presente caso, acontece que os compatibilistas estão na posição confortável de poder fazê-lo: além do mero ceticismo e acusações de petição de princípio, uma vez que oferecem considerações erosivas, os compatibilistas cristãos têm, a meu ver, terreno suficientemente bom para partirem para a ofensiva, e oferecerem derrotadores negativos, ou seja, argumentos positivos próprios, visto que o PPA não é apenas não comprovado, mas é, de fato, *falso* — e o *fortiori* não pode ajudar o caso incompatibilista.

Ao chegar a isso, no entanto, deve-se primeiro perguntar: o que exatamente os compatibilistas querem refutar? O ensaio de Frankfurt tentou refutar "o princípio das possibilidades alternativas" em sua forma geral, sem ressalvas, como ele o afirmou. Mas isso não deve ser visto como uma tentativa por parte dos compatibilistas de refutar todo e qualquer PPA — ou seja, ambos PPA_{All} e PPA_{If} indiscriminadamente. De fato, na ausência do esclarecimento acima, a formulação ambígua de Frankfurt do PPA poderia ser vista como uma conjunção de PPA_{If} e PPA_{All}:

$$PPA = PPA_{If} \land PPA_{All}$$

Em outras palavras, PPA é verdadeiro se, e somente se, for o caso de ambos PPA_{If} e PPA_{All} serem verdadeiros. Como tal, se alguém se esforçar para demonstrar a falsidade do PPA como Frankfurt fez, isso não precisa implicar na falsidade tanto do PPA_{If} quanto do PPA_{All}. Se PPA for provado falso, tudo o que se segue é que *ou* PPA_{If} é falso *ou* PPA_{All} é falso — ou *possivelmente* ambos,[176] mas não necessariamente:

$$\neg PPA = \neg (PPA_{If} \land PPA_{All}) = \neg PPA_{If} \lor \neg PPA_{All}$$

Outra maneira de colocar a relação entre os vários PPA seria ver que o PPA_{All} é mais restritivo em sua demanda por possibilidades alternativas do que o PPA_{If}, de modo que o PPA, quando não

---

[176] Especialmente já que mencionei que $PPA_{All} \Rightarrow PPA_{If}$.

qualificado, representa apenas o PPA$_{All}$ abrangente e implica o PPA$_{If}$ com seu critério mais modesto e condicional:

PPA = PPA$_{All}$, e PPA$_{All}$ ⇒ PPA$_{If}$

O que novamente destaca que se PPA$_{If}$ fosse falso, PPA$_{All}$ também seria falso, mas se — como argumentarei — PPA$_{All}$ for falso, nada se segue sobre a verdade ou falsidade de PPA$_{If}$. E como os compatibilistas estão abertos à verdade do PPA$_{If}$, eles não devem refutá-lo; na verdade, eles não podem, se, como eu acredito e afirmei acima, PPA$_{If}$ for verdade. Isso explica por que os derrotadores negativos a seguir terão como alvo lógico apenas o PPA mais estrito e incompatibilista: PPA$_{All}$.

Como ponto de partida, analisarei agora o argumento mais famoso contra o PPA chamado de "casos ao estilo de Frankfurt", que é uma família de histórias concebidas como contraexemplos ao PPA. Esses casos famosos tornaram-se a fonte de uma volumosa literatura que debate seus méritos. Sufocando todo o suspense, deixe-me esclarecer desde o início que, apesar da minha predisposição como compatibilista para aplaudir e torcer por qualquer coisa que pretenda refutar o PPA$_{All}$, acabarei por considerar os casos ao estilo de Frankfurt inconclusivos em refutar o PPA não qualificado (ou seja, o PPA$_{All}$). No entanto, apresentarei posteriormente dois argumentos independentes, os quais, acredito eu, em termos de princípios cristãos, estabelecem mais decisivamente a falsidade do PPA ($_{All}$). Deixe-me agora cumprir essas boas promessas.

Casos ao estilo de Frankfurt — dúvidas de um compatibilista

Como mencionado acima, o clássico artigo de Harry Frankfurt, "Possibilidades Alternativas e Responsabilidade Moral",[177] trouxe uma

---

[177] Frankfurt, "Alternate Possibilities", 1.

contribuição singular aos debates sobre responsabilidade moral e livre-arbítrio, ao oferecer o que Frankfurt designou como contraexemplos ao princípio das possibilidades alternativas. Enquanto o PPA afirmava que uma pessoa não pode ser moralmente responsável por uma ação a menos que a pessoa que a realizou "pudesse ter feito de outra forma", Frankfurt concebeu um certo tipo de história, os chamados "casos ao estilo de Frankfurt", em que um indivíduo é intuitivamente moralmente responsável por realizar uma determinada ação, e ao mesmo tempo se encontra em uma situação particular — ainda que artificial — de tal forma que ele não poderia, de fato, ter feito de outra forma, independentemente da natureza de seu livre-arbítrio. Deixe-me tentar uma releitura sucinta da história tradicional de Frankfurt:

Black quer que Jones realize uma ação A e fará o que for preciso para suscitar a ação de Jones, mas ele não quer revelar suas intenções desnecessariamente. Para esse efeito, Black apenas observa Jones até o momento da escolha, planejando forçar Jones a executar A somente se ficar aparente que Jones não realizará A por conta própria. Mas, ao que parece, Jones realiza a ação A por conta própria, e Black não precisou intervir.[178] A conclusão tirada por Frankfurt dessas histórias é que Jones é moralmente responsável por fazer A — afinal, ele o fez por livre e espontânea vontade — e, ao mesmo tempo, Jones não poderia ter evitado fazer A, porque se tivesse ele tentado, Black teria intervido e forçado Jones a fazer A. Isso, argumentou Frankfurt, equivale a um contraexemplo do PPA, uma vez que é o caso de uma pessoa ser

---

[178] Esse exemplo torna evidente que essa é apenas uma entre muitas possíveis recontagens da história. Em seu próprio trabalho, Frankfurt fornece uma explicação útil dos principais ingredientes de tal história, para que ela funcione como um caso ao estilo de Frankfurt: "Construir contraexemplos para PPA não é difícil. É necessário apenas conceber circunstâncias que tornem inevitável que uma pessoa realize alguma ação, mas que não a suscitem a realizá-la. [...] O elemento distintamente potente nesse tipo de contraexemplo ao PPA é um certo tipo de sobredeterminação, que envolve um arranjo sequencial à prova de falhas, de modo que um fator causalmente suficiente funcione exclusivamente como apoio para outro. Assim, o fator de apoio pode não contribuir em nada para suscitar o efeito cuja ocorrência ele garante." Frankfurt, "Somos Moralmente Responsáveis", 96.

moralmente responsável por realizar uma ação, sem a capacidade de agir de outro modo.

Embora a literatura sobre o tema seja abundante, as principais objeções aos casos ao estilo de Frankfurt foram de dois tipos. Primeiro, alguns argumentaram que o mecanismo à prova de falhas não pode detectar adequadamente se ele precisa ser ativado sem pressupor o determinismo;[179] e em segundo lugar, foi argumentado que a "coisa" pela qual Jones é responsável não é necessariamente a mesma "coisa" da qual ele não pode agir de outro modo, de modo que os defensores do PPA poderiam sustentar coerentemente que Jones ou não é de fato moralmente responsável por realizar *aquela* "coisa" ou, de fato, possui a capacidade de fazer algo diferente dessa "coisa".[180]

Como crítico dos casos ao estilo de Frankfurt — um crítico compatibilista amigável, mas um crítico mesmo assim — acredito que ambas as objeções tenham sua importância, mas deixe-me focar na segunda, a qual me parece ser a mais séria. Essa dificuldade com os casos do estilo de Frankfurt reside no fato de que, independentemente da presença de Black (o interventor contrafactual), enquanto o livre-arbítrio de Jones não for pressuposto como determinista, sempre permanecerá *algum tipo* de possibilidade alternativa categoricamente disponível para ele. O interventor contrafactual pode impedir que Jones "se abstenha de realizar a ação A", mas Jones ainda pode usar seu livre-arbítrio libertário para discriminar entre dois cenários diferentes: ou "realizar A livremente por conta própria" ou "começar livremente a optar por *não* realizar A, e, portanto, acionando o interventor, realizando A forçosamente como resultado." Isso fornece estritamente uma réplica sólida ao contra-argumento ao estilo de Frankfurt: não há uma "coisa" pela qual Jones seja tanto moralmente responsável quanto

---

[179] Ver McCann, *Works of Agency*, 175-76 e Kane, *Significance*, 142-43.
[180] Essa linha de defesa é oferecida em van Inwagen, *Essay*, 166-80. Ver também Ginet, "Defense of the Principle", 75-90.

da qual ele não possa agir diferentemente. A "coisa" em questão deve ser devidamente especificada; essa é uma contribuição válida de Peter van Inwagen, que diferencia entre os chamados "universais de eventos" subespecificados e "particularidades de eventos" totalmente especificados.[181] Se considerarmos a operação subespecificada "realizando a ação A" — livremente ou não — então os defensores do PPA podem prontamente admitir que Jones não pode evitá-la, e podem, ainda assim, sustentar que ele *não* é de fato responsável exatamente por isso, "realizar a ação A." Em vez disso, eles diriam que Jones é responsável por "executar livremente a ação A de sua própria inclinação". Ele de fato tem a capacidade categórica de se abster, desde que tenha livre-arbítrio libertário. Assim, o PPA seria mantido de forma coerente diante dos casos ao estilo de Frankfurt.

A retaliação dos defensores de Frankfurt que enfrentam essa objeção tem sido a de encontrar falhas no conteúdo do cenário alternativo: o que aconteceria se Jones de fato começasse a exercer seu livre-arbítrio libertário para se abster de realizar A. Nesse cenário alternativo, as perspectivas de Jones não são nada boas: em razão da intervenção de Black, Jones não se abstém livremente de executar A; em vez disso, ele é forçado a realizar A de qualquer forma. Isso, argumentam os defensores dos casos ao estilo de Frankfurt, é menos do que satisfatório. Jones pode até ter uma possibilidade alternativa, mas ela é muito deficiente. John Martin Fischer apelidou o acesso a alternativas tão pobres de "lampejos de liberdade" e argumentou que tais lampejos não são "robustos" o suficiente para sustentar atribuições de responsabilidade moral.[182]

Por um lado, pode-se perguntar por que os críticos compatibilistas do PPA agora exigiriam possibilidades alternativas de responsabilidade

---

[181] Ver uma discussão posterior desses dois conceitos no capítulo 6 da presente obra, e em van Inwagen, *Essay*, 171.

[182] "Mesmo que haja algum tipo de oscilação de liberdade aqui, não parecer ser capaz de cumprir o papel requerido de fundamentar as atribuições de responsabilidade moral — não parecer ser suficientemente robusta." Fischer, "Responsibility and Alternative Possibilities", 47.

moral "robustas", quando sua própria visão é a de que a responsabilidade moral não exige *nenhuma* possibilidade alternativa, quanto menos possibilidades alternativas robustas. Mas penso que a alegação compatibilista é lida melhor da seguinte forma: "se um agente pode ser moralmente responsável mesmo quando a única possibilidade alternativa que ele enfrenta é um mero e deficiente lampejo de liberdade, então mais vale que ele não tenha qualquer possibilidade alternativa". Ou, em outras palavras, "se Jones não é moralmente responsável quando não tem outra possibilidade, por que pensar que adicionar um mero lampejo de liberdade, de repente, resgata a responsabilidade moral?"[183]

Infelizmente, acho que os defensores incompatibilistas do PPA podem responder a essa pergunta desafiadora de maneira muito satisfatória e bastante irônica: por que adicionar um mero lampejo de liberdade resgata a responsabilidade moral? Porque o PPA é verdadeiro! Embora eu acredite que o PPA seja falso, isso me parece ser uma boa resposta. Ao contrário das aparências, não é uma petição de princípio. Neste ponto do debate, o jogo virou e os defensores do PPA já não estão em posição de *argumentarem* a favor do PPA; eles agora estão apenas defendendo-o contra as alegações dos casos ao estilo de Frankfurt, visando refutá-lo. Portanto, não é exigido deles que forneçam um *argumento* sobre por que os lampejos de liberdade são melhores do que nenhuma possibilidade alternativa, e eles podem simplesmente sustentar essa questão na mera verdade do PPA, desde que acreditem que o PPA é verdadeiro e óbvio para eles. Do jeito que eles entendem, o PPA é verdadeiro e, portanto, uma pessoa moralmente responsável deve ter a capacidade de agir diferentemente, mesmo que essa possibilidade alternativa seja um mero lampejo de liberdade. Como disse Hugh McCann, em casos ao estilo de Frankfurt, a responsabilidade

---

[183] Fischer pergunta: "Como pode que adicionar caminhos alternativos, no quais o fato dos conteúdos serem diferentes daqueles do caminho real seja inteiramente acidental e casual, torna o agente moralmente responsável no caminho real?" Fischer, "Responsibility and Agent-Causation", 149-50.

moral pode muito bem depender de um lampejo de liberdade, mas se o PPA for verdadeiro, "um lampejo brilha como um farol".[184] Se os defensores do PPA estão assim preparados para manter a necessidade de qualquer possibilidade alternativa, ainda que sendo um lampejo de liberdade, não há muito mais que os defensores dos casos ao estilo de Frankfurt possam trazer que tenha implicação para essa questão.[185] Portanto, o caso contra o PPA deve, penso eu, continuar sem êxito caso se restrinja a considerações de intervenientes contrafactuais ao estilo de Frankfurt.[186]

Suponho que muito mais poderia ser — e foi — dito sobre o assunto, de modo que os defensores dos casos ao estilo de Frankfurt possam sentir que minha atual breve refutação não faz justiça totalmente à volumosa literatura, mas para meus propósitos imediatos, não vejo razão para buscar muitos outros argumentos que considero implausíveis, embora tenham uma conclusão com a qual concordo. Se eu pressentir que os casos ao estilo de Frankfurt são um aliado fraco na guerra contra o incompatibilismo, permita-me simplesmente fugir dessa batalha perdida, reagrupar rapidamente e lançar um ataque completo em uma frente que considero muito mais convincente para o pensador cristão. Assim, irei agora oferecer dois argumentos independentes e

---

[184] McCann, *Works of Agency*, 175.

[185] Até mesmo John Martin Fischer, que defende casos ao estilo de Frankfurt, admite isso em meio a seus argumentos contra os "teóricos do lampejo" ao apontar "Apesar do inegável apelo da estratégia do lampejo-de-liberdade, acredito que, em última análise, não é convincente. *Não tenho um argumento decisivo contra isso*, mas é claro que tais argumentos são escassos nesse campo." Fischer, "Responsibility and Alternative Possibilities", 45. E, posteriormente, "*Não vejo nenhuma maneira decisiva de refutar o movimento atual do teórico do lampejo*, mas, novamente, não o considero persuasivo", Ibid., 49; e, novamente, "Acredito que os argumentos desenvolvidos acima contra a estratégia do lampejo-de-liberdade são extremamente plausíveis, *embora não inescapáveis*", ibid., 50.

[186] Em última análise, acredito que o que a maioria dos compatibilistas pode concluir dos casos ao estilo de Frankfurt é a declaração muito modesta de Derk Pereboom, de que "argumentos ao estilo de Frankfurt *animam substancialmente a possibilidade* de que fatos sobre a história causal real de uma ação, em vez de possibilidades alternativas, são fundamentais para explicar a responsabilidade moral de um agente". Pereboom, "Source Incompatibilism and Alternate Possibilities", 191.

fortes, os quais acredito, com base em princípios cristãos, confirmarem de forma mais decisiva o que os casos ao estilo de Frankfurt não conseguiram provar, a saber, que o PPA é falso.

O LOUVOR DA JUSTIÇA IMPECÁVEL

O argumento

Um primeiro argumento que demonstra, na visão cristã, que o princípio das possibilidades alternativas — a alegação de que uma capacidade categórica de agir de outra forma é necessária para a responsabilidade moral — é falso, é fornecido pela existência do próprio Deus, como um agente moral e essencialmente perfeito que também merece louvor. A afirmação incompatibilista de que a responsabilidade moral — louvor ou culpa — requer a capacidade de agir de outra forma — ou nas palavras de Norman Geisler: "louvor e culpa não fazem sentido real a menos que aqueles louvados ou culpados sejam livres para agir de outro modo"[187] — é comprovadamente falsa pelo próprio Deus, pelo fato de que ele sempre, necessariamente, faz o que é moralmente justo; Deus não tem a capacidade categórica de escolher e agir injustamente, e, ainda assim, é digno de louvor por suas escolhas e ações justas, de modo que a responsabilidade moral — nesse caso, o louvor moral — não depende da capacidade de agir de outro modo. O argumento tem a seguinte forma dedutiva:

> 31. Deus sempre escolhe e age com justiça, e não possui a capacidade categórica de agir de outro modo senão com justiça.

---

[187] Geisler, *Chosen But Free*, 43.

32. Deus é moralmente digno de louvor, ou seja, ele é moralmente responsável por suas escolhas e ações justas.

Portanto

33. A responsabilidade moral não requer a capacidade de agir de outro modo.

Examinemos cada premissa por vez.

Impecabilidade divina

Primeiramente, Deus sempre escolhe e age com justiça, pois ele não pode pecar. Dado quem ele é, é impossível para Deus fazer qualquer coisa senão aquilo que é justo; é impossível para ele fazer qualquer coisa pecaminosa, qualquer coisa imoral, qualquer coisa injusta. Esse atributo de Deus é chamado de *impecabilidade*.

Biblicamente, a doutrina pode ser apoiada por uma série de textos, que ensinam que Deus é santo (Sl 99; Ap 4.8), reto (Sl 97; Rm 3.26), justo (Sl 97.2; Gn 18.25), bom (Sl 34.8; Mc 10.18) e todos os tipos de superlativos morais. Pode-se dizer que estes, por sua vez, ensinam que Deus *não* peca, não que ele não *possa* pecar, mas embora isso seja estritamente gramaticalmente correto, duas coisas devem ser apontadas em resposta. Primeiro, seria muito estranho que esses atributos sagrados fossem apresentados de forma tão central na narrativa bíblica sobre Deus se eles fossem meramente atributos acidentais dele e não essenciais à natureza divina. Quando as Escrituras afirmam que Deus é santo, santo, santo, é plausível supor que se Deus *não* fosse santo, ele não seria Deus. Em outras palavras, santo não é apenas como Deus *aparenta ser*, é quem Deus *é*, assim como Deus não apenas *aparenta ter amor*, em certo sentido ele *é* amor, em essência (1Jo 4.8). E em segundo lugar, uma boa parte das Escrituras de fato preenche essa lacuna para nós, ao afirmar que Deus *não pode* mentir (Hb 6.18; Tt 1.2) porque ele "*não pode* negar a si mesmo" (2Tm 2.13); "Deus não pode ser tentado pelo mal" (Tg 1.13). Como Deus poderia pecar se ele não poderia nem mesmo ser tentado? Ele não peca, porque ele não pode. A impecabilidade divina parece pelo menos biblicamente assegurada.

Filosoficamente, de todo modo, a questão é resolvida de forma independente, com base na teologia do ser perfeito, e é quase universalmente aceita por ambos compatibilistas e incompatibilistas sem muita controvérsia. Isso não quer dizer que não haja absolutamente nenhuma voz discordante. Por exemplo, Wesley Morriston vê que a impecabilidade divina ameaça a compreensão incompatibilista do livre-arbítrio "significativo" e, portanto, para manter seu incompatibilismo, ele acaba negando a impecabilidade divina, afirmando que Deus *poderia* agir injustamente: "se uma pessoa é significativamente livre, deve haver mundos em que ela erre em relação a alguma ação e, nesses mundos, ela não é moralmente perfeita".[188] Em essência, para Morriston, existem mundos possíveis em que Deus realmente erra!

Sua afirmação revela uma incompreensão de uma propriedade essencial de Deus. Ele é o maior ser concebível. Nas palavras de Daniel Hill, Deus, por definição como um ser divino, exibe "grandeza máxima", um componente do qual é a propriedade de ser metafisicamente necessariamente sem pecado.[189] A impecabilidade é uma propriedade criadora de grandeza, e assim qualquer ser divino, maximamente grande, deve exemplificá-la em seu grau máximo, *ceteris paribus*. É claro que Morriston pode questionar o *ceteris paribus* e objetar que *nem* todas as coisas são iguais. Visto que, em sua opinião, a impecabilidade conflita com a liberdade moral, ele pode afirmar que, como Deus só pode exibir uma das duas, é melhor ser livre do que impecável. Esse movimento pode nos levar a um conflito de intuições e, se assim for, não tenho

---

[188] Morriston, *Is God 'Significantly' Free?* 257-64. Veja também Guleserian, *Divine Freedom*, 348–66.
[189] Ver capítulo 6 de Hill, *Maximal Greatness*, 192–227.

certeza de como refutar o ponto de vista oposto, mas parece claro para mim que é muito pior para Deus ser "ilimitado" em sua liberdade, mas imoral, do que ser "limitado" em liberdade e, pelo menos, permanecer justo. Assim, afirmo que a bondade absoluta de Deus faz parte de sua grandeza máxima e, como tal, é essencial ao conceito de Deus: negar sua impecabilidade é negar sua divindade. No mínimo, é negar qualquer compreensão ortodoxa — e bíblica — de Deus.

Apesar do ceticismo de Morriston, podemos assim prosseguir com o presente argumento sob o pressuposto de que a visão ortodoxa está certa, uma vez que a grande maioria até mesmo dos incompatibilistas — que são os destinatários alvo do presente argumento — pelas razões acima, afirma tranquilamente a impecabilidade. O teísta aberto William Hasker não tem problemas em afirmar: "se, como eu acredito, a perfeição moral de Deus é uma parte essencial de sua natureza, então uma ação que o torna infiel às suas promessas é absolutamente impossível para Deus; não é uma das coisas que ele poderia fazer."[190] E o próprio Armínio reconheceu que Deus "*não pode* querer fazer com os seus o que ele não pode fazer corretamente, pois sua vontade está circunscrita dentro dos limites da justiça".[191] Eles estão certos. Deus não pode pecar. Formulado em termos de mundos possíveis, significa que não existe mundo possível em que Deus peque; a impecabilidade divina é ampla e logicamente necessária. Ele é sem pecado em todos os mundos possíveis em que ele existe — o que, supondo sua existência necessária, significa que ele é sem pecado em todos os mundos possíveis.

Além disso, pode-se apontar que essas alegações não são afetadas por qualquer visão que se adote sobre a questão metaética do "voluntarismo". Essa questão controversa tem a ver com a fundamentação dos valores morais e sua relação com a vontade e os mandamentos de

---

190 Hasker, "Philosophical Perspective", 135–36.
191 Arminius, "Friendly Conference", citado em Sell, *The Great DebateI*, 13, citado em Olson, *Arminian Theology*, 119–20.

Deus. Ela pergunta o seguinte sobre o bem moral: é bom apenas porque Deus assim o diz, ou é essencialmente bom de tal maneira que Deus não poderia declará-lo nem alguma vez ter declarado de outra forma?[192] Uma visão sobre essa questão, chamada voluntarismo, tradicionalmente atribuída a Guilherme de Ockham,[193] considera adequado afirmar que os valores morais são puramente as determinações da vontade e dos mandamentos de Deus, de modo que se ele tivesse declarado que o ciúme, o ódio, o assassinato, o estupro e a mentira fossem moralmente bons e desejáveis, e ordenasse que nos envolvêssemos neles por amor a ele,[194] então tais coisas realmente teriam sido fins bons e desejáveis para buscarmos em virtude da vontade e mandamentos de Deus, tornando-os nosso dever em obediência a ele. Nessa visão, então, a razão pela qual ele não pode pecar é que o que quer que decida fazer, torna-se moralmente justo em pura virtude de ter sido desejado e decidido por

---

[192] Essa questão está um pouco relacionada ao chamado dilema de Eutífron, uma objeção popular às teorias éticas do comando divino. O Eutífron é uma tentativa de mostrar que os valores e deveres morais não podem ser enraizados na vontade de Deus, perguntando acerca do bem "é bom porque Deus quer, ou Deus quer porque é bom?" O suposto dilema imposto aos teóricos do comando divino é que os valores morais ou são escolhidos arbitrariamente por Deus, ou reconhecidos por Deus independentemente dele mesmo, nenhum dos quais é presumivelmente aceitável pelo teórico do comando divino. Com efeito, o Eutífron impõe um dilema entre voluntarismo e platonismo. Vejo duas maneiras de rechaçar essa objeção: ou apontar que o dilema de Eutífron é um falso dilema e oferecer uma terceira alternativa ao voluntarismo e ao platonismo, que apresenta valores morais ancorados na natureza necessariamente boa de Deus, ou simplesmente adotar o voluntarismo se não vermos nenhum problema nisso. Estou inclinado à primeira opção, seguindo William Lane Craig: "O chifre da arbitrariedade do dilema [de Eutífron] [...] é evitado pela rejeição do voluntarismo em favor da ideia de que os mandamentos de Deus são expressões necessárias de sua natureza." Craig, "Most Gruesome of Guests", 172–173. De qualquer forma, resgatar a teoria do comando divino das garras de Eutífron não é meu fardo atual, apenas observei aqui que a impecabilidade de Deus é assegurada de forma coerente seja no caso de alguém adotar o voluntarismo ou de ver os valores morais como necessários, por estarem ancorados na natureza necessariamente boa de Deus.

[193] "Ockham aparentemente ensinou que Deus poderia, em certo sentido, tornar o errado em certo, e poderia ordenar aos homens que o odiassem." Kenny, *God of the Philosophers*, 9.

[194] O que quero dizer com a qualificação "por amor a ele" é que, no voluntarismo, essas ações seriam vistas como verdadeiramente boas, e não males locais compensados pelo equilíbrio de bens, como poderíamos dizer no mundo atual, em que às vezes Deus pode nos ordenar, digamos, a mentir para um general nazista a fim de preservar vidas. Nesses casos, a mentira é ordenada em função de bens compensatórios, não como um bom fim em si. Por outro lado, quando Deus nos diz para amar uns aos outros, não é um mal justificável para suscitar algum bem compensador no fim; o amor é bom por ser "amor a ele", como eu entendo aqui.

Deus. Nessa visão, não há ações ou proclamações morais que Deus simplesmente não pudesse fazer por causa de quem ele é, mas se Deus as escolhesse e as realizasse, elas se tornariam justas.

Por outro lado, na visão não-ockhamista e não voluntarista, é de fato metafisicamente impossível para Deus fazer tais pronunciamentos, porque o bem não é definido por uma decisão divina contingente e arbitrária, mas sim pelos bons mandamentos de Deus, que fluem necessariamente de sua natureza, uma natureza divina que é necessariamente boa — no sentido de bondade que sabemos ser verdadeira neste mundo, isto é, aquela que é amorosa, justa, atenciosa, altruísta, verdadeira, etc. — e que não poderia ser diferente do que é. E aqui, nova e obviamente, é impossível que Deus peque, porque sua vontade é necessariamente estabelecida sobre o bem que flui de sua natureza.

Portanto, qualquer que seja a visão que se adote sobre a questão do voluntarismo, a impecabilidade divina está igualmente segura: em um caso — a visão ockhamista — é garantida pelo fato de que as decisões de Deus redefiniriam quaisquer ações que sejam más neste mundo como boas ações em mundos alternativos nos quais ele as escolhe e, no outro caso, é garantida pela total incapacidade de Deus de escolher quaisquer cursos de ação maus porque sua natureza perfeita o impede. Em ambos os casos, ele não pode agir injustamente em nenhum mundo possível; Deus é impecável.

Louvabilidade Divina

Quando nos voltamos à premissa (32), dificilmente se contesta que Deus é moralmente responsável por essa sua bondade. Ele é completa e absolutamente louvável. Biblicamente, o salmista nos diz para louvarmos ao Senhor, pois ele é bom e seu amor dura para sempre (Sl 106.1; 107.1; 135.3). "Grande é o Senhor e mui digno de louvor" (Sl 48.1; 145.3); "Louvai-o pelos seus poderosos feitos; louvai-o consoante a sua muita grandeza!" (Sl 150.2). Aqui, novamente, é difícil imaginar que cristãos incompatibilistas discordem dessa afirmação perfeitamente bíblica de que Deus é digno de louvor por quem ele é e pelo que faz. Arminianos louvam a Deus! Mas então, se isso for verdade, tudo o que resta a fazer é juntar as duas premissas e ver a conclusão absurda a que os defensores incompatibilistas do PPA são levados. Vamos dar a Jonathan Edwards a honra de fazê-lo, com mais eloquência do que eu conseguiria. Ele observou que: 1) Os arminianos afirmam que sem uma capacidade categórica de agir de outro modo, "não há virtude ou vício, recompensa ou punição, nada a ser elogiado ou culpado", e 2) Os arminianos "reconhecem que Deus é necessariamente santo, e sua vontade é necessariamente determinada ao que é bom". Edwards conclui que,

> assim, juntando essas coisas, o Deus infinitamente santo, que sempre foi considerado pelo povo de Deus não apenas virtuoso, mas um Ser no qual está toda a virtude possível, e toda virtude na mais absoluta pureza e perfeição, e em um brilho e amabilidade infinitamente maiores do que em qualquer criatura: o padrão mais perfeito de virtude, e a fonte de quem todas as virtudes dos outros não são senão como raios do sol; e que, por causa de sua virtude e santidade, é infinitamente mais digno de ser estimado, amado, honrado, admirado, aprovado, exaltado e louvado do que qualquer criatura; e aquele que é assim representado em todos os lugares nas Escrituras; eu digo que esse ser, de acordo com essa noção do Dr. Whitby e de outros arminianos, não tem nenhuma virtude: a virtude, quando lhe é atribuída, é apenas um nome vazio; e ele não merece elogios ou louvores, porque está sob necessidade,

não pode evitar ser santo e bom como é; portanto, não há por que dar graças a ele por isso.[195]

Agora, evidente e felizmente, os arminianos incompatibilistas adoram a Deus como moralmente perfeito e digno de louvor, mas, para serem consistentes, eles teriam que admitir que, assim como Deus não pode agir injustamente por uma necessidade de sua própria natureza santa, e ainda assim ele permanece moralmente louvável, os homens que no calvinismo não podem deixar de fazer o que estão decretados para fazer, permanecem moralmente responsáveis por, pelo menos, grande parte disso, tanto pelo bem quanto pelo mal.

É interessante encontrar vestígios do argumento muito antes de Edwards na obra de João Calvino, que até encaixou o diabo em sua versão da acusação:

> Portanto, se o livre-arbítrio de Deus em fazer o bem não é impedido, porque ele necessariamente deve fazer o bem; se o diabo, que não pode fazer nada além do mal, peca voluntariamente; pode-se dizer que o homem peca menos voluntariamente porque está sob a necessidade de pecar?[196]

Deve-se notar que o termo "voluntário" — traduzido do latim *voluntate* — é uma escolha de palavra um pouco infeliz aqui. Mesmo os arminianos não dizem que no calvinismo os homens agem involuntariamente, apenas que eles não são moralmente responsáveis. Involuntariedade implica falta de responsabilidade moral, mas a falta de responsabilidade moral não implica involuntariedade. No entanto, o espírito do argumento está lá, embora formulado com um termo menos do que filosoficamente rigoroso.

---

[195] Edwards, *Freedom of the Will*, 152–53.
[196] Calvino, *Institutas*, Livro II, Capítulo 3, Seção 5, 181.

Bom demais para ser calvinista

O que então os arminianos têm a dizer com respeito a essas alegações compatibilistas? Uma das coisas que eles afirmam não é sem ironia: os polemistas arminianos frequente e apaixonadamente afirmam a verdade da minha premissa (31) — que Deus *não pode* agir injustamente — argumentando que Deus não poderia fazer pelo menos uma coisa: agir como um Deus calvinista! Deus, dizem eles, é bom demais para ser calvinista — ou, em alguns casos, pelo menos o que eles erroneamente percebem ser o Deus do calvinismo. Eles escrevem da seguinte forma:

Jerry Walls e Joseph Dongell: "Se é uma questão de poder absoluto, é plausível que Deus pudesse criar um mundo no qual muitos se perderiam. Mas o Deus de santo amor *não só não iria querer como não poderia*."[197]

William MacDonald: "Deus *não pode* — e para dizer o mesmo — não irá regenerar um coração que não o admita."[198]

Norman Geisler: "Um Deus todo-amoroso, por natureza, não pode *não* amar todas as suas criaturas"[199] e, "ele é amor, e *não pode* ser amoroso apenas para algumas pessoas".[200]

Jack Cottrell: "Se o pecado ocorresse, o amor de Deus estaria *obrigado* a se expressar em graça, envolvendo um plano de redenção centrado em sua encarnação e na oferta de perdão para todos que o aceitassem. Diante do pecado, seu amor *não poderia agir de outra forma*; sua natureza *exigiria* isso."[201]

Aí está: Deus, dizem eles, não tem a capacidade de ser um Deus calvinista mau. Mas então, nesta visão, se é *impossível* para Deus

---

[197] Walls e Dongell, *Not a Calvinist*, 218.
[198] MacDonald, "Spirit of Grace", 86.
[199] Geisler, *Chosen But Free*, 91.
[200] Ibid., 150.
[201] Cottrell, "Nature of the Divine Sovereignty", 109.

ser calvinista, não será ele louvável por sua benevolência arminiana presumivelmente superior? Se Deus é louvável apesar da suposta impossibilidade, segue-se que o PPA é falso.

Reconhecendo diferentes níveis de granularidade para ações

Uma frente importante na qual os incompatibilistas podem agora tentar criticar meu argumento é a questão de saber se ele aplica o PPA corretamente ao tipo certo de escolhas e ações. Devemos aqui considerar se meu argumento apresentado aplica o PPA a ações individuais ou a classes de ações. Mais precisamente, se meu argumento pretende aplicar o PPA a ações divinas específicas, um objetor incompatibilista poderia encontrar falhas na premissa (31), quando afirma que Deus "não possui a capacidade categórica de agir de outro modo senão com justiça". Essa premissa, eles podem dizer, pressupõe uma visão determinista das escolhas de Deus e, portanto, suscita a questão do determinismo, pelo menos para a vontade divina. Deus pode não ter a capacidade de "agir injustamente", a objeção desapareceria, mas se Deus tem livre-arbítrio libertário (o que, é claro, os libertários naturalmente afirmariam que ele tem), então ele tem a capacidade de "fazer diferente" do que a única opção escolhida por ele mesmo assim, e esse pode ser o único senso de capacidade forçado pelo PPA para a responsabilidade moral. Se isso for verdade, um incompatibilista poderia sustentar que Deus é impecável, não tem a capacidade *de agir injustamente*, mas tem, em todas as coisas que ele escolhe livremente, a capacidade de *agir de outro modo do que ele faz*, satisfazendo, assim, a exigência do PPA para permitir o seu louvor. Será que essa resposta consegue responder ao presente argumento? A resposta é não.

A premissa (31) não pressupõe, de fato, que as escolhas de Deus sejam deterministas, porque não se aplica a nenhuma ação específica dele, mas sim a uma classe de ações. Não exige que Deus não tenha a capacidade de fazer *qualquer* outra coisa além do que ele realmente faz, mas apenas exige que Deus não tenha a capacidade de fazer outra coisa *senão agir com retidão*. Como esse último qualificador pode afastar os defensores incompatibilistas céticos do PPA, vamos revelar seu significado exato e ver que é uma aplicação coerente e legítima do PPA. O que essa qualificação exige é um esclarecimento de por quais tipos de coisas alguém poderia dizer ser moralmente responsável e quais tipos de coisas essa pessoa poderia "evitar" ou "fazer de outra forma". Em sua forma padrão defendida pelos incompatibilistas, o PPA aplicou sua afirmação a qualquer "coisa" que uma pessoa "faça", como afirmou: "uma pessoa é moralmente responsável pelo *que* ela *fez* apenas se pudesse ter *feito* de outra forma" — E aqui, novamente, essa abrangente descrição de "fazer" inclui a "escolha" da pessoa, que é vagamente algo que ela também "faz". Então, o que o PPA exige para uma pessoa ser moralmente responsável *por fazer uma coisa* é que essa pessoa tenha a capacidade de fazer algo diferente *do que essa mesma coisa*. Mas, na prática, como descrever uma "coisa" que fazemos? Existem vários níveis de granularidade, isto é, níveis de especificidade que se pode usar para descrever uma escolha ou ação pela qual se pode ser moralmente responsável. Tome como ilustração a história bíblica de Atos 5.1-11. Pode-se dizer verdadeiramente que "Ananias e Safira disseram falsamente ao Espírito Santo que haviam partilhado todo o produto de sua venda" — um ato pelo qual receberam punição, o que pressupõe que o realizaram livremente — e, portanto, Ananias e Safira eram moralmente responsáveis (culpáveis) por essa mesma coisa: "falsamente dizer ao Espírito Santo que eles compartilharam todo o rendimento de sua venda". Mas outra maneira de analisar seu engano é o que as Escrituras geralmente declaram que eles fizeram: eles "mentiram ao Espírito Santo" (v. 3). Este é o nível de descrição no qual as Escrituras os acusam e, portanto, naturalmente, eles eram moralmente responsáveis por "mentir ao Espírito Santo", tanto quanto eram moralmente responsáveis por "falar ao Espírito Santo que haviam compartilhado todos os rendimentos de sua venda". Ambas são verdadeiras, embora teoricamente houvesse uma infinidade de possíveis maneiras diferentes pelas quais esses dois poderiam ter "mentido ao Espírito Santo" naquele instante. Em um nível ainda mais elevado, pode-se dizer que "Ananias e Safira mentiram" e "Ananias e Safira foram moralmente responsáveis por mentir". Ou, finalmente, ainda mais elevado, "Ananias e Safira pecaram" e "Ananias e Safira foram moralmente responsáveis pelo pecado" etc.

Parece bastante incontroverso, então, que a descrição de uma ação possa ser legitimamente feita em vários níveis de granularidade e seria natural que o PPA, se verdadeiro, se aplicasse em níveis constantes de granularidade, pois vincula a responsabilidade moral por uma "coisa" à capacidade de fazer diferente do *que a mesma "coisa"*. Isso significa simplesmente que a ação pela qual alguém é moralmente responsável deve ser descrita no mesmo nível de granularidade ao afirmar que a pessoa "poderia ter feito de outra forma". Ele poderia ter feito de outra forma que não *aquela mesma ação, assim descrita, naquele nível de granularidade*. O PPA afirma que se Ananias e Safira são moralmente responsáveis por "dizer ao Espírito Santo que eles entregaram todos os rendimentos de sua venda", então Ananias e Safira tinham a capacidade de fazer outra coisa além de "dizer ao Espírito Santo que eles compartilharam todos os rendimentos de sua venda". Afirma ainda que, se Ananias e Safira são moralmente responsáveis por "mentir ao Espírito Santo", Ananias e Safira tinham a capacidade de agir de outro modo que não "mentir ao Espírito Santo". E, novamente, afirma ainda que, se Ananias e Safira são moralmente responsáveis por "mentir", então eles tinham a capacidade de fazer algo diferente de "mentir".

Podemos colocar essas afirmações em termos lógicos mais gerais e mais simbólicos. Vamos imaginar uma situação totalmente especificada para a pessoa P no tempo t, onde uma escolha deve e será feita por P. Pressupondo uma narrativa libertária do livre-arbítrio de

P para não adentrar em um raciocínio circular, seguir-se-ia que P tem uma coleção de escolhas possíveis de livre-arbítrio que é finita, porém que apresenta mais de uma opção. Algumas delas serão moralmente justas, e algumas serão pecaminosas; vamos nomeá-las respectivamente $R_1, R_2, [...], R_n$ e $S_1, S_2, [...], S_m$ (Nada depende da possível existência de opções moralmente neutras existentes também).

Suponhamos que P escolha e execute a opção pecaminosa S_1. Se P é moralmente responsável por fazer S_1, o PPA afirma que P foi capaz de agir de outro modo que não S_1. P poderia ter feito $\neg S_1$, o que, dada a lista de todas as opções disponíveis para ele, significa que P poderia ter feito $(S_2 \vee S_3 \vee [...] \vee S_m \vee R_1 \vee R_2 \vee [...] \vee R_n)$.

Ao definir os S's e os R's, entendeu-se que eles cobriam absolutamente todas as opções diferentes e únicas que P poderia escolher, cada uma sendo totalmente especificada de modo que qualquer diferença mínima entre dois cursos de ação possíveis — embora semelhantes — resultasse em dois símbolos diferentes (R_x e R_y sendo x≠y). Isso significa que os S's e os R's descrevem as escolhas individuais possíveis de P *no nível mais completo e mais baixo de granularidade*.

Se agora quiséssemos descrever o que P escolheu e fez em um nível mais alto de granularidade, considerando não uma ação individual, mas uma classe de ações, então simplesmente reagruparíamos os S's e os R's de acordo com características comuns que eles compartilham entre si. Por exemplo, se S_1 a S_4 consistia em todas as decisões "adúlteras" que P poderia ter feito em t, todos os possíveis cursos de ação em que a decisão de P envolve cometer adultério de uma forma ou de outra, então "P decidiu cometer adultério" poderia ser escrito como "P decidiu fazer $(S_1 \vee S_2 \vee S_3 \vee S_4)$". E, consequentemente, se afirmarmos que "P é moralmente responsável por *cometer adultério*", o PPA implicará que P foi capaz de fazer outra coisa que não cometer adultério, o que significa que P foi capaz de fazer $\neg(S_1 \vee S_2 \vee S_3 \vee S_4)$, daí ele foi capaz de fazer $(\neg S_1 \wedge \neg S_2 \wedge \neg S_3 \wedge \neg S_4)$, que aqui é a habilidade de fazer $(S_5 \vee S_6 \vee S_7 \vee [...] \vee S_m \vee R_1 \vee R_2 \vee [...] \vee R_n)$.

Tudo isso parece ser um método coerente, natural e mais plausível de aplicação do PPA aos vários níveis de granularidade de escolhas e ações livres, e é com esse entendimento de "coisa" que meu argumento aplicou o PPA a uma avaliação da impecabilidade e louvabilidade de Deus. Se as regras de uso do PPA apresentadas acima estiverem corretas, meu argumento acima foi uma aplicação válida do PPA, uma vez que contemplava a louvabilidade moral de Deus por fazer uma coisa — "agir com justiça" — *no mesmo nível de granularidade* que a outra coisa a qual ele é incapaz de não fazer: "agir com justiça". Deus não é capaz de fazer outra coisa senão "agir com justiça" (descrito apenas nesse nível de granularidade para ação), e ainda assim Deus é moralmente responsável — moralmente louvável — por "agir com justiça" (descrito apenas nesse nível de granularidade para ação).

Quando aplicamos a Deus a nomeação de opções justas como R's e opções pecaminosas como S's com que um agente se deparada em um momento t, vemos que, embora os libertários possam sustentar que Deus tem a capacidade categórica de escolher entre, digamos, R_1 e R_2 (por causa do alegado livre-arbítrio libertário de Deus), em virtude de sua impecabilidade, ele não tem a capacidade de escolher entre os S's. Portanto, Deus não tem a capacidade de fazer outra coisa senão $(R_1 \lor R_2 \lor [...] \lor R_n)$, uma conjunção que agrupa apenas e todas as opções justas, e foi assim descrito em meu argumento como "agir com justiça". Nesse nível de granularidade, então, os defensores do PPA precisariam dizer que, uma vez que Deus não é capaz de fazer outra coisa senão $(R_1 \lor R_2 \lor [...] \lor R_n)$, ele não é louvável por fazer $(R_1 \lor R_2 \lor [...] \lor R_n)$; Deus não é louvável por agir com justiça. Isso é o que o meu argumento afirma ser absurdo, e nos permite concluir que o PPA é falso.

Uma vez esclarecida a questão do alcance da aplicabilidade do PPA em relação aos níveis de granularidade, torna-se mais fácil avaliar as possíveis rotas de fuga que os defensores do PPA poderiam sugerir para evitar a conclusão do meu argumento.

Por um lado, se meu argumento aplicasse o PPA no nível mais baixo de granularidade para a ação divina, então vimos que eles poderiam objetar que a premissa (31) é uma petição de princípio ao pressupor uma visão determinista da vontade divina, na qual Deus não tem uma capacidade categórica e libertária de agir de modo diferente do que ele faz. Isso, eu já respondi, não é o caso, porque meu argumento de fato não aplicou o PPA a nenhuma ação divina específica, mas sim a uma classe de ações, em um nível mais alto de granularidade: o de todas as opções justas.

Mas já que é assim, restam agora duas últimas rotas de fuga possíveis para os defensores do PPA tomarem (e para eu bloquear); duas respostas ao meu argumento, para resgatar a louvabilidade e impecabilidade divina em face do PPA: elas podem ou: 1) impedir minha aplicação do PPA a esses níveis mais altos de granularidade, revisando a formulação do PPA para adicionar qualificações sobre a "coisa" pela qual se diz ser moralmente responsável, fazendo com que não seja mais aplicável a níveis mais altos de granularidade para ação, ou 2) aceitar que o PPA é de fato aplicável a níveis mais altos de granularidade para ação e, portanto, admitir que Deus não é louvável *por sua escolha estar entre as opções justas*, mas sustentar que Deus ainda é, de alguma forma, louvável *por sua escolha ser a escolha específica que é*. Vamos rever essas opções e mostrar que nenhuma delas é bem-sucedida.

Será que o PPA não se aplica a todos os níveis de granularidade para ação?

A primeira rota de fuga, então, é que os defensores do PPA tentem revisar o PPA para aplicar apenas no nível mais baixo de granularidade para ação, e não nos níveis mais elevados. Uma vez que é no nível mais baixo de granularidade — o das ações individuais e totalmente especificadas — que o PPA exclui o compatibilismo, e é apenas em um nível mais elevado que meu argumento atual aplica o PPA a Deus, se o PPA for aplicável no nível mais baixo de granularidade e não acima, então um incompatibilista poderia sustentar que o PPA é verdadeiro no nível mais baixo, refutar o compatibilismo e, no entanto, não fazer nada para minar a impecabilidade e louvabilidade de Deus por "agir com justiça". Essa seria uma resposta coerente. Infelizmente, duas objeções se opõem a esse movimento.

    Primeiramente, é uma qualificação ad hoc, arbitrária. Por que o PPA, se verdadeiro, seria então restrito nos níveis de granularidade em que se aplica? Por que seria verdadeiro para o nível mais baixo e falso para qualquer (todos os) outros? A alegada garantia intuitiva do PPA que é reivindicada pelos incompatibilistas parece apoiar igualmente cada nível de granularidade indiscriminadamente. Se a incapacidade de evitar "contar uma mentira específica L" em resposta a uma pergunta exclui a responsabilidade moral de "contar uma mentira específica L", por que então a incapacidade de evitar "mentir" não excluiria a responsabilidade moral por "mentir"? A justificativa para ambas as declarações parece ser a mesma. E, claro, que fique evidente que minha alegação atual é apenas condicional, uma vez que não acredito que o PPA seja verdadeiro ou garantido em *qualquer* nível; mas *se fosse* verdadeiro em um, por que não seria verdadeiro em (todos os) outros?

    Atrevo-me até a dizer que essa garantia indiferenciada — ou a falta dela — foi provavelmente a razão pela qual seus defensores consideraram o PPA formulado de modo não qualificado a princípio, em termos apropriadamente vagos de "coisas" que fazemos, visto que o nível de granularidade dessas "coisas" não importa em quão convincente eles acham que o princípio parece ser. Todavia, vendo agora que o nível mais baixo de granularidade é o único que exclui o compatibilismo, sem uma explicação de por que apenas esse é considerado verdadeiro e (todos) os outros falsos, o defensor do PPA está aberto à acusação de falácia da exceção contra o compatibilismo.

E em segundo lugar, posso simplesmente apontar que os próprios defensores do PPA, em seus próprios escritos, admitem sua aplicabilidade a vários níveis de granularidade para ação, incluindo aqueles acima do nível mais baixo. O principal incompatibilista, Peter van Inwagen, distingue entre o que ele chama de eventos ou estados de coisas "particulares" e eventos ou estados de coisas "universais". Os "particulares" corresponderiam ao que chamei de nível mais baixo de granularidade, enquanto os "universais" são quaisquer outros níveis acima dele. Inwagen esclarece a distinção da seguinte forma:

> Assim como existem muitas maneiras diferentes de organizar os particulares concretos que compõem nosso ambiente, maneiras que seriam suficientes para a *verdade* de uma dada proposição, também existem muitas maneiras diferentes de organizar as particularidades que seriam suficientes para a *obtenção* de um determinado estado de coisas. Considere, por exemplo, o estado de coisas que consiste no assassinato de César. Esse estado de coisas *foi obtido* porque certos conspiradores esfaquearam César em Roma em 44 a.C., mas, uma vez que se trata de um estado de coisas universal, *ele*, esse mesmo estado de coisas, poderia ter *sido obtido* porque, digamos Cleópatra o havia envenenado em Alexandria, em 48 a.C.[202]

Tendo em mente essa distinção entre particulares e universais, van Inwagen aplica explicitamente sua reformulação do PPA para se adequar a cada um deles, por sua vez: "PPP$_1$ Uma pessoa só é moralmente responsável por um certo evento particular se ela pudesse tê-lo impedido"[203] e, mais adiante, "vamos agora voltar a um princípio sobre

---

[202] Van Inwagen, *Essay*, 171.
[203] Ibid., 167.

os universais: PPP$_2$ Uma pessoa é moralmente responsável por um certo estado de coisas somente se — esse estado de coisas for obtido e — ela pudesse tê-lo impedido de ter sido obtido".[204]

Isso é tão explícito quanto poderia ser: o PPA é aplicado a particulares e universais, a níveis baixos e elevados de granularidade. Nem todos os defensores do PPA são tão explícitos, mas afirmam implicitamente a mesma coisa sempre que expressam a necessidade de uma possibilidade alternativa para uma ação, sem especificá-la cuidadosamente em todos os detalhes até o nível mais baixo de granularidade. Fazer isso seria incômodo para eles, eu admito, mas qualquer coisa menos que isso admite tacitamente que o princípio, se verdadeiro, aplica-se tanto aos universais quanto aos particulares e, portanto, permite minha *reductio* ao aplicá-lo a Deus. Colocado em termos mais formais, a questão dos níveis de granularidade pode ser expressa como o seguinte *modus tollens*:

> 34. Se o PPA é verdadeiro no nível mais baixo de granularidade, então é verdadeiro nos níveis mais elevados.
> 35. A impecabilidade e louvabilidade divinas mostraram que o PPA é falso nos níveis mais elevados.
> Portanto
> 36. O PPA é falso também no nível mais baixo de granularidade.

Demonstra-se, assim, que o PPA é falso, qualquer que seja o nível em questão e, portanto, distinguir entre um PPA verdadeiro e um falso em diferentes níveis de granularidade para ação não é uma rota bem-sucedida para escapar do presente argumento.

---
[204] Ibid., 171.

Assim, voltemo-nos para a última saída possível que restou: afirmar o PPA em todos os níveis, admitindo que Deus não é digno de louvor *por sua escolha ser justa*, mas sustentando que ele é digno de louvor *por sua escolha ser a escolha específica que é*.

Por que Deus é digno de louvor?

Essa segunda e última estratégia que os defensores do PPA poderiam teoricamente adotar para evitar meu presente argumento é admitir que o PPA se aplica aos níveis mais altos de granularidade para ações e, portanto, permitir que o PPA implique que Deus não é moralmente louvável por "agir com justiça", no sentido de que Deus não é moralmente louvável pelo fato de que sua escolha específica é encontrada entre o conjunto de opções justas e moralmente boas — já que justiça é tudo que Deus pode fazer; mas sustentar a louvabilidade de Deus visto que ele é moralmente louvável pela opção justa específica que escolhe, tendo em vista sua capacidade de agir de outro modo que não fazer *aquela escolha*. Deus não seria louvável por sua escolha de $(R_1 \vee R_2 \vee [...] \vee R_n)$, mas seria louvável por sua escolha de, digamos, R_2 em detrimento dos outros R's: R_1, R_3, [...] e R_n. Nessa visão, Deus é apenas moralmente responsável por sua escolha específica *dentre* as opções moralmente justas, mas ele não é responsável — isto é, não é louvável — pelo fato de sua escolha ser justa de início.

Essa opção também deve ser rejeitada por dois motivos. Primeiro, é intuitivo — para não dizer bíblico — que Deus é louvável por sua justiça em geral, assim como nos particulares. Deus é digno de louvor *porque* ele é bom, *em oposição a* ser mau. Lembre-se do salmista louvando ao Senhor "*porque* ele é bom". "Louvai-o *consoante* a sua muita grandeza!" (Sl 150.2). Deus é digno de louvor por fazer discriminadamente o que é justo, em vez do que é injusto. Deus reconhecida, consciente e intencionalmente escolhe fazer o que é justo, *em vez do* que é injusto, e em vista de qualquer relato cristão, essa escolha é digna de louvor. Como Daniel Hill aponta corretamente que

> [O teísta] quer dizer que todo ser divino é louvável não apenas por essas coisas [atos supererogatórios[205] semelhantes ao que descrevi, como escolher R_2 em vez de outros R's], mas também por se abster do mal, cumprir promessas, não mentir etc., embora nenhum ser divino pudesse ter escolha sobre essas questões.[206]

E em segundo lugar, se alguém rejeita a louvabilidade de Deus por sua escolha ser justa *ao invés de injusta*, então não resta outro motivo de louvabilidade a ser defendido. Que tipo de louvor resta a Deus por sua mera discriminação apenas entre as opções justas? Responder a essa pergunta inevitavelmente levanta, antes, outra pergunta ainda mais fundamental: em primeiro lugar, quais *são* exatamente essas supostas opções abertas a ele à luz de sua liberdade e perfeição divinas? E responder a essa última pergunta potencialmente nos leva às águas profundas de um debate altamente controverso e muito prolífico na literatura filosófica. Os filósofos têm muito a dizer sobre as possibilidades disponíveis para Deus em sua liberdade divina e dada sua perfeição moral. À medida que avaliam o assunto e desenvolvem seu argumento, porém, a liberdade divina é tipicamente discutida no nível de *mundos possíveis*, levantando, em vez disso, a questão de quais mundos possíveis Deus poderia atualizar na criação. A questão em mãos é bastante semelhante a essa em termos das questões filosóficas que elas levantam, porque a decisão divina de realizar um mundo possível em particular é realmente uma conjunção de um número imenso de suas decisões individuais livres. É a reunião agregada de todas as decisões de

---

[205] latim *supererogatio, -onis*, ação de dar a mais. [N. do E.].
[206] Hill, *Maximal Greatness*, 214.

Deus em relação a cada estado de coisas contingente[207], cuja obtenção depende de sua decisão e ação criativas. Portanto, os mesmos tipos de considerações de bondade, justiça, louvabilidade, possibilidades e liberdade divina são levantadas ao discutir a realização de mundos possíveis e se Deus pode escolher o mundo possível W_1 em detrimento do mundo possível W_2, como seria levantado ao discutir ações divinas individuais, e se Deus pode escolher a ação A sobre a ação B.

A presente questão poderia então nos levar a longas discussões sobre as várias maneiras pelas quais os mundos possíveis podem ser pensados e organizados: existe um único melhor mundo possível? Existem vários melhores mundos possíveis? Poderia ser que não exista um mundo melhor, mas, em vez disso, um conjunto infinito de mundos melhores continuamente crescentes? Os mundos possíveis são mesmo comensuráveis?[208]

Essas questões fascinantes, no entanto, não precisam nos deter, pois podem — e devem — ser desconsideradas para nossos propósitos atuais. Eu defendo que há, em cada um desses cenários, boas razões para se pensar que a louvabilidade de Deus não pode ser resgatada *por meramente escolher uma opção justa dentre as justas* — escolhendo R_2 em detrimento dos outros R's: R_1, R_3, [...], e R_n — mas provar tal afirmação não é necessário neste momento, porque o assunto pode ser drasticamente simplificado da seguinte forma. Podemos restringir nossa discussão ao caso de uma única ação divina, em que uma única alternativa justa está disponível para Deus, e que, ainda assim, confirmará a tese em questão. A afirmação feita pelo PPA é universalmente

---

[207] Aqui e em ocasiões subsequentes, pretendo que a palavra "contingente" se refira simplesmente a esse fato incontroverso: que os estados de coisas em questão "dependem da decisão e ação criativas de Deus". Eu, portanto, não faço pronunciamentos sobre se essas decisões e ações divinas são elas próprias determinadas por outros estados de coisas sobre a natureza de Deus, ou são categoricamente contingentes de uma maneira que poderiam ter sido de outra forma, todas as outras coisas sendo exatamente como são.

[208] Para discussões excelentes sobre esses assuntos, ver Rowe, *Can God Be Free?* e McCann, *Creation*, 155–75.

quantificada: é dito que a responsabilidade moral implica a capacidade de agir de outro modo. Tudo que eu preciso é um único contraexemplo em que Deus não pode agir de outro modo e, ainda assim, permanece louvável.

Qualquer que seja o cenário verdadeiro em relação a como os mundos possíveis são organizados, sempre posso encontrar uma situação — ou mesmo postular uma fictícia! — na qual Deus está diante de uma escolha que apresenta apenas uma opção justa, e Deus não pode deixar de escolhê-la em virtude de sua justiça impecável. Nesse caso, a rota de fuga do defensor do PPA atualmente considerada, a de sustentar a louvabilidade pela escolha de um ato justo em detrimento de outros justos, não está disponível, visto não *haver* outros atos de justiça.

A louvabilidade de Deus não pode depender de ele escolher R_2 em detrimento dos outros R's se não houver outros R's. Dessa forma, considere as promessas que Deus fez a Abraão. Uma vez que elas são feitas, Deus enfrenta apenas duas opções nesse assunto: cumprir as promessas ou quebrar as promessas.[209] Ele poderia deixar de cumprir suas promessas a Abraão? Não. Foi Deus louvável por mantê-las? Certamente.[210] Poderia Jesus, sendo Deus, ter deixado de cumprir a vontade de seu Pai obedientemente entregando sua vida como resgate por muitos? Não. Foi ele louvável por seu sacrifício? Com toda certeza. Portanto, essa rota de fuga não serve e permanece que, se as escolhas e ações de Deus não são

---

[209] Contra isso, alguém pode protestar que, mesmo nesse caso, existem várias maneiras possíveis pelas quais Deus poderia ter cumprido suas promessas a Abraão. Estou mais uma vez cético de que alguém possa resgatar a louvabilidade divina dessa maneira, mas vamos, novamente, contornar o debate respondendo que, mesmo que Deus não o fizesse, Deus *poderia* ter feito a promessa totalmente especificada de forma a excluir uma multiplicidade de outras maneiras de cumpri-la. O ponto permanece que cumpri-la seria uma coisa louvável para Deus fazer.

[210] Veja Maria e Zacarias louvando a Deus por cumprir suas promessas a Abraão, respectivamente em Lucas 1.55 e 1.73. A louvabilidade do cumprimento da promessa divina é explicitamente pressuposto nas Escrituras por Salomão também, quando ele louva a Deus por cumprir as promessas que Deus havia feito a seu pai Davi: "Bendito seja o Senhor, o Deus de Israel, que falou pessoalmente a Davi, meu pai, e pelo seu poder o cumpriu" (2Cr 6.4).

louváveis por serem justas em vez de injustas, também não são louváveis por sua mera discriminação dentre as opções justas.

Mas então, se as escolhas e ações divinas são louváveis, segue-se que a responsabilidade moral (nesse caso, a louvabilidade) não requer a capacidade de agir de outro modo. Comprova-se, assim, que o princípio das possibilidades alternativas é falso para aquele que acredita que Deus é louvável embora impecável.

Ateus inclusos

Como anunciado anteriormente, esse argumento é concebido para atrair cristãos, ou pelo menos teístas, desde que estejam comprometidos com a existência de um ser maximamente grande, impecável e louvável. Além desse público primário, no entanto, quero salientar que seu escopo pode, de fato, não ter que ser tão restrito. Esse argumento tem um potencial considerável para atrair ateus (e agnósticos) também, porque estabelece que, se o PPA for verdadeiro, um ser impecável e louvável *não pode* existir, não apenas que *não existe*. Isso significa que, se o PPA for verdadeiro, a própria ideia de uma pessoa louvável que é boa demais para pecar — ou "agir imoralmente", em linguagem moral não religiosa — é incoerente.

Essa é uma característica problemática para *qualquer* sistema moral, quer se acredite ou não que tal ser de fato exista, e quer seja esse ser moralmente perfeito também um criador onipotente do universo que ressuscitou Jesus Cristo dentre os mortos quer não. Qualquer que seja a nossa visão sobre o que fundamenta os valores morais e se Deus tem qualquer relação na sua fundamentação, definição ou revelação, precisamos sustentar que, em teoria, uma pessoa que seria tão boa a ponto de tornar incoerente que ela aja imoralmente, deveria ser louvável por essa sua bondade impecável. Mark Twain, alguém longe de ser um cristão dedicado, discerniu isso quando comentou de maneira sarcástica: "Sou moralmente superior a George Washington. Ele não podia mentir. Eu posso e não o faço".[211] Isso de que o sarcasmo de Mark Twain indiretamente zomba deve ser rejeitado até mesmo pelos ateus, a ideia de que não se deve colocar a responsabilidade moral na possibilidade de agir de outro modo, independentemente do estado de coração. E mais uma vez, *a fortiori*, o que é absurdo para Twain e Washington é absurdo para Jesus e para mim. Eu não sou melhor do que Jesus pelo fato de que enquanto nenhum de nós — até agora — cometeu assassinato, eu poderia tê-lo feito e ele não. Pelo contrário, o que fundamenta sua incapacidade de matar e minha capacidade de fazê-lo são nossos caráteres e naturezas morais: os dele, perfeitos, e os meus, depravados, sendo exatamente isso o que me torna censurável e aquilo o que o torna gloriosamente digno de louvor.

Virando o jogo — um argumento positivo para o compatibilismo a partir da falsidade do PPA

Tendo oferecido um primeiro argumento para a falsidade do princípio das possibilidades alternativas, e antes de considerarmos um argumento adicional e independente para essa tese, vamos completar essa linha de raciocínio, desenvolvendo-a por inteiro até ser um argumento positivo em favor da compatibilismo. O princípio das possibilidades alternativas foi introduzido como argumento a favor do incompatibilismo: se o PPA fosse verdadeiro, seguir-se-ia que o determinismo é incompatível com a responsabilidade moral, o que significa dizer que o PPA implica incompatibilismo. Quando o PPA foi refutado há pouco, foi, portanto, visto como uma *premissa* em um argumento a favor do

---

[211] Citado em van Inwagen, *Essay*, 63–64.

incompatibilismo. Mas provar que uma premissa em um argumento é falsa não prova que a conclusão também é falsa. Portanto, se deixada como está, a crítica e refutação acima do PPA *enfraquece* a posição do incompatibilista, mas não a *refuta*. Se o PPA é verdadeiro, segue-se o incompatibilismo, mas a falsidade do PPA ainda não implica a falsidade do incompatibilismo — ou seja, a verdade do compatibilismo.

Após um exame mais aprofundado, no entanto, *existem* considerações adicionais que fornecem o suporte necessário para um ataque frontal ao incompatibilismo com base no fato do PPA ser falso. Eu agora afirmo que uma refutação do PPA refuta o incompatibilismo — e, portanto, confirma o compatibilismo — com base no fato de que o incompatibilismo *de fato* implica a verdade do PPA, de modo que, em última análise, não temos apenas PPA ⇒ Incompatibilismo, mas também Incompatibilismo ⇒ PPA, que liga o declínio do PPA ao do incompatibilismo.

O argumento

Proponho o seguinte argumento:

> 37. O incompatibilismo é a tese de que a responsabilidade moral é incompatível com o determinismo.
>
> (por definição)
>
> Portanto
>
> 38. Se o incompatibilismo é verdadeiro, então a responsabilidade moral implica o indeterminismo.
>
> (segue-se de (37))
>
> 39. Se a responsabilidade moral implica o indeterminismo, então a responsabilidade moral implica o libertarianismo.
>
> (premissa incontroversa)

40. Se o incompatibilismo é verdadeiro, então a responsabilidade moral implica o libertarianismo.

(segue-se de (38) e (39))

41. O exercício de um livre-arbítrio libertário indica a capacidade de agir de modo diferente do que se faz.

(premissa possivelmente controversa, a ser sustentada adiante)

Portanto

42. Se a responsabilidade moral sugere o libertarianismo, então a responsabilidade moral sugere a capacidade de agir de modo diferente do que se faz.

(segue-se de (41))

Portanto

43. Se a responsabilidade moral ocasiona o libertarianismo, então o PPA é verdadeiro.

(segue-se de (42) pela definição do PPA)

Portanto

44. O incompatibilismo sugere que o PPA seja verdadeiro.

(segue-se de (40) e (43))

Porém

45. O PPA é falso.

(como argumento acima)

Portanto

46. O incompatibilismo é falso.

(segue-se de (44) e (45))

Portanto

47. O compatibilismo é verdadeiro.

Por uma questão de clareza, pode ser reformulado de forma mais compacta se definirmos os seguintes símbolos:

COMP sendo a tese do compatibilismo;

INC significando incompatibilismo;

IND para indeterminismo

RM sendo a responsabilidade moral — ou a tese de que pelo menos uma pessoa é, foi ou será moralmente responsável;

LAL sendo a tese do libertarianismo — ou a tese de que pelo menos uma pessoa tem, teve ou terá livre-arbítrio libertário;

PA sendo possibilidades alternativas — ou a tese de que pelo menos uma pessoa tem, teve ou terá a capacidade de agir de modo diferente do que faz, fez ou fará (respectivamente);

e

PPA sendo o princípio de possibilidades alternativas.

Com isso em vigor, o argumento é apresentado da seguinte forma:

37. $INC =_{df} \neg \Diamond (RM \wedge \neg IND)$ \quad (definição)

38. $INC \Rightarrow (RM \Rightarrow IND)$ \quad (segue-se de (37))

39. $(RM \Rightarrow IND) \Rightarrow (RM \Rightarrow LAL)$ \quad (premissa)

40. $INC \Rightarrow (RM \Rightarrow LAL)$ \quad (segue-se de (38), (39), *Silogismo hipotético*)

41. $LAL \Rightarrow PA$ \quad (premissa)

42. (RM ⇒ LAL) ⇒ (RM ⇒ PA)   (segue-se de (41), *Silogismo hipotético*)
43. (RM ⇒ LAL) ⇒ PPA   (segue-se de (42), definição do PPA)
44. INC ⇒ PPA   (segue-se de (40), (43), *Silogismo hipotético*)
45. ¬ PPA   (segue-se de argumentos independentes)
46. ¬ INC   (segue-se de (44), (45), *Modus Tollens*)
47. COMP   (segue-se de (46))

Revisemos cada premissa por vez:

(37) é meramente a definição de incompatibilismo: é a tese de que a responsabilidade moral é incompatível com o determinismo.

(38) decorre diretamente disso, visto que se a responsabilidade moral é incompatível com o determinismo, e a responsabilidade moral é verdadeira, então o determinismo é falso, o que significa que o indeterminismo é verdadeiro.

(39) é a afirmação incontroversa, sustentada pelos próprios incompatibilistas, de que se a responsabilidade moral requer indeterminismo, não será qualquer tipo de indeterminismo.[212] Se um mundo

---

212 "[Para] o libertário, uma condição necessária do livre-arbítrio é uma visão da pessoa como uma substância que atua como agente, ou seja, como causa primeira ou motor imóvel. Assim, o determinismo é suficiente para uma negação do livre-arbítrio libertário, pois diz que todos os eventos são causados por eventos anteriores e não há agentes substanciais que atuem como motores imóveis. Mas mesmo que o determinismo seja falso, isso por si só não confirma o livre-arbítrio libertário, visto que eventos completamente sem causa que ocorrem aleatoriamente sem razão, como no mundo quântico, não dão o tipo de agência necessária para o livre-arbítrio libertário, ou seja, a liberdade pela qual o agente, como substância, está no controle de suas ações. O principal debate entre compatibilistas e libertários é sobre a natureza da agência e não o determinismo *per se*, embora a verdade do determinismo seja suficiente para a negação do libertarianismo, como já foi mencionado." Moreland e Craig, *Philosophical Foundations*, 279.

totalmente determinista exclui a responsabilidade moral, então dizer que a mera tese de que o decaimento radioativo de certas partículas não é determinado não fará nada para resgatar a responsabilidade moral. Em vez disso, o tipo de indeterminismo que os indeterministas incompatibilistas afirmam que deve ser verdadeiro é aquele que está localizado na atividade da vontade dos agentes morais, ou seja, no exercício de seu livre-arbítrio libertário.[213] Nossa premissa (39), portanto, se segue diretamente: se responsabilidade moral implica indeterminismo, então responsabilidade moral implica libertarianismo.

(40) segue de (38) e (39) por *silogismo hipotético*, a transitividade da relação de implicação lógica:

$A \Rightarrow B$
$B \Rightarrow C$
―――――
$A \Rightarrow C$

Se A ocasiona B e B ocasiona C, então A ocasiona C. Que essa premissa (40) se segue de (38) e (39) é uma exemplificação desta regra com A = "O incompatibilismo é verdadeiro", B = "A responsabilidade moral implica o indeterminismo" e C = "A responsabilidade moral implica o libertarianismo". Isso leva corretamente à conclusão de que se o incompatibilismo é verdadeiro, então a responsabilidade moral implica o libertarianismo.

Chegamos agora à premissa (41), que pode ser avaliada de forma diferente por diferentes incompatibilistas. Alguns a verão como claramente verdadeira, e alguns a verão como a premissa mais controversa

―――――

[213] Alfred Mele coloca desta forma: "com certeza, a mecânica quântica, de acordo com as principais interpretações, é indeterminista. Mas o indeterminismo nesse nível não garante que os próprios cérebros humanos às vezes operem de forma indeterminista, muito menos que às vezes operem de forma indeterminista de maneira apropriada para ação livre e responsabilidade moral." Mele, *Free Will and Luck*, 10.

desse argumento — à parte da rejeição do PPA em (45), é claro, mas sua defesa foi o propósito das seções anteriores deste capítulo. Então, o que pode ser dito em favor da premissa (41), a afirmação de que o exercício de um livre-arbítrio libertário ocasiona a capacidade de agir de modo diferente do que se faz?

Primeiramente, alguns — talvez a maioria — dos incompatibilistas não encontrarão nenhum problema nisso. Paul Franks, de fato, relata que "a maioria dos filósofos identifica a liberdade libertária em relação a algum ato como a capacidade de se abster de realizar esse ato".[214] Resgatar a capacidade de fazer diferente do que se faz era exatamente o propósito do livre-arbítrio libertário. No libertarianismo, um agente pode escolher livremente A ou B, todas as coisas sendo exatamente como são até o momento da livre escolha. Essa é a capacidade categórica que discutimos nesta obra e, como van Inwagen a vê, é exatamente o significado do livre-arbítrio.[215]

Mas outros incompatibilistas ficaram convencidos por alguns dos argumentos que se opõem ao PPA e, assim sendo, estão inclinados a rejeitá-lo, sustentando ainda que o determinismo exclui a responsabilidade moral, apenas não *em virtude* de excluir possibilidades alternativas. William Hasker menciona Linda Zagzebski e David Hunt como tendo essa visão, e os chama de "libertários de Frankfurt",[216] já que os casos ao estilo de Frankfurt são uma das razões pelas quais eles rejeitam o PPA enquanto permanecem sendo incompatibilistas libertários. William Lane Craig também rejeita o PPA com base nos casos ao estilo de Frankfurt[217] e com base no argumento acima de que Deus é tanto

---

214 Franks, "Original Sin", 361.
215 "Ser capaz de ter agido de modo diferente é ter livre-arbítrio." Van Inwagen, *Essay*, 162.
216 Hasker, "Divine Knowledge", 48–49.
217 William Lane Craig apresenta um caso ao estilo de Frankfurt com um cientista simpatizante de Barack Obama tendo implantado um chip no cérebro de um eleitor, com a intenção de garantir que ele votasse no Obama, e, ainda assim, que não precisou apertar o botão para ativar o dispositivo porque o eleitor escolheu Obama por conta própria. Craig, "Response to Gregory A. Boyd", 225.

louvável quanto impecável.²¹⁸ No entanto, como um incompatibilista, Craig também sustenta que, embora a responsabilidade moral não exija possibilidades alternativas, ela exige livre-arbítrio indeterminista e libertário.²¹⁹ A mesma opinião é sustentada por Eleonore Stump²²⁰ e, presumivelmente, Derk Pereboom²²¹ também.²²² Mas será que essa posição é coerente? Pode-se sustentar que os agentes moralmente responsáveis, por um lado, têm um livre-arbítrio libertário e, ao mesmo tempo, carecem da capacidade categórica de agirem de outra forma ao realizarem um ato diretamente livre? Não se pode, de fato. Pelo relato de qualquer pessoa sobre o libertarianismo, eu afirmo que os dois, inevitavelmente, se sustentam ou caem juntos. Uma maneira de entender isso é voltar às definições e perguntar: o que é o livre-arbítrio libertário, se não a capacidade de escolher de outro modo livremente? Os incompatibilistas serão pressionados a fornecer uma definição de livre-arbítrio libertário que, de fato, não apresente ou implique logicamente a capacidade categórica de agir de outro modo da maneira que o PPA_{All} exigiu. Se eles não *definem* com van Inwagen o livre-arbítrio libertário como a capacidade de agir de outro modo, pelo menos eles estão comprometidos em descrevê-lo como "indeterminista". Se não

---

218 Ele escreve: "Esse entendimento de liberdade libertária possui a vantagem de nos permitir atribuir a liberdade libertária ao próprio Deus e a Cristo ao resistir à tentação." Ibid.
219 "O que é essencial para a liberdade libertária não é a possibilidade de se escolher diferentemente, mas sim a ausência de restrições causais, para fora da pessoa, que determinam como tal pessoa escolhe." Ibid.
220 "O que é necessário à liberdade libertária e à responsabilidade moral, como argumentei em outro lugar, não é que o agente pudesse ser capaz de agir de outro modo, mas que a causa última do ato do agente residisse no próprio intelecto e vontade do agente, de modo que o próprio agente é a fonte última do que ele mesmo faz." Stump, "Responsibility Without Alternative Possibilities", 152.
221 "A condição incompatibilista para o determinismo que eu defendo não faz referência a possibilidades alternativas de ação, mas afirma que para um agente ser moralmente responsável (responsabilizável), sua ação não pode resultar de um processo causal determinista que remonta a fatores além de seu controle." Pereboom, *Living*, 124.
222 A posição de Pereboom pode, no entanto, ser menos exposta à incoerência que estou denunciando aqui, uma vez que ele mesmo não tenta elaborar uma explicação libertária coerente que satisfaça as exigências de seu incompatibilismo, mas rejeita totalmente ambas as explicações compatibilistas e libertárias do livre-arbítrio para negar a responsabilidade moral.

o fizessem, então o determinismo prevaleceria e, em sua visão incompatibilista, excluiria a responsabilidade moral. Assim, o livre-arbítrio "indeterminista" é o descritor mais modesto que pode ser usado para se referir ao livre-arbítrio libertário sem mencionar possibilidades alternativas. Mas, por sua vez, devemos investigar: o que significa indeterminismo na área do livre-arbítrio e o que isso sugere? Por um lado, não é incomum ver aqui novamente os incompatibilistas até mesmo definirem o indeterminismo em termos de possibilidades alternativas. Peter van Inwagen define o determinismo como "a tese de que existe em qualquer instante exatamente um único futuro fisicamente possível".[223] Isso implica explicitamente que o indeterminismo exige *mais* de um futuro possível, isto é, ele exige futuros possíveis alternativos, trazidos pelas escolhas livres dos agentes morais. Ele demanda possibilidades alternativas de fato. Se, por outro lado, se tenta definir o próprio indeterminismo sem referência a possibilidades alternativas, então, mais uma vez, a afirmação mais modesta que pode ser feita é que, no indeterminismo, as escolhas livres dos agentes morais são *indeterminadas*. É isso o que o indeterminismo é. Então, pode esse movimento evitar possibilidades alternativas? Devemos sondar mais e perguntar: o que significa para as escolhas serem *indeterminadas* nesse sentido? Significa que elas não são *determinadas* ou *exigidas* por condições anteriores, dentro ou fora do agente; ou seja, a totalidade dos fatos anteriores sobre o mundo não é suficiente para determinar a escolha do agente. E aí devemos necessariamente ver reaparecer possibilidades alternativas: de fato, se a totalidade dos fatos anteriores sobre o mundo não determina a escolha de um agente para ser o que é, então deve significar que, dados todos esses fatos, a livre escolha poderia ter sido diferente do que é. Se a escolha não poderia ter sido diferente do que é, enquanto os outros fatos permanecem inalterados, então é o

---

[223] van Inwagen, *Essay*, 3.

caso de que esses outros fatos determinaram a única escolha possível. Isso significa que, se a escolha fosse indeterminada, isso implicaria que o agente poderia ter agido de outro modo. Não importa, então, quão modestamente se defina o libertarianismo e seu indeterminismo subjacente, eles necessariamente provocam a existência de possibilidades alternativas,[224] da qual se segue a premissa (41): a posse de um livre-arbítrio libertário implica a capacidade categórica de se fazer diferente do que se faz.

Duas objeções potenciais devem agora ser abordadas. Primeiro, em resposta a essa alegação, os chamados "libertários de Frankfurt" poderiam insistir que os casos ao estilo de Frankfurt são de fato exemplos em que os agentes podem ter livre-arbítrio libertário sem a capacidade de agir de outro modo, por causa do interventor contrafactual. Em resposta, faço referência à minha rejeição aos casos ao estilo de Frankfurt como um argumento bem-sucedido para o compatibilismo. A razão pela qual os casos ao estilo de Frankfurt não podem estabelecer a compatibilidade do livre-arbítrio libertário com a incapacidade de agir de outra forma é a mesma razão pela qual eles anteriormente falharam em estabelecer a compatibilidade da responsabilidade moral com a incapacidade de agir de outra forma: eles não apresentam, de fato, uma incapacidade categórica de agir de modo diferente, a menos que se pressuponha adicionalmente o determinismo. Se, em vez disso, supusermos que o agente *tem* livre-arbítrio libertário, então, embora ele não possa fazer outra coisa senão executar a ação — por causa do interventor contrafactual — ele tem sim a capacidade de agir de outro modo para além de "realizar a ação

---

[224] Isso é afirmado por William Hasker, citado por Kevin Timpe, ao dizer que possibilidades alternativas são "cruciais" para as posições incompatibilistas e libertárias. Ver Timpe, *Sourcehood*, 146. O próprio Timpe se junta a nós nesse ponto quando escreve que "o incompatibilista raiz deve admitir que seu compromisso com a condição de origem também traz consigo um compromisso com alguma condição de possibilidades alternativas, mesmo que seja uma condição muito fraca, a qual insiste em não deixar mais margem de manobra que a exigência da condição de origem da falsidade do determinismo causal já assegura". Ibid., 158.

livremente sem a intervenção do interventor contrafactual", e o acesso a essa possibilidade alternativa — embora prejudicada — depende do exercício de seu livre-arbítrio libertário. Ele tem a capacidade de suscitar essa possibilidade alternativa. Essa deficiência dos casos ao estilo de Frankfurt foi a razão pela qual Peter van Inwagen e eu os rejeitamos como uma prova bem-sucedida de compatibilismo, mas segue-se que eles também falham em dissociar o libertarianismo da capacidade categórica de agir de outro modo e, portanto, falham em minar o presente argumento em favor do compatibilismo.

Uma segunda objeção é oferecida por Linda Zagzebski em um artigo que pergunta se "a liberdade libertária requer possibilidades alternativas."[225] Ela responde que não, porque explica que devemos distinguir entre dois sentidos diferentes de contingência: contingência temporal e contingência causal, definidos a seguir. Uma ação livre é *temporalmente contingente* se, e somente se, uma ação alternativa pudesse ter sido realizada, enquanto absolutamente todas as coisas temporalmente anteriores à ação se mantivessem inalteradas, mas uma ação livre é *causalmente contingente*, se, e somente se, uma ação alternativa pudesse ter sido realizada enquanto todos os antecedentes *causalmente relevantes* permanecessem iguais. Claramente, nem todas as coisas no universo que precedem temporalmente uma ação são causalmente relevantes para essa ação, então a contingência temporal sugere contingência causal, mas uma ação causalmente contingente não precisa ser temporalmente contingente também. Zagzebski toma o conceito de presciência divina como exemplo, afirmando que se Deus previu ontem o resultado de uma escolha livre que será feita amanhã, então a escolha não é mais temporalmente contingente — o agente não pode fazer outra coisa senão o que Deus previu ontem — mas é causalmente contingente, visto que o agente pode agir de outra forma,

---

[225] Zagzebski, "Require Alternate Possibilities?", 231–48.

enquanto todos os antecedentes *causalmente relevantes* permanecerem os mesmos: a presciência de Deus é temporalmente anterior, mas não é causalmente relevante: não se figura entre a lista de coisas que causam ou influenciam a ação.

Com essas distinções razoáveis no lugar, Zagzebski argumenta que o incompatibilismo se baseia no seguinte princípio que ela chama de "TLR" para a "tese libertária sobre a responsabilidade", afirmando que "um agente é moralmente responsável por seu ato apenas se o ato for causalmente contingente".[226] Zagzebski o contrasta com o PPA não qualificado, o qual ela entende exigir contingência temporal quando argumenta que "um agente é moralmente responsável por seu ato apenas se pudesse ter agido de modo diferente".[227] Dessa forma, ela argumenta que a "TLR pode ser verdadeira mesmo que o PPA seja falso".[228] Isso pode parecer contestar a premissa do meu argumento (41), bloqueando a inferência para (42) e (43) e rejeitando (44), sustentando, assim, o incompatibilismo à luz da TLR, mas rejeitando PPA para evitar a conclusão compatibilista que eu afirmei — na premissa (46) — decorrer da falsidade do PPA.

Mas nada em meu argumento depende do que Zagzebski chama de contingência temporal para uma livre escolha libertária. O argumento nunca pressupôs que o libertarianismo exigia um senso de contingência tão forte em uma ação que fosse capaz de suscitar a falsidade das crenças prévias de Deus. Seu qualificador do livre-arbítrio libertário em termos de uma capacidade de fazer de modo diferente considerando todas as coisas *causalmente relevantes* sendo iguais é perfeitamente adequado para tudo o que meu argumento atual tem a dizer e, portanto, admito que o que ela chama de TLR *é* a tese libertária sobre responsabilidade; mas é o que, no meu argumento, é chamado de

---

[226] Ibid., 233.
[227] Ibid.
[228] Ibid., 234.

PPA! É com essa compreensão mais modesta da capacidade categórica de agir de outro modo que meus argumentos são apresentados contra o PPA. Assim, enquanto ela afirmar a TLR como faz — o que ela, como uma incompatibilista, deve fazê-lo —, admite-se a verdade da minha premissa (41). A questão separada de saber se o libertarianismo pressupõe a contingência temporal mais forte — e, portanto, se exclui coisas como a presciência divina infalível — é interessante, mas irrelevante para a presente obra. Apesar dessas duas objeções dos libertários de Frankfurt, então, o exercício de um livre-arbítrio libertário envolve a capacidade categórica de agir de outro modo, e essa é a premissa (41).

A premissa (42) se segue então de (41) pelo *silogismo hipotético* mais uma vez. Se a responsabilidade moral pressupõe o libertarianismo e o libertarianismo presume a capacidade de agir de outro modo, então a responsabilidade moral requer a capacidade de agir de outro modo. Portanto, se a responsabilidade moral pressupõe o libertarianismo, então a responsabilidade moral requer a capacidade de agir de outro modo.

(43) é meramente uma reafirmação de (42), cuja consequência é identificada como o PPA: se a responsabilidade moral implica o libertarianismo, então o PPA é verdadeiro.

(44) é mais uma aplicação do *silogismo hipotético* (A ⇒ B e B ⇒ C implicam A ⇒ C), às premissas (40) e (43), com A = "O incompatibilismo é verdadeiro", B = "A responsabilidade moral pressupõe o libertarianismo" e C = "O PPA é verdadeiro.". Temos que A implica B e B implica C, então A implica C, e essa é a premissa (44): "Incompatibilismo implica o PPA".

(45) é a rejeição do PPA, para o qual um primeiro argumento foi oferecido acima, e um segundo argumento virá posteriormente.

(46) se segue de (44) e (45) por *modus tollens*. Se o incompatibilismo implica o PPA, e se o PPA é falso, então o incompatibilismo é falso.

Isso confirma que o incompatibilismo é falso, e visto que o compatibilismo é sua contraparte lógica, isso significa (47): o compatibilismo é verdadeiro.

Temos um argumento sólido que confirma a verdade do compatibilismo.

Et voilà.

A resposta do incompatibilismo de origem

Para resistir a essa conclusão, há uma rota possível que tem sido usada por alguns incompatibilistas. Consiste em qualificar o princípio das possibilidades alternativas para fazer uma exigência mais modesta em termos de capacidade, que ainda exige dos *homens* que tenham a capacidade de agir de modo diferente, mas possam tolerar a incapacidade de *Deus* de agir injustamente sem excluir sua louvabilidade. Esses incompatibilistas apontaram o que consideram ser uma diferença relevante entre os homens e Deus: no determinismo, os homens são determinados por fatores *externos*, que podem ser rastreados até fontes *fora* deles mesmos, enquanto a incapacidade de Deus de agir injustamente decorre de sua própria natureza necessária e perfeita; não é determinado por algo ou alguém. Michael Bergman e J. A. Cover colocam essa condição em termos de "ânimo causal" parando com o agente: "Como pensaremos sobre isso, ser responsável por A envolve ser a extremidade frontal da cadeia causal que resulta em A: S é responsável por seu ato A, desde que a cadeia causal de A pare com S".[229] Daniel Hill traça explicitamente o mesmo tipo de distinção em sua definição de liberdade: "Minha visão é que um agente, S, realiza livremente uma ação, A, se, e somente se, S não for levado a realizar A

---

[229] Bergmann e Cover, "Responsibility Without Divine Freedom", 392.

por qualquer coisa "fora" de S."²³⁰ Agentes determinados de fato não se qualificariam como livres por causa disso, e Paul Franks explica como Deus não é considerado análogo aos homens nesse aspecto:

> No entanto, quando se pergunta por que Deus sempre age de acordo com a lei moral, toda a história pode ser contada sem depender de nada externo a ele. A perfeita conformidade intencional com a lei moral simplesmente decorre de sua perfeição. Ao contrário das criaturas finitas, as ações de um ser perfeito remontam tão somente a esse ser.²³¹

Essa distinção entre Deus e os homens certamente é verdadeira, de modo que se poderia sustentar que a responsabilidade moral não é excluída no caso de Deus, cuja impecabilidade vem de dentro, enquanto é excluída para homens determinados, visto que sua determinação viria de fora, ou seja, da atividade providencial de seu criador. Sinceramente, devo admitir que esse é um movimento defensivo bastante eficaz e uma posição coerente à primeira vista, mas deixe-me oferecer três respostas para tentar convencer até mesmo tais incompatibilistas.

Em primeiro lugar, pode-se insistir e objetar que essa distinção não é de fato o critério relevante para atribuições de responsabilidade moral nesse caso. Enquanto um Deus impecável por natureza e os homens cujas naturezas garantem o resultado de suas escolhas são diferentes em relação à origem de suas naturezas, eles permanecem idênticos em relação ao que parece ser o fato mais importante e marcante: *eles não escolheram ter as naturezas que têm*. A retidão — ou erro — de suas escolhas é garantida por suas naturezas, e não por "eles". Diante dessa afirmação, uma interessante tentativa de responder ao desafio é feita

---

230 Hill, *Maximal Greatness*, 71.
231 Franks, "Divine Freedom", 117.

por Alexander Pruss, que utiliza uma formulação da doutrina da simplicidade divina, segundo a qual Deus é idêntico à sua natureza. Se for esse o caso, então a bondade das escolhas de Deus sendo garantidas por sua natureza *significa* que elas são garantidas por ele, uma vez que sua natureza e ele *são um*.[232] Mas é duvidoso que isso funcione: primeiro, a doutrina da simplicidade divina, entendida nesses termos, é rejeitada por muitos, senão pela maioria dos incompatibilistas;[233] porém o mais importante é que, mesmo assim, pode-se reformular o fato relevante sem se apoiar no fato de Deus não ser idêntico à sua natureza. Tudo o que precisamos apontar é que a bondade das escolhas de Deus, assim como a dos homens causalmente determinados, é *determinada por estados de coisas que eles mesmos não escolheram*. Este parece ser o fato relevante, o qual é verdadeiro, seja Deus idêntico à sua natureza ou não, e não é afetado pelo fato de a natureza de alguém ser criada ou incriada, contingente ou necessária. Agora, é claro, ainda pode haver aqueles incompatibilistas que dirão discordar que esse seja o fato relevante. Eles podem insistir que a *origem* interna ou externa da natureza de alguém é o que importa, independentemente do fato de que nem Deus nem homens determinados puderam *escolher* suas naturezas. Eles podem dizer que a *fonte* é relevante, mas não a *imutabilidade*. O que pode ser dito em resposta? Sem alegar que isso é um derrotador negativo — pois isso estaria deslocando o ônus da prova, muito claramente — posso, ao menos, apontar modestamente que meu argumento eliminou qualquer motivação para se adotar essa visão, uma vez que a questão da fixidez, a saber, a questão de ser determinada por fatores alheios à nossa escolha, foi bastante central na crítica incompatibilista sobre o determinismo, ainda que não mais se reconheça que ela seja o fator relevante no meu caso. Certamente foi o fato alegadamente relevante

---

232 Pruss, "Essential Divine-Perfection Objection", 443.
233 Veja a discussão completa por Plantinga, que chama essa doutrina de "um ditado sombrio, de fato" em Plantinga, *Does God Have a Nature?*, 27.

sobre o qual o *argumento da consequência* apoiou tudo e, no entanto, agora poderíamos executar um silogismo ao estilo do argumento da consequência, que sai pela culatra contra a louvabilidade de Deus à luz do que eu — e o argumento da consequência — afirmei ser o fato relevante da imutabilidade na premissa (48) a seguir:

> 48. Deus nunca escolheu ter a natureza que ele tem.
> 49. Deus nunca escolheu o fato de que se ele tem tal natureza, então não pode agir com injustiça.
>
> Portanto
>
> 50. Deus nunca escolheu nunca agir com injustiça — e, logo, não é louvável por essa característica.

Assim, o incompatibilista que sustenta que o relevante aqui é a fonte da natureza de alguém, e não a imutabilidade, deve pelo menos desistir do argumento da consequência ou rejeitar a louvabilidade divina. No entanto, pode-se dizer mais alguma coisa para convencê-los de que a imutabilidade é mais relevante do que a fonte? Ambos, Wes Morriston[234] e Joshua Rasmussen,[235] sugerem experimentos de pensamento interessantes — envolvendo, por exemplo, seres humanos impecáveis não criados, os quais, presumivelmente, não seriam relevantemente diferentes dos criados — para tentar estimular a intuição de que a fixidez — e não a origem — é o que importa. Esse caso é bastante convincente, mas no final das contas, como o ônus da prova ainda é responsabilidade do compatibilista, não acho que seja estritamente possível bloquear completamente essa rota de fuga incompatibilista, porque em um ponto ou outro, o argumento deve passar de algo que é verdadeiro em relação a Deus, para algo que ele afirma ser verdadeiro

---

[234] Morriston, "What is So Good", 350–52.
[235] Rasmussen, "Freedom to Do Evil", 420.

em relação aos homens. Quando esse movimento é feito, suponho que os incompatibilistas sempre têm a opção de alegar que permaneceu uma diferença relevante em algo que é verdadeiro para Deus e falso para os homens. Pois bem; essa pode ser a posição defensiva final da qual não posso deslocá-los, espero ao menos ter mostrado que esse movimento, se não incoerente, é pelo menos desagradável.

Em segundo lugar, mesmo que essa resposta incompatibilista tenha se mostrado interessante para alguns, pode-se agora apontar o quanto ela ainda concede. O incompatibilista de origem que faz esse movimento em resposta ao meu argumento atual *está* de fato admitindo que o compatibilismo é verdadeiro! De fato, agora se admite que o que exclui a responsabilidade moral no caso dos homens não é que eles sejam inteiramente determinados. É o fato de eles serem determinados *pelos tipos errados de fatores*. Kevin Timpe, argumentando em favor desse "incompatibilismo de origem", coloca-o nestes termos: "considerando que sou um incompatibilista, não acho que uma escolha possa ser livre se for causalmente determinada por fatores externos ao agente, isto é, se existe uma cadeia causal externamente suficiente que suscite essa ação".[236] Exatamente: as determinações que dizem excluir a responsabilidade moral são aquelas "externas ao agente", mas dado que algumas determinações podem surgir internamente — e de fato o fazem no caso de Deus — a responsabilidade moral é compatível com o determinismo. Então agora todos concordamos com isso: ser determinado não é o problema; o que conta é *como* este alguém é determinado. O debate sobre o próprio compatibilismo foi abandonado.

Agora, é claro que devo salientar que os "incompatibilistas de origem" que avançam no sentido acima ainda encontram falhas no determinismo calvinista, visto que as escolhas humanas que são determinadas por Deus não passam nem mesmo pelo critério incompatibilista

---

[236] Timpe, *Philosophical Theology*, 109.

de origem revisado e mais modesto para responsabilidade moral: eles *são* determinados por fatores externos a eles. Mas agora está claro que o debate mudou significativamente: o compatibilismo, a tese de que o *determinismo* é compatível com a responsabilidade moral, já não está em jogo; em vez disso, voltamos a levantar a questão mais específica de saber se ser determinado *por algo ou alguém fora de si mesmo* remove a responsabilidade moral. Em muitos aspectos, é o problema de ser "manipulado" de fora, que foi tratado integralmente no capítulo 3 e ali se argumentou que não há argumento de manipulação bem-sucedido contra o compatibilismo.

Finalmente, vou simplesmente observar que o próximo argumento contra o PPA — e a favor do compatibilismo por *modus tollens* — excluirá completamente essa rota de fuga. O próximo argumento não permitirá nenhuma dessas brechas que se baseiam na questão de se a determinação é interna ou externa, uma vez que focará exclusivamente nos agentes humanos. Argumentarei que os homens decaídos que carecem da capacidade de viver uma vida sem pecado permanecem moralmente responsáveis por sua falha em fazê-lo. Dada a natureza do caso, nenhuma distinção interna/externa estará disponível para resgatar a responsabilidade moral, mesmo em face de um PPA revisado.

A esse argumento voltamo-nos agora.

A culpabilidade do pecado original — um dilema "pelagiano ou universalista" não ortodoxo

Ainda mais do que o anterior, este próximo argumento apresenta premissas destinadas a atrair os cristãos tradicionais. Ele não é muito relevante nas interações com os defensores do incompatibilismo que também rejeitam a ortodoxia cristã tradicional, mas para aqueles comprometidos com doutrinas cristãs bastante essenciais, o argumento tornará a aceitação do PPA$_{All}$ muito difícil.[237]

O argumento

> "Se a inferência da Diatribe for boa, os pelagianos claramente venceram"[238] — Martinho Lutero

O ímpeto para o presente argumento é encontrado na obra *A escravidão da vontade*, de Lutero, sua refutação viva da *Diatribe sobre o Livre-arbítrio*, de Erasmo. Nela, Lutero apregoou as seguintes afirmações *ad nauseam*: "Se houvesse suficiente bem no 'livre-arbítrio' para que ele se aplicasse ao bem, não haveria necessidade de haver graça!"[239] e "Qual é a necessidade do Espírito, ou Cristo, ou Deus, se o 'livre-arbítrio' pode superar as inclinações da mente para o mal?"[240]

De acordo com Lutero, se o PPA, como defendido por Erasmo, prova alguma coisa, ele prova "que o 'livre-arbítrio' tem não apenas um pequeno grau de esforço ou desejo, mas força total e poder completamente livre para fazer todas as coisas, sem a graça de Deus e sem o Espírito Santo".[241] Lutero parece afirmar que, se o PPA for verdadeiro, ele pode e, portanto, deve ser aplicado a toda a série de escolhas da nossa vida e levar à conclusão de que qualquer ser humano, embora caído, pode viver, ou poderia ter vivido, uma vida perfeita sem pecado — o que a crença cristã supõe ser um absurdo. Em outras palavras, se o livre-ar-

---

[237] No entanto, esse escopo reduzido de relevância pode não ser um sacrifício muito custoso, porque me parece que os filósofos ateus do livre-arbítrio tendem a ser compatibilistas e, portanto, não precisam refutar o PPA$_{All}$.
[238] Lutero, *Bondage of the Will*, 155.
[239] Ibid., 145.
[240] Ibid., 157.
[241] Ibid., 174.

bítrio pode fazer uma coisa, ele pode fazer tudo. Infelizmente, uma vez que o PPA pode ou não ser assim agregado, os filósofos modernos podem ficar inclinados a descartar a formulação rápida e grosseira de Lutero, alegando que é uma falácia da ladeira escorregadia infundada ou uma absoluta *falácia de composição*. Para evitar isso, o argumento deve ser formulado com rigor, e proponho apresentá-lo como uma *reductio*, da seguinte forma.

Suponhamos que o PPA_{All} seja verdadeiro, e consideremos uma pessoa P no mundo presente, que no curso de sua vida terrena finita, é confrontada com um número finito n de instantes em que se apresenta uma oportunidade para fazer uma escolha de livre-arbítrio entre uma ação pecaminosa e uma ação justa. Sejam esses instantes ordenados cronologicamente e denominados $t_1, t_2, [...], t_n$.

Em qualquer instante t_i, P ou cometerá livremente o pecado S_i, ou escolherá livremente a opção justa R_i,[242] de modo que podemos organizar as decisões da vida de P cronologicamente como ocorreram (ou ocorrerão) no mundo presente, digamos: $R_1, R_2, S_3, R_4, S_5, S_6, [...], S_n$.

Vamos nos concentrar no primeiro pecado da sequência, que, no caso de P, é S_3. Este foi definido como um pecado real de livre-arbítrio, que supomos preencher todas as condições individualmente necessárias e conjuntamente suficientes para que P seja moralmente responsável por fazer S_3 em t_3.

De acordo com o PPA_{All}, como P é moralmente responsável por fazer S_3, segue-se que P teve a capacidade de evitar S_3, considerando todas as coisas inalteradas até o instante t_3. Usando a semântica de mundos possíveis, significa que existe um mundo possível, digamos W^3, cuja história é idêntica a do mundo presente — vamos chamá-lo de W^0 — em todos os aspectos até t_3, e em que P se abstém de fazer

---

[242] Percebo que os libertários afirmariam que mais de duas opções estão abertas em qualquer caso, mas o raciocínio anterior não será afetado negativamente em nenhum aspecto relevante por essa reconhecida simplificação.

S_3, para presumivelmente realizar a ação justa R_3, em vez disso. Se um defensor do PPA estiver inclinado nesse ponto a objetar que a possibilidade alternativa não precisa ser justa, mas poderia ser apenas outra pecaminosa, então vou redirecioná-lo para minha discussão anterior sobre os chamados "níveis de granularidade" para o PPA: vimos nas seções anteriores deste capítulo que o PPA, se verdadeiro, deve se aplicar não apenas a ações específicas, mas, de forma mais geral, a classes de ações. Com isso em mente, estamos aqui supondo que P é moralmente responsável, não apenas por especificamente "fazer S_3 em t_3", mas mais geralmente por "pecar em t_3", o que significa que P deve ter a capacidade não apenas de evitar fazer S_3 em t_3, mas também de evitar pecar completamente em t_3. É claro que a alternativa ao S_3 não precisa ser positivamente justa, podendo apenas ser moralmente neutra, se é que tal coisa existe, mas o ponto é que não é mais pecaminosa e, portanto, essa etapa do argumento se segue, visto como S_3 foi retificado em uma ação não pecaminosa em t_3 no W^3. Assim, continuarei me referindo a essa ação alternativa e não pecaminosa como R_3.

No W^3, a composição das escolhas de vida de P pode ser R_1, R_2, $\boldsymbol{R_3}$, R_4, S_5, S_6, [...], S_n, na qual apenas R_3 tomou o lugar de S_3. Contudo, na verdade, ninguém está comprometido em pensar que depois de t_3 no W^3, o resto das escolhas de P deve ser idêntico à de W^0. De fato, isso seria extremamente improvável, porque a melhor escolha de P em t_3 no W^3 provavelmente envia um efeito cascata para o futuro de P, já que ele agora está evitando as consequências negativas que se seguiram de S_3 no W^0 e, portanto, provavelmente não apenas se sairá bem melhor em t_5, t_6 e no resto da série no W^3 do que em W^0, mas também encontrará oportunidades de escolha de livre-arbítrio totalmente diferentes por causa da diferença de cenário de vida introduzida em t_3. Isso é bom, e é levado em consideração apenas ajustando os R's e os S's após t_3 na combinação de escolhas de P no W^3. O importante é que todas as escolhas sejam idênticas *até* t_3 entre W^0 e W^3, conforme ditado pelo PPA_{All}.

Consideremos agora o conteúdo de W^3 e, nele, pulemos para a próxima instância de pecado por P, digamos S_5. O presente argumento deve agora supor que PPA_{All} também é verdadeiro no W^3. Essa suposição é justificada? É bem verdade que, pelo que sabemos, um proponente de PPA_{All} em nosso mundo W^0 não precisa acreditar que PPA_{All} é uma verdade necessária no sentido amplamente lógico, ou seja, verdadeira em todos os mundos possíveis. Mas tudo o que o presente argumento precisa supor é que PPA_{All} é verdadeiro em todos os mundos possíveis que diferem de W^0 apenas com respeito às escolhas livres que P faz. *Esses* mundos possíveis certamente incluem a verdade de PPA_{All}, pois seria absurdo pensar que P no W^0 tem em seu poder de livre escolha fazer algo tal que, se o fizesse, esse princípio metafísico de responsabilidade moral seria falso. Assim, PPA_{All} é válido no W^3 e pode ser aplicado novamente à próxima instância de pecado S_5, que P comete no W^3. A aplicação de PPA_{All} a S_5 nos diz então que, como P é responsável por S_5 no W^3, ele deve ter a capacidade de escolher outra coisa em t_5 que não S_5, estando todas as coisas inalteradas antes de t_5. Isso significa que existe um mundo possível W^5 idêntico a W^3 em todos os aspectos até t_5, em que P não comete S_5, mas escolhe R_5 em vez disso, e assim por diante.

O raciocínio aqui pode ser seguido por recorrência quantas vezes forem necessárias, saltando de mundo possível para mundo possível, "retificando" a lista de escolhas pecaminosas de P, identificando mundos possíveis próximos nos quais esses pecados são substituídos por ações justas. A extensão da lista de escolhas do livre-arbítrio certamente variará de um mundo possível para outro, mas enquanto a lista permanecer finita em qualquer dado mundo possível, nosso raciocínio por recorrência terá sucesso em alcançar a conclusão e, no final, nos dará a existência de um mundo possível, acessível por P, bastando apenas que ele exerça seu livre-arbítrio, no qual P não comete um único pecado e vive uma vida moral perfeita.[243]

Mas então a existência desse mundo possível finalmente identificado significa que, embora ele tenha falhado no W^0, estava dentro do poder de vontade atual de P, considerando todas as coisas inalteradas, viver uma vida perfeita e sem pecado, abrindo o caminho para o céu. Como os cristãos reconhecem, essa conclusão doutrinária faz parte da visão não ortodoxa da humanidade chamada pelagianismo, que envolve uma negação da doutrina do pecado original.

A fim de evitar essa conclusão inconveniente, um cristão deve identificar qual premissa no argumento apresentado ele rejeita. Suas alternativas se resumem a:

#1. Rejeitar o PPA_{All}

#2. Rejeitar a suposição de que P é moralmente responsável por seus pecados S_i, de modo que o PPA_{All} não mais se aplica a eles na recorrência relatada há pouco. Infelizmente, isso sugere que P não pode ser julgado por seu fracasso em viver uma vida sem pecado, e uma vez que nenhuma suposição especial foi feita sobre P, o raciocínio pode e deve ser aplicado a todos os homens, e isso envolve a doutrina do universalismo. Todos os pecadores chegam ao céu, porque ninguém é moralmente digno de um julgamento por deixar de viver uma vida sem pecado. Os cristãos tradicionais também reconhecem essa opção como pouco ortodoxa por negar a realidade da ira escatológica de Deus (Jo 3.36) que flui de sua justiça, e que Jesus diz que causará choro e ranger de dentes (Mt 8.12; 25.30).[244]

---

243 Suponho que alguém poderia argumentar contra a conclusão bem-sucedida de recorrência caso a lista de tais escolhas se tornasse infinita no caso de P desfrutar de uma vida terrena eterna, mas incidentalmente, uma vez que na visão cristã a morte é o salário do *pecado* (Rm 6.23), a causa de tal vida terrena eterna seria justamente aquela que o argumento visa estabelecer: a ausência de pecado na vida terrena de P em um mundo possível.

244 Devo acrescentar que meu caso atual nem mesmo pressupõe a visão de que a condenação escatológica é eterna (embora eu a considere bíblica. Cf. Mt 25.46; 2Ts 1.7-10; Hb 6.1-2; Ap 14.9-12). Meu argumento prossegue, mesmo se alguém for um aniquilacionista, porque se os homens não são moralmente responsáveis, então eles não merecem *nenhuma* condenação

Ou, por fim,

#3. Aceitar a conclusão de que está dentro do poder de vontade de um homem pecador viver uma vida absolutamente sem pecado e, portanto, abrir caminho para o céu. No mínimo, essa tese é uma parte da visão não ortodoxa do pelagianismo, e não pertence a uma antropologia cristã, na qual nós, descendentes decaídos de Adão, somos filhos da ira *por natureza*, e não por acidente (Ef 2.1-3). Devo observar que a definição precisa de "pelagianismo" não é totalmente incontroversa, visto que Pelágio provavelmente ensinou uma constelação de teses relacionadas, mas diferentes, nem todas as quais precisam ser afirmadas para que alguém se qualifique como "pelagiano". Por exemplo, Kevin Timpe se concentra, antes, na tese igualmente pelagiana de que os homens podem escolher livremente o bem sem qualquer graça da parte de Deus. Timpe considera que seu modelo se esquiva com sucesso da acusação de pelagianismo se satisfizer a "restrição antipelagiana" que ele cuidadosamente declara como "Nenhum pecador é capaz de causar ou desejar qualquer bem, incluindo a vontade de vir à fé salvadora, sem uma graça singular".[245] Concordo que essa restrição seja necessária para evitar acusações de pelagianismo — e admito que o modelo de Timpe é suficiente — mas contesto que seja suficiente para tal, pois ainda restam pecadores que, por livre-arbítrio, podem viver plenamente uma vida perfeita sem pecado e ganhar o céu por suas boas obras. Isso continua sendo pelagiano.

Finalmente, voltando ao universalismo, é importante notar também que não é qualquer tipo de universalismo que serve. O tipo

---

— eterna ou temporal — e, portanto, nada menos do que o universalismo servirá para aquele que afirma o princípio das possibilidades alternativas enquanto nega que os homens decaídos sejam capazes de viver uma vida sem pecado. E, finalmente, mesmo algumas versões do *universalismo* são insuficientes para escapar do presente argumento, porque um universalista que diz que todos os pecadores são, em última instância, perdoados e cobertos pela expiação de Cristo ainda afirma pelo menos que os pecadores eram moralmente responsáveis em primeiro lugar, antes de serem todos perdoados. O presente argumento nos leva à visão mais radical de que nenhum pecador jamais foi culpado em primeiro lugar: eles não eram moralmente responsáveis.

[245] Timpe, *Philosophical Theology*, 13.

de universalismo ensinado, por exemplo, por Thomas Talbott[246] ou Robin Parry[247] é insuficiente aqui; ainda é igualmente ortodoxo. Ele sustenta que todos os homens acabarão se *reconciliando* com Deus, apesar de seus pecados, pelos quais eles são *culpáveis*. Robin Parry sustenta que "sem a graça redentora divina, os seres humanos — e a criação como um todo — estão condenados à futilidade. Merecemos o castigo divino? Sim."[248] Mas o PPA$_{All}$ não deixa espaço nem para isso: em vez disso, exige o tipo de universalismo ensinado por Derk Pereboom,[249] em que todos os homens vão para o céu *porque nenhum deles é responsável para início de conversa*; porque deixar de viver uma vida sem pecado não é algo pelo qual eles são culpados. Mesmo aqueles que ensinam a reconciliação eventual e universal devem reconhecer que essa consequência do PPA$_{All}$ está além dos limites da ortodoxia.

Em conclusão, o verdadeiro dilema para os defensores cristãos do PPA$_{All}$ (#1) é, portanto, o universalismo (#2) ou o pelagianismo (#3). No caso de ambos os números #2 e #3 serem vistos individualmente como um preço muito alto a pagar pelos cristãos ortodoxos tradicionais, eles devem reconhecer que o PPA$_{All}$ é falso, de modo que nenhum PPA aceitável possa ser mobilizado contra o compatibilismo.

Respostas incompatibilistas e réplicas compatibilistas

O que um cristão ortodoxo incompatibilista pode fazer para salvar o PPA$_{All}$ e seu incompatibilismo consequente?

---

[246] Talbott, "Universal Reconciliation".
[247] Parry, "Universalist View".
[248] Ibid., 105–6.
[249] Pereboom, "Free Will, Evil, and Divine Providence", 320–21.

Culpar o pecado de hoje pelo pecado de ontem

Uma primeira estratégia adotada pelos incompatibilistas na literatura consiste em suavizar o PPA em uma versão mais modesta, mais plausível e menos obviamente pelagiana.

Kenneth Keathley propõe que "o sujeito que rouba uma loja de conveniência tinha a capacidade de se abster de fazê-lo ou, em um momento anterior em que sua vontade foi determinada, tinha a capacidade de se abster. Por essa razão, ele é moralmente responsável por seu crime".[250] Alfred Mele reconhece distinções semelhantes,[251] e Robert Kane inclui esse critério como parte do que ele chama de "Responsabilidade Última":

> Essa condição de Responsabilidade Última [...] não exige que pudéssemos ter feito de modo diferente [...] para *cada* ato feito por nossa própria livre vontade. Mas exige que pudéssemos ter feito de modo diferente com respeito a *alguns* atos em nossas histórias passadas de vida, pelos quais formamos nosso caráter presente.[252]

Ele adiciona,

> Muitas vezes agimos a partir de uma vontade já formada, mas é "nosso próprio livre-arbítrio", em virtude do fato de que *nós* o formamos por meio de outras escolhas ou

---

[250] Keathley, *Salvation and Sovereignty*, 88.
[251] "Por exemplo, eles [libertários] podem alegar que um agente fez *A* livremente em *t* somente se, em *t*, ele pudesse ter feito diferente de *A* naquele momento, ou alegar que um agente que não pudesse ter feito diferente de *A* em *t* pode, no entanto, livremente fazer *A* em *t*, desde que ele tenha realizado anteriormente alguma ação ou ações livres relevantes em um momento ou momentos em que ele pudesse ter feito outra coisa que não executar essas ações". Mele, *Free Will and Luck*, 6.
[252] Kane, "Libertarianism", 14.

ações no passado [...] pelas quais *poderíamos* ter feito de modo diferente.[253]

Que PPA_{Past} seja este princípio em que "uma pessoa é moralmente responsável pelo que fez apenas se pudesse ter agido de outra forma, todas as coisas sendo exatamente do jeito que eram naquela instância, ou em algum ponto relevante em seu passado".[254] Se esse novo e mais modesto PPA_{Past} for verdadeiro, segue-se que o compatibilismo é falso, tendo em vista que o determinismo não permite nenhum dos dois itens na disjunção ostentada pelo PPA_{Past}: no determinismo, o agente não poderia — categoricamente — agir de outra forma nem naquela instância, nem em qualquer outra antes dela.

O PPA_{Past}, portanto, excluiria a responsabilidade moral no determinismo, o que significa dizer que o compatibilismo é falso. Uma vez que sua conclusão tem a mesma força, então, reajustar o PPA_{All} em um PPA_{Past} é um passo na direção certa para os incompatibilistas, porque mesmo os libertários mais convencidos reconhecem que às vezes, digamos, um alcoólatra pode chegar a um ponto em seu vício em que ele, literalmente, não possui mais a capacidade de se abster de beber, ou ainda mais obviamente, que se ele está dirigindo para casa bêbado o suficiente, ele pode muito bem ter se colocado em uma situação em que literalmente não mais possui a capacidade de evitar de colidir com o veículo de outro motorista. Nesse ponto, até mesmo um proponente de uma espécie de PPA vai querer dizer que o pecador ainda é responsável, porque ele teve a escolha de se abster de beber no passado, antes que o álcool o dominasse. Enquanto o PPA_{All} é muito

---

[253] Ibid., 15.

[254] Van Inwagen reconhece essa qualificação do princípio em van Inwagen, *Essay*, 161-62, e Ishtiyaque Haji introduz o mesmo conceito distinguindo entre o que ele chama de ação "diretamente livre" e uma ação "indiretamente livre". Haji, *Incompatibilism's Allure*, 43. Laura Ekstrom também oferece um substituto para o PPA nesse sentido, em Ekstrom, *Free Will*, 211.

contundente para isso — e, portanto, é refutado por tais contraexemplos fáceis — o PPA_{Past} produz a conclusão correta.

Infelizmente, o PPA_{Past} não resolverá o problema em questão para os incompatibilistas que tentam se livrar do pelagianismo. De fato, o raciocínio acima por recorrência é tão eficaz com o PPA_{Past} quanto o foi com o PPA_{All}, porque em cada um dos mundos possíveis W^i sob consideração, um PPA foi aplicado exclusivamente ao suposto primeiro pecado de livre-arbítrio na vida de P. Nesses casos, mesmo o PPA_{Past} ou exclui a responsabilidade moral ou produz a existência do próximo mundo possível na cadeia de recorrência. Dito de outra forma, não podemos voltar no tempo indefinidamente, continuando a culpar as escolhas livres anteriores. O pecador é moralmente responsável por seu primeiro pecado de livre-arbítrio? Se ele não teve a capacidade de se abster do primeiro pecado, ele não é moralmente culpado nessa visão, e estamos de volta ao universalismo. Se, por outro lado, ele continuamente tem a capacidade de se abster de cometer o primeiro pecado, então ele pode viver uma vida sem pecado, e voltamos ao pelagianismo.[255] Assim, apesar de seu fascínio inicial, o PPA_{Past} não oferece a seus defensores uma saída para o dilema.

Vale a pena notar aqui que na literatura, o PPA_{Past} também é empregado para responder a um problema semelhante para o PPA que optei por não apresentar no presente trabalho: a liberdade dos santos glorificados no céu e os impenitentes no inferno. Compreendendo que os primeiros não têm mais a capacidade de pecar, que os últimos não têm mais a capacidade de se arrepender, e ainda que todos permanecem

---

[255] Então, qual dessas duas heresias Keathley rejeita no final? Pelagianismo. Ele escreve: "O libertarianismo brando defende que, embora a depravação torne o pecado inevitável, não torna necessário nenhum pecado em particular". *Salvation and Sovereignty*, 88. Essencialmente, ele rejeita o pelagianismo, concorda com o pecado original e diz que não podemos evitar pecar. Tudo o que podemos escolher é qual pecado cometer. Em outras palavras, você *deve* cometer um pecado, mas você tem um livre-arbítrio libertário para escolher qual você quer. Essa não é uma maneira muito libertadora de rejeitar o compatibilismo dos calvinistas, mas de qualquer forma, pelo próprio critério de Keathley, descartaria a responsabilidade moral e acarretaria o universalismo.

moralmente responsáveis, pode-se pressioná-los como sendo derrotadores negativos do PPA não qualificado: pelo menos algumas pessoas são moralmente responsáveis enquanto lhes falta a capacidade de agir de outro modo.[256] A resposta incompatibilista padrão é postular algo muito parecido com o PPA_{Past}, afirmando que os santos no céu e os pecadores no inferno permanecem responsáveis com base no fato de que, em algum momento do passado, eles tiveram a capacidade categórica de fazer escolhas diferentes que teriam evitado sua condição atual e inalterável. Assim, Kevin Timpe e Timothy Pawl argumentam:

> Em nossa opinião, enquanto um agente deve ter possibilidades alternativas abertas a ele em algum momento a fim de ser livre, o agente nem sempre precisa ter possibilidades alternativas abertas a ele. Ele pode livremente formar seu caráter de tal modo que ele *não* possa escolher *não* realizar uma determinada ação em um momento posterior e, ainda assim, realizar a última ação livremente.[257]

A distinção é oferecida em termos semelhantes por Joshua Rasmussen[258] e Paul Franks,[259] e admito aqui que é uma distinção coerente a se fazer. Ainda não é inteiramente sem dificuldades, porque pode-se perguntar o que exatamente acontece na morte, que os condenados perdem instantaneamente a capacidade categórica de se arrepender e os redimidos perdem instantaneamente sua capacidade categórica de pecar, mas isso, por sua vez, nos leva a discussões bastante controversas, que são totalmente ignoradas pelo meu argumento atual, pois ele simplesmente se concentra na vida terrena dos decaídos: eles são culpados

---

[256] Ver, por exemplo, Cowan, "Sinlessness of the Redeemed", 416–31.
[257] Pawl e Timpe, "Free Will in Heaven", 400.
[258] "Pelo menos alguns dos bens do céu dependem, para sua existência, da existência de pessoas que *tiveram* liberdade moral." Rasmussen, "Freedom to Do Evil", 422.
[259] Ver o capítulo 3, "Heaven", em Franks, "Rational Problem of Evil".

por seu fracasso em viver uma vida perfeita, enquanto carecem de uma capacidade categórica de fazê-lo, seja no presente ou no *passado*.

Possibilidades implausíveis

Alguém poderia oferecer outra crítica ao meu argumento que seria a seguinte: tudo o que o presente argumento mostra é que PPA$_{All}$ torna a perfeição sem pecado "possível", como uma questão de "mera" possibilidade lógica, pode-se dizer, mas isso pode não ser uma possibilidade muito *provável*. Pode até ser uma possibilidade extremamente *improvável*, à luz de fatores ambientais e outras considerações de influência que se possa oferecer. Assim, alguém comprometido com o PPA$_{All}$ pode permitir a mera possibilidade lógica de perfeição sem pecado, e ainda sustentar que sua probabilidade extremamente baixa a torna irrelevante; sua alta improbabilidade a torna virtualmente impossível.

O problema com essa resposta é que nada no presente argumento pressupõe ou exige que essa possibilidade seja sequer remotamente provável. O pelagianismo não exige homens prováveis e numerosos sem pecado, mas apenas sua pura possibilidade. Ela afirma que o pecado não é *necessário*, o que quer dizer que a impecabilidade é *possível*, independentemente da queda de Adão. Mesmo aquela pessoa que afirma que *de fato* não existe tal descendente de Adão sem pecado, mas ainda sustenta que poderia haver alguns que, assim, abrem caminho para o céu sem pecado, ainda é pelagiana. A negação ortodoxa do pelagianismo só é alcançada por aquele que afirma o ensino bíblico de que alcançar o céu por obras próprias é *impossível*, não somente difícil, improvável ou acidentalmente inatingível. A pecaminosidade acidental e contingente ainda está aquém do pecado original. À luz do pecado original, não há mundo possível — nem mesmo alguns poucos — em que um descendente decaído de Adão conquiste o céu com seu próprio esforço. Biblicamente, os homens decaídos são, *por natureza*, "filhos da ira" (Ef 2.3); não por acidente, por mais provável que seja tal acidente.

De qualquer forma, o problema não desaparecerá pela rejeição da "mera possibilidade" de fazer de modo diferente, já que essa possibilidade é exatamente o que o PPA tanto valoriza, e que demanda responsabilidade moral. Como uma pedra no caminho que é chutada apenas para reaparecer mais à frente, a afirmação da "mera possibilidade" inevitavelmente voltará e assombrará aquele que tenta salvar o PPA ao mesmo tempo em que evita o pelagianismo: se as considerações sobre o meio tornam a perfeição sem pecado praticamente impossível, são os agentes, então, realmente isentos de responsabilidade na prática? Essa ligação estabelecida pelo PPA entre a responsabilidade moral e a possibilidade de agir de outra forma não será rompida no meio da argumentação, para que afirme uma e rejeite a outra. A conexão problemática deve ser completamente descartada, e quem rejeita o pelagianismo deve rejeitar o PPA. A antropologia bíblica deve sustentar verdadeira — não apenas real — *incapacidade* e verdadeira — não apenas real —*responsabilidade*. Defender ambos significa rejeitar o PPA.

Pecadores que não pecam — reajustando o pecado original

Outra posição que os defensores incompatibilistas do PPA poderiam assumir é aquela que tenta manter o "pecado original", ao passo que simplesmente "reajusta" a doutrina, a fim de acomodar sua compatibilidade com o PPA. Vamos esclarecer exatamente quais são as apostas.

Tradicionalmente, o que se entende sobre a doutrina do "pecado original" é o fato de ela envolver duas alegações de verdade distintas: 1) culpa original e 2) inclinação original. A *culpa original* é a alegação de que, em virtude do pecado de Adão, todos os seus descendentes

— exceto Jesus — são moralmente culpados. De acordo com essa doutrina, independentemente de seus próprios pecados pessoais, todos os homens são legalmente condenados com base no pecado de Adão; seu pecado é "imputado" a eles; Adão trouxe culpa moral e condenação legal sobre si mesmo e sobre todos os seus descendentes — exceto Jesus. Devo observar que, pessoalmente, tenho algumas reservas sobre o nome "culpa original", pois, estritamente falando, vejo "culpa" como referindo-se à qualidade de ser moralmente responsável por uma ação que realmente cometeu e, como tal, não pode ser transferida; antes, o que eu acho que é transferido nessa visão é a *dívida* legal e a *condenação* moral, de modo que a parte afetada fica condenada *como se* fosse pessoalmente culpada. Mas deixemos de lado essas pequenas questões linguísticas, pois a grande ideia da culpa original permanece bastante clara: Adão peca e todos são legalmente condenados, como resultado.

A *inclinação original*, por outro lado, é a afirmação relacionada, embora distinta, de que em virtude do pecado de Adão, todos os seus descendentes nascem com uma *natureza* pecaminosa; uma que resulta em todos eles inevitavelmente cometerem pecados pessoais. Essa "inclinação original" é uma espécie de desvantagem que impede os descendentes decaídos de Adão de viverem uma vida perfeita e sem pecado.

Com convicções entusiasticamente reformadas, entendo que ambas as doutrinas – culpa original e inclinação original – são verdadeiras, importantes e ensinadas biblicamente, pelo menos em Romanos 5, se não em outros textos também. Juntos, eles formam minha compreensão do que uma visão sólida do pecado original exige. Dito isso, nem todos podem concordar e entender o pecado original dessa maneira. Afinal, não há uma definição filosoficamente rigorosa e consensual em qualquer dicionário de teologia inspirado do que exatamente o "pecado original" — em si uma expressão extrabíblica para um ensino bíblico — deve ou não incluir; portanto, é apropriado ver o que pode ser dito se os teólogos derem o salto e rejeitarem qualquer uma das doutrinas apontadas, quer estejam preparados ou não para rejeitar todo o uso da frase "pecado original".

Rejeitando a culpa original

A primeira delas a ser rejeitada é geralmente a culpa original. Por tradição, os arminianos, particularmente, acham difícil aceitar que os seres humanos possam ser moralmente condenados — no sentido de contrair culpa legal — por um pecado que não cometeram pessoalmente. Wayne Grudem relata que "nem todos os teólogos evangélicos, no entanto, concordam que somos considerados culpados por causa do pecado de Adão. Alguns, especialmente os teólogos arminianos, pensam que isso é injusto da parte de Deus e não acreditam que é isso o que é ensinado em Romanos 5".[260] O pensamento é confirmado pelo libertário Paul Franks, que acha "improvável que uma ampla defesa do livre-arbítrio tenha sucesso se a alguém é atribuída a culpa original",[261] o que é outra maneira de dizer que a culpa original é incongruente com o livre-arbítrio libertário.

Devo observar que eu mesmo não acredito que os dois sejam contraditórios, nem que indiquem conjuntamente qualquer contradição. Parece-me perfeitamente coerente afirmar a imputação da culpa de Adão a todos os seus descendentes e sustentar, ao mesmo tempo, que seu livre-arbítrio é libertário. Como um calvinista compatibilista, eu rejeito o libertarianismo por várias razões, mas minha aceitação da culpa original não é uma delas. Então, por que os libertários tendem a rejeitar a culpa original? Não tenho certeza. Talvez eles sintam que imputar culpa a pessoas não nascidas chegue muito perto de uma doutrina calvinista de predestinação ou eleição incondicional?

---

[260] Grudem, *Teologia Sistemática*, 495.
[261] Franks, "Original Sin", 355.

Talvez o libertarianismo deles tenha como premissa uma espécie de igualitarismo, segundo o qual, para possuir o livre-arbítrio, devemos não apenas começar nossas vidas com igualdade de condições, mas também começá-las como se fossem uma folha em branco? Só me resta tentar adivinhar.[262] Em todo caso, permanece que, seja por qual motivo for, o arminianismo é considerado hostil em relação à culpa original. Assim, foi considerado interessante pelos libertários rejeitar a culpa original, negar que o pecado e a culpa de Adão são imputados a seus descendentes e, em vez disso, trocar a doutrina do pecado original pela doutrina da inclinação original. Com efeito, esse é o caminho seguido por Paul Copan,[263] Alvin Plantinga[264] ou Keith Wyma,[265] que parecem afirmar o pecado original entendido como inclinação original, mas rejeitam a culpa original.[266]

Em resposta a essa visão, certamente seria esclarecedor oferecer uma defesa exaustiva da culpa original, mas esta obra não é o lugar para isso, por duas razões. Primeiramente, não sei se sou capaz de fazer tal coisa sozinho[267] e, em segundo, por enquanto, basta ver que

---

262 Na verdade, uma suposição plausível é a de que a culpa original é percebida como contraponto ao princípio incompatibilista de possibilidades alternativas. O pecado de Adão não é algo que poderíamos ter evitado, então acredita-se que não podemos ser culpados por ele, no sentido exigido pela responsabilidade moral. Mas, na verdade, é um sentimento diferente de culpa que está em vista aqui. Como apontei, a doutrina admitidamente mal nomeada da culpa original não afirma que *somos* realmente moralmente responsáveis pelo pecado de Adão, apenas que a culpa legal por ele *é imputada* ou *transferida* para nós, no mesmo sentido em que Jesus não é realmente *culpado* dos pecados dos eleitos, mas que a culpa deles é imputada a ele. Assim, sustento que o libertarianismo e o incompatibilismo são ambos consistentes com a culpa original e, portanto, continuo achando desnecessária sua rejeição pelos arminianos.

263 Copan, "Original Sin", 519-31, citado em Franks, "Original Sin", 356.

264 Plantinga, *Warranted Christian Belief*, 207-9, citado em Franks, "Original Sin", 356.

265 Wyma, "Innocent Sinfulness, Guilty Sin", 271-72.

266 Embora nenhum deles pareça utilizar ambos os termos "culpa original" e "inclinação original", a exegese de Franks desses escritos não deixa dúvidas de que sua posição é uma afirmação clara deste e rejeição daquele.

267 Como mencionado acima, eu defendo que a culpa original é ensinada em Romanos 5, no sentido de que a culpa original é a *melhor* interpretação da passagem; é a interpretação que *mais* recebe apoio por parte do texto. Porém, pode ser que não seja a *única* interpretação possível; interpretações alternativas, embora menos plausíveis, não são totalmente impossíveis e, portanto, embora eu acredite que Romanos 5 seja melhor interpretado como implicando culpa

essa doutrina não é diretamente relevante para o presente argumento. Tudo o que foi pressuposto no raciocínio aqui é que é impossível para os seres humanos decaídos viverem uma vida perfeita, sem pecado. Isso foi, portanto, uma afirmação da *inclinação* original, a qual produziria exatamente a mesma conclusão de que o PPA é falso, quer os homens decaídos tenham ou não contraído culpa moral em virtude do pecado de Adão. A *inclinação* original — não a culpa — que foi mostrada acima exclui o PPA e, portanto, a posição de Plantinga, Copan e Wyma não evita a conclusão de que o PPA é falso, pois é refutado mesmo pela modesta verdade da inclinação original, uma doutrina que eles mesmos desejam sustentar.

No entanto, é interessante notar que esses escritores visam resgatar o PPA, pois sustentam que, embora seja necessário que pelo menos um pecado seja cometido, nenhum caso particular de pecado é necessário. Como diz Copan, "não pecamos necessariamente — isto é, não é certo que cometeremos esse ou aquele pecado em particular — pecamos inevitavelmente — isto é, além de nossa propensão ao pecado, dada a vasta gama de oportunidades para pecar, eventualmente pecamos em algum ponto".[268] Embora nenhum pecado individual seja necessário, é necessário que um pecado ou outro seja cometido em algum momento. Realçando esse exato argumento, Jerry Walls e David Baggett distinguem entre (Q), "podemos evitar todo pecado" — o que eles dizem ser falso — e (Q_1), "Para qualquer x, se x é um pecado, então nós podemos evitar x" — o que eles sustentam ser verdade. Sua resposta aos calvinistas que argumentam contra o PPA, com base no fato de que os homens decaídos não podem evitar todo pecado, é, então, acusá-los de equivocação em relação à palavra "todos", que su-

---

original ao ensinar que "de uma só transgressão adveio condenação para todos os homens" (v. 18), não sei necessariamente como compelir esse entendimento por meio da lógica com alguém que está comprometido com a impossibilidade de que a culpa de Adão seja imputada a todos nós.

268 Copan, "Original Sin", 519—31, citado em Franks, "Original Sin", 356.

postamente faz confusão entre (Q) e (Q$_I$).²⁶⁹ Essa crítica não se aplica ao meu argumento apresentado. Não me equivoquei entre (Q) e (Q$_I$), eu *demonstrei* por recorrência que (Q) decorre de (Q$_I$), confirmando, portanto, que sua tentativa de afirmar (Q$_I$) e rejeitar (Q) é incoerente. Para ilustrar o ponto óbvio de que nem todas as propriedades de uma parte se agregam a uma propriedade do todo — que é, afinal, a falácia direta de composição — eles oferecem o seguinte exemplo, que suponho que eles considerem ser análogo ao nosso presente caso:

> Em um restaurante, um amigo, preocupado com alergias alimentares, pode perguntar se podemos comer tudo do cardápio; depois de olharmos rapidamente o cardápio, podemos afirmar com sinceridade que podemos, sem indicar que somos capazes ou que estejamos dispostos a quebrar o recorde do Guinness de consumo de alimentos.²⁷⁰

Várias respostas devem ser dadas. Primeiramente, o exemplo em si é confuso, porque agora *ele* comete uma equivocação nas palavras "podemos comer", significando em um ponto "ser capaz de comer sem ter uma reação alérgica" e, em outro ponto, "ser capaz de comer sem ter uma indigestão.". Eles, de fato, precisam dessa mudança de significado, levando em consideração que a capacidade de comer qualquer dos itens sem ter uma reação alérgica *implica* que é possível comer o menu completo sem uma reação alérgica,²⁷¹ mas não sem indigestão. Evitando a equivocação, no entanto, seu argumento simples teria sido feito se eles tivessem considerado apenas a indigestão e não a alergia. De fato, ser capaz de comer qualquer item do cardápio sem ter uma indigestão não significa que se possa comer todo o cardápio sem ter uma indigestão.

---

269 Baggett e Walls, *Good God, 70*.
270 Ibid., 70-71.
271 Isso, assumindo que não há tal coisa como uma alergia causada por uma combinação de itens, dos quais nenhum é, individualmente, suficiente para causar a alergia.

Então a questão agora se torna: o caso de indigestão é relevantemente análogo ao caso de viver uma vida sem pecado? Comprovadamente, não o é. O que eventualmente causa a indigestão é o fato de que toda vez que a pessoa consome mais um item, sua capacidade de comer outro item depois desse é reduzida, implicando que ele não pode consumir toda a série. Mas não existe tal diminuição de capacidade no caso do homem decaído: cada vez que um homem evita um pecado, fazê-lo obviamente não reduz sua capacidade de evitar um pecado futuro; muito pelo contrário, quanto menos alguém pecar, menos propenso a pecar ele será! Portanto, esse caso não é relevantemente análogo e não faz nada para minar minha demonstração.

Que essa posição de Plantinga, Copan, Walls e Baggett é incoerente foi, portanto, demonstrado com sucesso: meu raciocínio por recorrência, estabelecido por *reductio*, de que o PPA inevitavelmente implica que para qualquer descendente decaído de Adão, existe um mundo possível, diretamente acessível a ele, pelo simples uso de seu livre-arbítrio, onde ele vive uma vida perfeitamente sem pecado, em contradição explícita à inclinação original. Paul Franks, ele próprio um libertário, argumenta poderosamente de maneira semelhante que, se um desses homens imaginados explora positivamente todas essas supostas possibilidades de não pecar até sua última escolha possível, segue-se que ou seu último pecado é necessário, ou que pecar não é necessário, afinal de contas.[272] O verdadeiro dilema de Franks é sólido e estabelece igualmente a incompatibilidade da inclinação original com o PPA. Infelizmente, Franks passa a rejeitar a inclinação original nesse sentido, enquanto eu presumo essa doutrina como verdadeira — e bíblica — e, portanto, rejeito o PPA, mas tudo o que importa para a questão atual é que o PPA exclui a *inclinação* original e, assim sendo, rejeitar meramente a culpa original não faz nada para evitar a força do

---

[272] Franks, "Original Sin", 358–68.

presente argumento: aquele que defende o ensino bíblico de que um descendente decaído de Adão não pode viver uma vida perfeitamente sem pecado deve rejeitar o PPA.

Trocando a inclinação original pela depravação transmundial

Dado que a inclinação original ainda exclui o PPA mesmo que se abandone o conceito da culpa original, os defensores do PPA naturalmente passaram a rejeitar também a inclinação original. Antes de dizer uma palavra contra tal decisão, deixe-me avaliar uma proposta interessante, que não tanto *rejeita* a inclinação original, mas que busca prover uma *análise* diferente — e, digo eu, problemática — dessa doutrina, em termos do que Alvin Plantinga chamou de "depravação transmundial". Plantinga introduziu esse conceito interessante no meio de sua discussão sobre o problema do mal, ao tentar mostrar que não há contradição interna na crença cristã de que Deus é perfeitamente bom e todo-poderoso, embora o mal exista no mundo. Plantinga sugeriu que, em virtude do livre-arbítrio libertário, pode muito bem ser o caso de que não importa o que Deus faça, não importa quem Deus crie, os seres humanos sempre *agiriam* imoralmente, se deixados livres no sentido libertário: "Todo o mundo que Deus pode tornar real é tal que, se Curley for significativamente livre nele, ele realizará pelo menos uma ação errada".[273] E para um homem ser tal que ele *iria* errar, não importa o mundo que Deus criasse — no qual o homem é livre, com respeito a pelo menos uma ação moralmente significativa — é sofrer de *depravação transmundial*. Plantinga, então, colheu os benefícios dessa doutrina hipotética da seguinte forma: "o que é importante sobre a doutrina da depravação transmundial é que, se uma pessoa padece

---

[273] Plantinga, *God, Freedom, and Evil*, 47.

dela, então não estava dentro do poder de Deus tornar real qualquer mundo em que essa pessoa seja significativamente livre, mas não faça nada errado."[274] Embora eu obviamente conteste a suposição do libertarianismo, parece-me que a depravação transmundial cumpriu muito bem seu papel para o propósito imediato de Plantinga em relação ao problema do mal: se essa doutrina fosse verdadeira para todas as pessoas possíveis, de fato se seguiria que Deus não poderia atualizar mundos com criaturas livres, no sentido libertário, e sem maldade. Mas ao formular a doutrina, Plantinga acrescentou um interessante adendo dizendo: "Deixo como lição de casa o problema de comparar a depravação transmundial com o que os calvinistas chamam de 'depravação total'".[275]

Esse dever de casa — ou outro intimamente relacionado — foi escolhido por Michael Rea, que, embora não tenha mencionado a depravação total, procurou aplicar a depravação transmundial a uma análise do pecado original, e, particularmente, da inclinação original.[276] Ele analisou a noção de depravação transmundial e fez a seguinte sugestão: "uma opção, então, para aqueles interessados em desenvolver uma teoria do pecado original sob os pressupostos molinistas é identificar a DTM [depravação transmundial] com o tipo de corrupção que a DPO [a doutrina do pecado original] toma como uma consequência da Queda".[277] De fato, ele observa que essa condição é algo que os seres humanos teriam desde seu nascimento, que não há razão para se pensar que os homens não poderiam tê-la como consequência — em certo sentido — do pecado de Adão, e que se essa doutrina fosse verdadeira, ele diz que ela teria como consequência que "ser livre e sofrer de depravação transmundial garante que alguém cairá

---

[274] Ibid., 48.
[275] Ibid.
[276] Rea, "Metaphysics of Original Sin", 319–56.
[277] Ibid., 350.

em pecado".²⁷⁸ Será que esse movimento adequadamente representa a inclinação original, enquanto preserva o PPA? Na verdade, não. Nessa visão, o pecado de Adão não garante que seus descendentes decaídos pecarão. A depravação transmundial garante que um determinado homem pecará *se sofrer dessa condição*, mas seu sofrimento por essa doença *não* é em si garantido pela queda. A depravação transmundial garante que os homens pecarão, *desde que as contrafactuais relevantes sejam verdadeiras*, ou seja, aqueles que afirmam que, se colocado em qualquer mundo possível contendo uma escolha livre, o ser humano *pecaria*, mais cedo ou mais tarde. Assim, a depravação transmundial garante que os homens decaídos pecarão *dada a verdade das contrafactuais relevantes*, mas essas contrafactuais *não* são garantidas pela queda. São coisas sobre as quais Rea diz que nós, homens decaídos, ainda temos controle total, "para qualquer contrafactual de liberdade C que seja verdadeira para [uma pessoa] P, P tem o poder de impedir que C seja (ou tenha sido) verdadeira sobre ela"²⁷⁹ e, portanto, *poderíamos* perfeitamente fazer outra coisa que não pecar. Acontece que não o *faríamos, se* formos transmundialmente depravados. Mas evitar isso também está inteiramente ao nosso alcance, diz ele: "refrear o pecado nos impediria de sofrer de DTM [depravação transmundial]".²⁸⁰

Pelo lado positivo, Rea defende a segunda alegação do meu argumento, no sentido de que "abster-se do pecado é claramente algo que podemos ser culpados por não fazermos",²⁸¹ mas agora vemos que sua proposta, embora interessante, não resgata a inclinação original, a incapacidade dos homens decaídos de viverem uma vida perfeitamente sem pecado. Portanto, não importa quais outros méritos a depravação transmundial possa ter ao discutir o problema do mal com os ateus, não

---

278 Ibid.
279 Ibid., 348.
280 Ibid., 350.
281 Ibid.

é um relato bem-sucedido do pecado original, o qual minimamente se entende por incluir a inclinação original; ela é, em vez disso, uma rejeição inevitável desta inclinação.

Rejeitando a inclinação original

Uma vez que o PPA continua refutado pela doutrina da inclinação original, os defensores do PPA, naturalmente, também a rejeitaram. O que, então, pode ser dito contra tal manobra? Não apenas eles a rejeitam, mas também trazem algumas considerações adicionais e independentes para *minar* a inclinação original. Vamos considerar essas primeiro.

E se Adão pudesse?

Uma primeira objeção, podemos imaginar, apontaria que a perfeição sem pecado não é uma impossibilidade tão absoluta, afinal, uma vez que Adão em sua natureza prelapsariana poderia ter se abstido completamente de pecar. Se Adão poderia fazê-lo, então existe um mundo possível onde pelo menos um ser humano alcança a perfeição sem pecado.

O problema com essa objeção é que ela desloca os limites estritamente pós-lapsarianos do pelagianismo e sua rejeição ortodoxa. Na visão ortodoxa, não é *qualquer* perfeição sem pecado que se diz ser impossível ter — afinal, Jesus era homem sem pecado — mas sim a de um ser humano *decaído*. O que é impossível é um descendente *decaído* de Adão chegar ao céu sem pecar. Não há mundo possível em que uma pessoa decaída chegue ao céu por esforço próprio. Mas a existência de mundos possíveis em que Adão não tenha pecado, ou mundos possíveis em que nem todos os homens decaíram, ou mesmo em que nenhum humano decaído exista, de nada servem — se existirem — para minar o presente argumento. Tudo o que o argumento afirma é que os homens *caídos* são moralmente responsáveis por pecarem, mesmo que o pecado original exclua sua capacidade categórica de agir de outra forma.

De fato, para aquele que defende o determinismo teológico, nem mesmo Adão tinha essa suposta capacidade categórica de fazer outra coisa a não ser cair. Nessa visão, o decreto de Deus assegurou que Adão pecaria, e ele não tinha uma capacidade libertária para fazer outra coisa que não pecar. É claro que os arminianos rejeitarão isso, mas isso serve para mostrar que os deterministas não estão sequer comprometidos em ver a vida sem pecado de Adão como uma possibilidade categórica, e essa afirmação separada não faz parte do presente argumento, em relação ao qual o caso de Adão é irrelevante. Não importa o que eles pensam de Adão, os arminianos que rejeitam o pelagianismo *estão* minimamente comprometidos com o fato de que os homens *decaídos* não podem chegar ao céu sem pecar, e isso é tudo o que o argumento exige. O PPA não qualifica o tipo de pessoa a que isso se aplica, por isso pode e deve ser aplicado a todos os seres humanos, decaídos ou não. O que pode, ou não, se seguir ao aplicá-lo aos seres humanos não decaídos de nada serve para minar o que de fato se segue ao aplicá-lo aos seres humanos decaídos. Quando aplicado a homens decaídos, como foi estabelecido, pressupõe a conclusão do pelagianismo ou universalismo e, portanto, é comprovadamente falso para aquele que permanece ortodoxo nessas duas doutrinas.

A morte de bebês antes que eles comecem a pecar

Outra objeção à inclinação original pode ser o fato de que algumas crianças, pelo menos bebês, quase certamente morrem antes de cometerem um único pecado pessoal. Se for assim, mostra que é possível, afinal, pelo menos para alguns, mesmo para homens decaídos, viver uma vida livre de pecados pessoais, refutando, assim, a inclinação original. A resposta do contra-argumento anterior não está mais disponível, porque agora estamos falando de seres humanos *decaídos*. Esses são descendentes decaídos de Adão, que ainda vivem uma vida livre de pecados pessoais. Eles não poderiam, portanto, ser apresentados como evidência positiva contra a inclinação original? Penso que não.

Essa objeção à inclinação original não é difícil de refutar. Tudo o que exige é uma qualificação muito modesta, plausível e muito razoável da definição da doutrina da inclinação original. Se alguém afirma que a inclinação original é meramente a impossibilidade bruta de que não haja pecados pessoais no período de tempo da vida de qualquer pessoa decaída, então as mortes infantis a contradizem de fato. Porém, parece mais razoável, e certamente coerente, qualificar a inclinação original da seguinte forma: "a inclinação original garante que um descendente decaído de Adão cometerá pecados pessoais nesta vida, *desde que sua vida não seja prematuramente — em certo sentido — interrompida*".

Alguns comentários são necessários. Primeiro, essa qualificação levanta a difícil questão do que conta como uma morte "prematura" no sentido relevante, e essa pergunta é difícil de ser respondida com precisão, porque, em certo sentido, *todas* as mortes são "não naturais" e "prematuras".[282] Mas acho que sem um tratado filosófico completo sobre o assunto, todas as partes podem admitir que há uma diferença facilmente percebida entre uma criança morta em um acidente de carro e um idoso de noventa anos morrendo em sua cama. Exatamente onde a fronteira relevante se encontra entre os dois, nem sempre sei dizer, mas duas coisas são claras: 1) tal limiar existe, e 2) os descendentes decaídos

---

[282] E, ainda em outro sentido, se o determinismo é verdadeiro, então *nenhuma* morte é "prematura", dado que ocorrem exatamente quando Deus ordenou que ocorressem. Mas esse não é o sentido de "prematuro" que está em vista aqui.

de Adão que morrem na infância, e são atualmente apresentados como um contraexemplo, pertencem à categoria das mortes prematuras.

Em segundo lugar, essa qualificação não deve ser vista como uma reflexão tardia evocada para evitar convenientemente um contra-argumento imprevisto. Não é um caso de falácia da exceção de última hora em face de uma objeção poderosa. Por que não o é? Porque a própria noção de "inclinação original" carregava desde o início a suposição tácita de que uma "inclinação" requer uma *oportunidade* para se expressar. É bastante óbvio que nossa natureza decaída, ainda que garanta que pecaremos dada uma única oportunidade de fazê-lo, simplesmente não pode suscitar tal pecado se absolutamente nenhuma oportunidade lhe for dada. Parece, portanto, mais razoável qualificar a inclinação original exigindo a condição de que a vida de um ser humano decaído não seja prematuramente interrompida antes que a inclinação original possa entrar em ação e pressupor que é impossível que ele seja isento de pecado.

Finalmente, devo confirmar que com essa qualificação mais razoável em vigor, o PPA ainda falha em sustentar a inclinação original. O PPA não pode ser salvo pela brecha desta modesta advertência, porque o tipo de possibilidades alternativas exigidas pelo PPA são aquelas suscitadas pela livre atividade da vontade humana; a capacidade de evitar um pecado deve estar enraizada no caráter interior e nas faculdades de tomada de decisão de um agente, não nas contingências do mundo exterior. Daniel Hill aponta que "um pretenso malfeitor incompetente cujas tentativas frustradas de fazer o mal saem pela culatra, levando-o a fazer o bem" não é moralmente louvável.[283] De fato, o que o PPA exigia para a responsabilidade moral era a capacidade de "agir de outra forma", ou "fazer outra escolha", não uma oportunidade de ser morto. O PPA, como discutido acima, implica a capacidade de viver uma vida

---

[283] Hill, *Maximal Greatness*, 205.

perfeita porque a pessoa está *se saindo* melhor no mundo alternativo possível, não porque ela é morta antes de pisar na bola. Em outras palavras, se a única maneira de impedir Jones de pecar é matando Jones, então Jones sofre de inclinação original, de fato. A morte prematura de pecadores — ainda que sejam bebês — que podem não chegar a cometer pecados pessoais é, portanto, irrelevante para a verdade da inclinação original.

Vê-se, portanto, que a inclinação original resiste à acusação das duas objeções apresentadas, mas ainda há aqueles que podem rejeitá-la, seja por razões próprias as quais não pude antecipar, ou simplesmente porque acham a inclinação original menos provável do que o próprio PPA. O que então pode ser dito contra essa manobra?

Abandonando a ortodoxia

Como afirmado desde o início, o presente argumento foi *baseado* na suposição da aceitação de doutrinas ortodoxas tradicionais, bastante essenciais à fé cristã, a saber, o particularismo e o pecado original. Portanto, a *defesa* bíblica desta última — entendendo-a como incluindo a inclinação original, se não também a culpa original — não é o objetivo principal desse argumento, mas algumas palavras ainda podem ser ditas àqueles inclinados a rejeitá-lo. O que há então de errado em fazê-lo?

Por um lado, o texto bíblico apoia fortemente a inclinação original. Os cristãos que chegam a rejeitar essa doutrina não podem mais explicar adequadamente o ensino bíblico da incapacidade absoluta da humanidade decaída de se fazer o bem e a universalidade do pecado humano, condenação, culpa e necessidade de expiação, que se seguem dessa incapacidade. Se fosse possível para alguns viver uma vida livre de pecado pessoal, como eles seriam incluídos nas afirmações bíblicas universais de que "*todos* pecaram e destituídos estão da glória de Deus" (Rm 3.23), que "por uma só ofensa veio o juízo sobre todos os homens para condenação" (Rm 5.18), que "a morte passou a todos os homens, porque todos pecaram" (Rm 5.12), ou que "todos se extraviaram e juntamente se corromperam; não há quem faça o bem, não há nem um sequer" (Sl 14.3)? "Não há homem que não peque" (1Rs 8.46).

Não serve dizer que os homens *podem* evitar o pecado, mas simplesmente *não o fazem*, ou simplesmente *calham* de não fazê-lo. Certamente, em termos estritos de lógica modal, as declarações bíblicas acima não afirmam explicitamente que "a pecaminosidade universal é verdadeira neste mundo e verdadeira em todos os mundos possíveis em que Adão peca e causa a maldição"; elas apenas falam do mundo real atual, mas devemos entender que, mesmo considerando o pecado de Adão e sua maldição resultante, a pecaminosidade universal é apenas uma verdade acidental e contingente do mundo real? As Escrituras não permitem tal entendimento: não nos é dito que os homens decaídos possuem a capacidade categórica de ser perfeitamente justos e simplesmente calham de não ser; nos é dito que lhes falta a capacidade total de sê-lo. Até que o Espírito venha para regenerar uma pessoa decaída e espiritualmente morta, sua mente é "da carne", "inimiga de Deus", "não se submete à lei divina, nem pode fazê-lo. Quem é dominado pela carne não pode agradar a Deus." (Rm 8.7-8) e eles "*não podem* vir ao Filho" até que sejam atraídos pelo Pai (Jo 6.37,44). O homem natural *não pode* entender as coisas do Espírito de Deus (1Co 2.14). Assim como a árvore ruim *não pode* produzir bons frutos (Mt 7.15-20), o coração não regenerado não pode produzir boas obras. "Então, quem pode ser salvo? [...] para Deus tudo é possível", proclama Jesus, mas para o homem, não é *difícil*, nem *improvável*, é *impossível* (Mc 10.26-27).

E, em segundo lugar, uma rejeição total tanto da culpa original quanto da inclinação original deve agora ser vista como uma adoção inevitável de uma visão pelagiana, com uma negação do pecado original. Que sentido do pecado original permanece para aquele que rejeita tanto a culpa original quanto a inclinação original? O que o pecado original faz, se não declara a pessoa culpada ou nem mesmo impede a pessoa de viver uma vida perfeitamente sem pecado? Se supusermos que, desafiando a inclinação original, alguns tenham conseguido viver uma vida sem pecado, como eles, então, ainda precisariam da expiação de Cristo?

Paul Franks sugere que esses possíveis descendentes não pecadores de Adão ainda enfrentariam uma lacuna, um "abismo" em seu relacionamento com Deus, que teria "ressentimento" deles por causa de Adão, mesmo que não sejam *culpados* de nada.[284] Usando a frase de Copan sobre um contexto semelhante, ele argumenta que ainda pode haver uma espécie de "mancha" do pecado original, uma "deformidade" da alma, "que a expiação de Cristo pode curar graciosamente".[285] Isso está se tornando difícil de refutar, pois especula sobre qual seria o caso em uma situação muito diferente da nossa, mas talvez o melhor que se possa dizer é que isso está aquém da função bíblica da expiação: os descendentes de Adão são condenados e sofrem a ira de Deus por causa do *pecado* — seja de Adão ou deles — não por causa de um "abismo" sem culpa, nem de uma "deformidade" inocente. O julgamento escatológico é uma *condenação* legal (Rm 5.18; 8.1). É um *julgamento* justo de uma parte culpada (2Co 5.10). Um mero "abismo" ou uma mera "deformidade" não exige o *perdão* de um indivíduo (Cl 1.14). Não exige uma *propiciação* que apazigue a ira (Rm 3.25; 1Jo 2.2; 4.10); não exige que os pecados sejam pregados na cruz (Cl 2.14).

Nesse ponto, vê-se surgir uma ironia interessante com o dilema dessa visão: os proponentes do PPA que rejeitam a inclinação original ainda devem — e, portanto, gostariam de — manter a necessidade universal de redenção e expiação. Mas para que esses homens, que supostamente vivem uma vida sem pecado, precisariam de uma expiação de pecados? A única maneira de manter seu *status* de culpado

---

[284] Franks, "Original Sin", 369-70.
[285] Copan, "Original Sin", 530.

e necessidade de expiação se eles nunca cometeram pecados pessoais é ironicamente voltar e reafirmar a culpa original! Aquele que afirma a culpa original poderia dizer que um indivíduo que vive uma vida livre de pecados pessoais, ainda carrega consigo a culpa imputada do pecado de Adão, em virtude do qual a expiação e o perdão são legalmente necessários. Mas estarão os defensores incompatibilistas do PPA preparados para ressuscitar a doutrina da culpa original, que foi considerada tão desagradável e descartada, no início? Quando alguém rejeita a inclinação original, geralmente já rejeitou a culpa original há muito tempo. E, no entanto, aqueles mais inclinados a negar a imputação de culpa são os que mais precisam dela agora para resgatar a pecaminosidade universal, enquanto rejeitam a inclinação original. Mas na guerra travada entre o pecado original e o arminianismo, a culpa original é tipicamente a primeira vítima, muito antes que as credenciais da inclinação original sejam inspecionadas. Assim, é muito duvidoso que encontremos qualquer defensor incompatibilista do PPA que coe o mosquito da inclinação original enquanto engole o camelo da culpa original.

Por estas razões, e independentemente do que se pense sobre a culpa original, então, uma explicação ortodoxa do pecado original deve incluir a inclinação original e, portanto, permitir que o presente argumento chegue à conclusão de que o PPA é absurdo, por envolver universalismo ou pelagianismo, nenhum dos quais têm espaço na teologia cristã ortodoxa.

"Por que a lei, então?"

Tendo argumentado que os homens são moralmente responsáveis por pecar, embora incapazes de agir de outra forma, outra objeção importante exige respostas. É aquela baseada no *propósito* das leis morais, ou de sua ausência. David Copp argumenta que o propósito de um ordenamento moral é suscitar a obediência ao comando; a "esperança" ou "intenção" do comandante é de que a ordem seja seguida. Ele escreve: "Qualquer teoria moral deve de alguma forma explicar, ou abrir espaço para a intuição de que há um *motivo* para exigir uma ação, ou seja, de forma grosseira, para executá-la".[286]

Mas se PPA é falso, então temos um conjunto de ordenamentos morais em nossas mãos, que são categoricamente impossíveis de cumprir. Consequentemente, não haveria propósito para esses ordenamentos, de acordo com Copp — pelo menos minimamente, em uma teoria ética do mandamento divino — pois "não haveria sentido em Deus ordenar um agente a fazer algo que o agente não pudesse fazer".[287] E é claro que todos nós presumivelmente concordamos que a lei moral de Deus *não* é, de fato, sem propósito, do que se seguiria que PPA é verdadeiro, por *modus tollens*. O que um compatibilista deve, então, responder?

Essa objeção pode ou não ter inicialmente uma certa força intuitiva, mas sua refutação certamente não é difícil. Primeiramente, porque não é muito difícil pensar em um candidato possível e decente para o propósito de uma lei moral, além de ser mantida e obedecida; mas em segundo lugar, e notavelmente, porque os compatibilistas nem precisam evocar eles mesmos a resposta, pois essa é mais uma objeção que a própria Bíblia antecipa para eles: "Por que a lei, então?". Paulo antecipou que essa objeção seria levantada contra a verdadeira pregação do evangelho da graça, e sua resposta é uma das gloriosas verdades bíblicas recuperadas na Reforma Protestante e defendida por Martinho Lutero:

> "Pela Lei vem o conhecimento do pecado", diz Paulo (em Rm 3.20). Ele não diz: *abolição* ou *evasão* do pecado. Todo o desígnio e poder da lei é apenas dar conhecimento de nada além do pecado; não é exibir ou conferir qualquer

---

[286] Copp, "'Ought' Implies 'Can'", 272.
[287] Ibid.

poder [...] pelas palavras da lei, o homem é admoestado e ensinado não o que ele pode fazer, mas o que ele deve fazer; isto é, para que ele conheça seu pecado, não para que creia que tem qualquer força.[288]

Como Lutero cita Romanos acima, "pela lei vem o conhecimento do pecado" (Rm 3.20). Paulo testifica: "Mas eu não teria conhecido o pecado, senão por intermédio da lei" (Rm 7.7). E Gálatas fornece os golpes finais a essa objeção:

> "Qual, pois, a razão de ser da lei? Foi adicionada por causa das transgressões." (Gl 3.19)
>
> "Porque, se fosse promulgada uma lei que pudesse dar vida, a justiça, na verdade, seria procedente de lei.
>
> Mas a Escritura encerrou tudo sob o pecado, para que, mediante a fé em Jesus Cristo, fosse a promessa concedida aos que creem." (Gl 3.21-22)
>
> "De maneira que a lei nos serviu de aio para nos conduzir a Cristo, a fim de que fôssemos justificados por fé." (Gl 3.24)

Por mais contraintuitivo que seja, Deus nos deu uma lei que não podemos cumprir. Não para que pudéssemos pensar que podemos, mas para que conheçamos nosso pecado, nos arrependamos e sejamos salvos somente pela graça divina, somente por meio da fé somente em Cristo, somente para a glória de Deus.

---

[288] Lutero, *Bondage of the Will*, 158-59.

CAPÍTULO 7

Algumas preocupações e conclusões finais sobre a responsabilidade moral

Conclusão sobre o Princípio das Possibilidades Alternativas (PPA) e o incompatibilismo

Nos capítulos anteriores, argumentei que os princípios das possibilidades alternativas não são todos criados de forma igual. Propensos a equivocações, eles precisam ser especificados com cuidado, antes que possam servir para tirar qualquer conclusão sobre a falsidade do compatibilismo. Argumentei que nenhum princípio incompatibilista desse tipo foi estabelecido com sucesso e, além desse fracasso, ofereci dois argumentos positivos independentes para rejeitar a versão incompatibilista do princípio. Em primeiro lugar, essa versão exclui a coexistência coerente de impecabilidade e louvabilidade, um conflito problemático até mesmo para sistemas morais ateístas, embora o problema seja ampliado para um cristão, segundo o qual ambos os atributos são exemplificados pelo próprio Deus. E, em segundo lugar, ele indica um verdadeiro dilema para os cristãos ortodoxos: enfrentar o obscuro espectro do pelagianismo, por um lado, ou o de um universalismo igualmente problemático, por outro. Para o cristão ortodoxo que sustenta que Deus é impecável e louvável, e que rejeita tanto o pelagianismo quanto o universalismo, o princípio incompatibilista de possibilidades alternativas deve ser abandonado. Por essas razões, o PPA foi considerado não apenas infundado, mas comprovadamente falso, e uma vez que foi visto que o incompatibilismo pressupunha o PPA, estabeleceu-se por duas vias diferentes que o incompatibilismo é falso para aquele que permanece ortodoxo em relação a essas duas doutrinas.

O argumento direto para o incompatibilismo

Antes de passar para o segundo grande argumento contra o determinismo calvinista, um último argumento para o incompatibilismo precisa ser abordado. Antecipando que os dissidentes provavelmente encontrariam falhas no princípio das possibilidades alternativas, van Inwagen separadamente tentou reformular o debate de seu argumento da consequência de maneira que não apelasse mais ao PPA. Isso deu origem a um "argumento direto" para o incompatibilismo.[289] Curiosamente, esse argumento direto exibe exatamente a mesma estrutura que a terceira formulação do argumento da consequência, com a diferença de que o operador N agora é redefinido para não envolver o conceito

---

[289] Inwagen, *Essay*, 183–85.

de escolha alternativa ou possibilidade alternativa. Van Inwagen agora define Np da seguinte forma: "p, e ninguém é ou nunca foi, mesmo que parcialmente, responsável pelo fato de que p". Com N assim definido, a forma do argumento permanece como estava na terceira formulação do argumento de consequência (com as regras α e β respectivamente renomeadas A e B para a ocasião).

A. $\Box p \vdash Np$

B. $N(p \supset q), Np \vdash Nq$

Inwagen usa essas duas regras, da mesma forma que fez no argumento da consequência, para argumentar que ninguém é moralmente responsável pelo passado distante, e já que ninguém é moralmente responsável pelo fato de que o passado implica nossas ações presentes no determinismo, ninguém é moralmente responsável por suas ações presentes, se o determinismo for verdadeiro.

1. $\Box ((P_0 \,\&\, L) \supset P)$ (afirmação de determinismo)
2. $\Box (P_0 \supset (L \supset \supset))$ (segue-se de (1))
3. $N (P_0 \supset (L \supset P))$ (segue-se de (2) e (A))
4. $N P_0$ (nova premissa)
5. $N (L \supset P)$ (segue-se de (3), (4) e (B))
6. $N L$ (nova premissa)
7. $N P$ (segue-se de (5), (6) e (B))

A conclusão em (7) é uma afirmação de que ninguém é, ou jamais foi, nem mesmo parcialmente responsável pelo fato de que P, o que, uma vez que nenhuma suposição especial foi feita sobre P, significa que ninguém é, ou jamais foi, parcialmente responsável por nada. Além disso, nessa forma direta, não há mais qualquer equivocação possível no uso da palavra "escolha" pelo argumento, levantando a questão — como fez o argumento da consequência — de saber se ela deve ser entendida categoricamente ou condicionalmente, uma vez que nem mais menciona o conceito de escolha. O argumento, portanto, não pode ser criticado por isso, e os compatibilistas devem lidar diretamente com suas afirmações sobre responsabilidade moral. O que há de errado, então, com este novo argumento?

Em primeiro lugar, o princípio N é forte demais, porque não exclui Deus. Posto como é, Np requer que ninguém — nem mesmo Deus — seja, ou tenha sequer sido, parcialmente responsável por p. Mas então a premissa (4) é obviamente falsa no teísmo: não é o caso que N P_0. Só por alguém voltar ao passado o suficiente para chegar a um ponto no tempo em que os homens não estavam por perto, isso não garante que *ninguém* estava lá para ser responsável pelo estado do mundo naquela época: Deus estava. Como criador e governante do universo, é bastante claro que ele é, pelo menos parcialmente, responsável por P_0. Portanto, a premissa (4) é falsa, e essa versão do argumento direto mostra-se um fracasso.

Mas alguém poderia insistir que essa fragilidade no argumento original pode ser facilmente corrigida, restringindo o princípio N aos homens. Eu concordo. Pode-se — e deve-se — reafirmar o princípio N para que Np represente algo como "p, e nenhum humano é, ou jamais foi, mesmo que parcialmente, responsável pelo fato de que p". Com essa versão de N, a conclusão do argumento direto em (7), N P, ainda é inaceitável e, portanto, exige uma resposta por parte dos compatibilistas. Então, avaliemos esse ato e perguntemos: se alguém adotasse essa definição, modificada e mais modesta, para o princípio N, ou uma muito parecida com ela, o que haveria de errado, então, com o argumento direto?

Por um lado, a regra A é falsa. Não há razão para se pensar que se p é necessário, então ninguém — nem mesmo o ser humano — é, ou jamais foi, sequer parcialmente responsável pelo fato de que p. Para apoiar a inferência, van Inwagen oferece as seguintes considerações:

> A validade da regra (A) parece-me inquestionável. Ninguém é responsável pelo fato de que 49 × 18 = 882, pelo fato de que a aritmética é essencialmente incompleta ou, se Kripke estiver certo sobre a verdade necessária, pelo fato de que o número atômico do ouro é 79.[290]

E, certamente, os compatibilistas concordam que ninguém é moralmente responsável por essas três verdades necessárias, que não envolvem nem escolhas morais, nem mesmo ações humanas. Mas disso, obviamente, não se segue que os agentes não possam ser moralmente responsáveis por *outras* verdades que revelam escolhas e ações morais, ainda que sejam necessárias. A regra A não é, portanto, aprovada e nem, digo eu, "inquestionável". Stephen Kearns ofereceu uma série de contraexemplos convincentes a ela,[291] e acrescento mais uma vez que caso não se exclua Deus do princípio N, como sugeri, a Regra A é refutada por meu argumento, baseado na louvabilidade e impecabilidade divinas. É necessário que "Deus nunca aja injustamente", e, ainda assim, é falso que "ninguém é, ou jamais foi, mesmo que parcialmente, responsável pelo fato de que Deus nunca age injustamente"; Deus é louvável por sua justiça impecável. Isso é necessário, e Deus é moralmente responsável por isso. A regra A é falsa.

Dito isso, essa rejeição da regra A, embora importante, não é tão interessante em relação ao argumento direto, uma vez que a regra foi aqui, novamente, usada apenas para apoiar a inferência de (2) a (3), e penso que (3) não é o problema desse argumento. Com sua formulação do operador N que se refere diretamente à responsabilidade moral humana, penso que é a regra B que agora é falsa, e deve ser rejeitada pelos compatibilistas em resposta ao argumento direto. Com B sendo falsa, a conclusão (7) não mais se segue das premissas (5) e (6),

---

[290] Ibid., 184.
[291] Kearns, "Responsibility for Necessities", 307–24.

tornando o argumento direto um *non sequitur*. Portanto, devemos nos perguntar: essa rejeição da regra B é permitida? A regra B, supondo que excluímos Deus do princípio, como sugeri, afirma que se nenhum ser humano é responsável pelo fato de que *p*, e nenhum ser humano é responsável pelo fato de que *p* implica *q*, então nenhum ser humano é responsável pelo fato de *q*. Essa regra não tem nenhum poder sobre os compatibilistas, pois eles sustentam que os homens são moralmente responsáveis por suas ações livres, que Deus, desde a eternidade pretérita, decretou que realizariam livremente, em um sentido compatibilista. Os calvinistas sustentam que os seres humanos não são responsáveis pelo fato passado de que Deus decretou suas ações — pois, de fato, como eles poderiam ser pessoalmente moralmente responsáveis por algo que *Deus* fez? — e que os seres humanos não são responsáveis pelo fato de que, se Deus decretou suas ações, então eles realizariam essas ações; mas eles sustentam que os seres humanos são responsáveis por suas ações. Então temos N*p* e N($p \supset q$), mas não N*q*. Assim, sustento que a Regra B é falsa, e seu uso como premissa neste contexto é uma petição de princípio, uma vez que nenhum argumento é apresentado para justificar por que essas crenças compatibilistas seriam incoerentes.

De fato, não precisamos mais sequer deixar essa resposta apenas como uma acusação de petição de princípio; estamos agora em um ponto em que vários argumentos positivos foram oferecidos para *estabelecer* a Regra B como sendo falsa. Primeiramente, se não excluirmos Deus do princípio N, surgem problemas mais uma vez ao aplicarmos a Regra B a Deus e ao fato incontroverso — determinado desde a eternidade pretérita, em virtude da natureza divina — de que Deus não pode agir injustamente. Ele não é moralmente responsável por ter a natureza que tem, pois, esse fato (*p*) não é algo que o próprio Deus realizou. Mas ele também não é responsável pelo fato de que, pela natureza que tem, nunca agirá injustamente; essa consequência (*q*) segue diretamente do fato de a impecabilidade ser parte da natureza divina. E, no entanto, Deus *é* moralmente responsável por nunca agir injustamente: ele é digno de louvor pelas ações gloriosamente justas que realiza. Então temos que Np e N($p \supset q$), mas não Nq. A regra B é falsa. Da mesma forma, e desta vez mesmo com a versão reformulada de N a fim de incluirmos apenas os seres humanos, vamos mais uma vez tentar aplicar a Regra B aos seres humanos decaídos e ao fato de eles nascerem com a inclinação original (p), o que sugere sua incapacidade de viver uma vida sem pecado (q). Um homem decaído não é moralmente responsável pelo fato de ter nascido com inclinação original; esse é um estado que ele não provocou pessoalmente, uma condenação resultante da queda que antecedeu seu nascimento. Mas ele também não é moralmente responsável pelo fato de que, sofrendo da inclinação original, deixará de viver uma vida perfeitamente sem pecado. Isso é o que é a inclinação original. E, no entanto, ele *é* moralmente responsável — ou seja, culpável — por essa sua falha, de modo que, mais uma vez, temos Np, N($p \supset q$), mas não Nq. A regra B é falsa.

É claro que esses meus dois argumentos pressupõem doutrinas *cristãs* bastante centrais e, portanto, podem não funcionar contra todo proponente do argumento direto, mas, continuará sendo verdade que a regra B, se não for falsa, é, pelo menos, uma petição de princípio, o que obviamente é suficiente para declarar o fracasso de um argumento. Em conclusão, o argumento direto não consegue confirmar o incompatibilismo, uma tese que agora argumentei ser falsa com fundamentos cristãos independentes.

A tão procurada condição para a responsabilidade moral e como ainda não apareceu

Em várias ocasiões acima na presente obra, foram encontrados vários critérios que excluem a responsabilidade moral — coerção, manipulação, doença mental, incapacidade condicional de agir de outra forma etc.

Isso ignifica que eles especificam — por sua ausência — as condições *necessárias* para que um agente seja moralmente responsável por uma determinada ação. No entanto, nenhuma dessas condições foi declarada ou admitida como *suficiente* para a responsabilidade moral. Tendo encontrado várias delas, naturalmente surge a pergunta: podemos agora fornecer uma condição *suficiente* para a responsabilidade moral? Podemos oferecer um critério bom e rígido tal que, se um agente o satisfizer, segue-se que o agente é moralmente responsável? No momento, confesso, com tristeza, que não consigo. Suspeito que meu critério acima de "agir de acordo com o caráter e os desejos dados por Deus", ou algo parecido, possa chegar perto, mas não estou preparado para dizer que não admitiria contraexemplos, se vistos como uma condição suficiente para a responsabilidade moral. Portanto, nesse ponto, não afirmo ter esse critério disponível, para ser usado como regra em todos os casos, a fim de avaliarmos a responsabilidade moral de um agente. Em vez disso, tudo o que posso fazer é comentar as três seguintes perguntas: 1) "É decepcionante?" 2) "É surpreendente?" e 3) "É ruim?"

É decepcionante?

A resposta a essa primeira pergunta eu penso que tem de ser "sim". Seria puro cinismo fingir que não desejamos que tal condição suficiente estivesse em nosso poder. Não seria maravilhoso ter em mãos uma condição hermética, simples e logicamente suficiente que servisse para declarar em todo e qualquer caso, que um agente é, de fato, moralmente responsável? Eu penso que sim. Ficar aquém desse ideal deve ser um pouco decepcionante para os filósofos sedentos de conhecimento. Esse conflito é perfeitamente percebido por John Martin Fischer. Ele volta à falha das "análises condicionais", que foram discutidas no capítulo 5. Lá, concluímos que para um agente ser moralmente responsável, era necessário que ele tivesse a capacidade condicional de agir de outro modo — esse princípio sendo o que chamamos de PPA$_{If}$. Embora essa condição fosse considerada *necessária* para a responsabilidade moral, defendi que ela não é *suficiente*, nem jamais tentou sê-lo. Diante dessa evidente deficiência de critério, Fischer reflete sobre a necessidade de fornecer critérios adicionais, que, juntamente com essa condição, *constituiriam*, de fato, uma condição suficiente para a responsabilidade moral. Ele escreve:

> Alguns compatibilistas, em relação à liberdade e ao determinismo causal, desistiram da análise condicional diante de tais dificuldades. Outros têm procurado oferecer uma análise condicional mais sofisticada. Assim, podemos distinguir entre a análise condicional "simples", geralmente desacreditada, e o que pode ser chamado de análise condicional "sofisticada". Diferentes filósofos sugeriram diferentes maneiras de sofisticar a análise simples, mas a ideia básica é, de alguma forma, descartar os fatores que incontroversamente — isto é, sem fazer quaisquer suposições que sejam controversas dentro do contexto de uma avaliação da compatibilidade entre determinismo causal e liberdade — tornam um agente incapaz de escolher — e, portanto, incapaz de agir. Nesse sentido, pode-se tentar algo assim: um agente S pode fazer X apenas no caso de (i) se S tentasse fazer X, S faria X, e (ii) o agente não está sujeito a hipnose clandestina, publicidade subliminar, compulsão psicológica resultante de experiências traumáticas passadas, estimulação direta do cérebro, danos neurológicos devido a uma queda ou acidente, e assim por diante [...].
>
> Um problema óbvio com a análise sofisticada é o "e assim por diante [...]". Ao que parece, um número indefinidamente grande de outras condições — aparentemente

de natureza heterogênea — poderia, em princípio, ser considerado como resultando no tipo relevante de incapacidade. Além disso, deve haver um certo desconforto em aprovar, como parte da análise, uma lista de itens díspares, sem explicação do que os une como uma classe; de um ponto de vista filosófico, a condição (ii) postula uma miscelânea inapropriada. Como alguém poderia avaliar uma proposta de adição à lista baseando-se em princípios?[292]

As preocupações de Fischer são sinceras e, provavelmente, amplamente compartilhadas. Adoraríamos evitar essa "miscelânea inapropriada" e expressar uma condição simples que una todas essas condições necessárias em uma condição suficiente. Portanto, nossa atual incapacidade de fazê-lo continua sendo um pouco frustrante; mas, isso é realmente surpreendente?

É surpreendente?

O desejo de colocar as mãos nessa lista valiosa de condições, que, juntas, são suficientes para implicar positivamente que um agente é moralmente responsável, por ora continuará frustrado. Mas teria sido essa uma expectativa razoável, para início de conversa? Não está claro que, se tal condição existe, deveríamos ser capazes de encontrá-la e formulá-la de forma sucinta. Afinal, a responsabilidade moral é um assunto bastante complexo. Por que deveríamos esperar encontrar uma condição única, necessária e suficiente que envolva todos os casos morais de uma só vez? Uma maneira de apreciar isso no campo atual da ética é contemplar sua contraparte no campo da estética. Sugiro que o "belo", assim como o "bom",

---

[292] Fischer, "Compatibilism", 51.

é bastante complexo de ser analisado filosoficamente, tal que embora apreendamos diretamente esses dois domínios na experiência humana e possamos identificar alguns dos princípios que parecem governá-los, não devemos esperar resumir todo e qualquer desses princípios em condições filosoficamente justas, necessárias e suficientes. Ao considerar a beleza de uma pintura, é muito mais fácil — e, às vezes, patentemente óbvio — apontar características que excluem a beleza — uma cor conflitante, tons ofensivos, grosseria — do que especificar todas as características, que, juntas, são suficientes para a pintura ser bonita.[293] Como se especificaria isso? Em vez disso, podemos ter uma coleção diversa de condições, as quais são necessárias para a beleza, enquanto carecemos de uma condição suficiente e totalmente especificada para garantir que uma pintura seja realmente bela. De maneira comparável, temos vários itens que excluem a responsabilidade moral se estiverem presentes, mas carecemos — até agora, pelo menos eu careço — de uma condição suficiente e totalmente especificada para garantir a responsabilidade moral. Nesse sentido, os juízos éticos são semelhantes aos juízos estéticos e não devemos ficar tão surpresos que essa valiosa lista ainda esteja faltando em nossa análise. Mas alguém ainda poderia perguntar: quão problemático isso é?

É RUIM?

Isso é ruim para a filosofia compatibilista?

Primeiro, queremos saber se essa deficiência é ruim para o compatibilismo. Será que a falha em identificar esse critério simples e suficiente é

---

[293] Pode-se objetar que a beleza de uma pintura permanece como sendo um apelo subjetivo. Eu presumo aqui uma visão na qual os juízos estéticos, não menos que os juízos morais, são verdadeiros, objetivos e ancorados na natureza de Deus, mas minha analogia não se apoia nessa pressuposição. De fato, mesmo que as condições para a beleza fossem subjetivas e variassem de um indivíduo para outro, continuaria sendo o caso de que, para qualquer indivíduo, tais condições existem e exibem as características paralelas aos julgamentos morais, as quais estou apontando aqui.

um problema apenas para os compatibilistas e, portanto, uma possível motivação para rejeitar o compatibilismo? A resposta é não. As dificuldades dessa análise filosófica terão de ser compartilhadas também pelos incompatibilistas, porque a condição "a escolha de um agente é indeterminada", que defendi não ser *necessária* para a responsabilidade moral, tampouco é *suficiente*. Lembre-se da possibilidade de escolhas não determinadas, embora coagidas, por exemplo, ou escolhas não determinadas feitas sob manipulação de influência, nenhuma das quais seria moralmente responsável, embora não sejam determinadas. Quer se expresse a condição em termos de indeterminismo ou em termos de uma capacidade categórica de agir de outro modo, essa condição não parece ser suficiente para a responsabilidade moral, e vemos que os filósofos incompatibilistas, tanto quanto os compatibilistas, devem se esforçar para sofisticar sua análise da pretensa condição suficiente; uma análise que não é necessariamente mais simples do que suas contrapartes compatibilistas. Observe a formulação do libertário Robert Kane do que ele chama de "Responsabilidade Última", e que mesmo ele diz ser apenas *necessária*, deixando a porta aberta para ainda mais condições serem acrescentadas para constituir seu critério suficiente para a responsabilidade moral:

> Uma ação voluntária "depende do agente", no sentido exigido pelo livre-arbítrio, somente se o agente for o último responsável por ela no seguinte sentido.
>
> (RU) Um agente é *o último responsável* por algum — evento ou estado — E somente se (R) o agente for pessoalmente responsável pela ocorrência de E em um sentido que implica que algo que o agente voluntariamente — ou por querer — fez ou omitiu, e pelo qual o agente poderia ter feito voluntariamente de outra forma, quer foi, ou contribuiu causalmente para, a ocorrência de E e fez diferença para que E ocorresse ou não; e (U) para cada

X e Y (onde X e Y representam ocorrências de eventos e/ou estados), se o agente for pessoalmente responsável por X, e se Y for uma *arché* (ou fundamento, causa ou explicação suficientes) para X, então o agente também deve ser pessoalmente responsável por Y.[294]

Quer a análise de Kane seja *verdadeira*, quer não, provavelmente não é *mais simples* do que qualquer lista que os compatibilistas possam produzir. O desacordo sobre a questão de saber se o determinismo exclui a responsabilidade moral evidentemente não coloca os incompatibilistas em melhor condição — pelo menos no que diz respeito à simplicidade — para formular essa lista valiosa de condições e, portanto, o compatibilismo não está — pelo menos no momento — em piores condições do que a sua alternativa, devido a essa reconhecida deficiência.

Isso é ruim para a vida prática?

Em última análise, um valor desejável de se possuir esses critérios seria em sua aplicação a casos da vida real. Na vida cotidiana, queremos ser capazes de avaliar se uma pessoa é, ou não, moralmente responsável. Então, para esse propósito, a ausência de uma condição suficiente analisável de forma prática para a responsabilidade moral prejudica a nossa realização de juízos adequados? É certo que seria melhor tê-la, mas não acho que nossa perspectiva seja muito sombria. Pelo lado positivo, o que temos é uma série de itens que *excluem* a responsabilidade moral. Então, filosoficamente, podemos simplesmente continuar construindo essa lista de tais itens sempre que os descobrirmos, até que, talvez um dia, eles cubram todas as bases e constituam uma medida suficiente para afirmar que um agente é, de fato, moralmente responsável — quer

---

[294] Kane, *Significance*, 72.

estejamos cientes de que o são, quer não. Para nossos propósitos da vida concreta, no entanto, até que chegue a hora, se isso algum dia acontecer, não é irracional considerar que um agente é moralmente responsável por suas escolhas, a menos que ele exiba um dos critérios que atualmente sabemos figurar nessa lista. Nesse sentido, escolhas livres moralmente responsáveis são vistas como a posição padrão quando os agentes agem; elas são o padrão pretendido por nosso criador ao nos conceder a capacidade de fazer escolhas.

Em geral, é isso que queremos dizer quando dizemos que "os seres humanos têm livre-arbítrio" ou "Deus deu aos homens o livre--arbítrio". Os homens "normalmente" fazem escolhas livres pelas quais são responsáveis, *a menos* que se encontrem na infeliz situação de carecerem de uma de nossas condições necessárias. O fato de não sabermos especificar filosoficamente sua conjunção abrangente e exaustiva não nos impede de identificá-las individualmente quando as encontramos, assim como nossa incapacidade de especificar condições filosoficamente suficientes para a beleza não nos impede de identificar a feiura quando a vemos. Embora possa decepcionar a nós, filósofos ambiciosos, o fato de não termos uma condição bem elaborada para a responsabilidade moral não prejudica tanto os juízos práticos — e as decisões sensatas correspondentes — na vida real.

Conclusão sobre o determinismo e a responsabilidade moral

Como conclusão, defendemos o seguinte a respeito do determinismo e da responsabilidade moral:

> Vários argumentos incompatibilistas foram refutados: o argumento "sem livre-arbítrio, sem escolha", o argumento "animais de estimação e marionetes", o argumento da

coerção, o argumento da manipulação, o argumento da doença mental e o argumento direto.

O chamado princípio das possibilidades alternativas foi avaliado em duas versões diferentes. Em sua versão que apela à capacidade categórica (PPA$_{All}$), foi considerado incompatível com o determinismo, mas não comprovado, e em sua forma condicional (PPA$_{If}$), foi considerado verdadeiro, mas compatível com o determinismo.

Ao garantir essa conclusão, foram levantadas algumas críticas à chamada "análise condicional" da liberdade, e todas foram consideradas inválidas, por exibirem expectativas equivocadas.

Dois argumentos independentes foram, então, apresentados para refutar o PPA em sua forma incompatibilista (PPA$_{All}$). Casos ao estilo de Frankfurt foram vistos como malsucedidos em fazê-lo, mas foi argumentado primeiramente que PPA$_{All}$ foi refutado pela coerência de um Deus que é impecável e digno de louvor e, portanto, implicava que é possível ser louvável sem a capacidade categórica de agir de outro modo. E, em segundo lugar, foi demonstrado por *reductio ad absurdum* que o PPA$_{All}$ resulta no pelagianismo se alguém afirma que é possível para um ser humano caído viver uma vida perfeita sem pecado, ou, no universalismo se, em vez disso, sustentar essa impossibilidade, mas ainda aderindo ao PPA$_{All}$, que, então, afirma que os seres humanos não podem ser responsáveis por essa sua falha.

Seguindo a essa refutação do PPA, um último argumento em favor do compatibilismo foi apresentado, com base na falsidade do PPA. Argumentou-se que o livre-arbítrio libertário pressupõe necessariamente a capacidade de agir de outro modo, do que se seguiu que o incompatibilismo resulta a verdade do PPA. Mas, uma vez que foi demonstrada a falsidade do PPA, seguiu-se por *modus tollens* que o incompatibilismo é falso e, portanto, o compatibilismo é verdadeiro.

Em suma, com todas essas considerações em vigor, a compatibilidade entre o determinismo e a responsabilidade moral não foi apenas defendida contra todas as suas críticas mais importantes, mas também foi positivamente estabelecida por um par de argumentos independentes e sólidos, baseados em premissas cristãs. Que Deus determina tudo o que acontece não é, portanto, uma desculpa para a imoralidade humana; mesmo no calvinismo, Deus pode moral e coerentemente responsabilizar — e assim o *faz* — os homens por seus pecados. As perguntas retóricas de Paulo "Então, por que Deus ainda nos culpa? Pois, quem resiste à sua vontade", portanto, aceitam as seguintes respostas simples: "Quem pode resistir à sua vontade?" No calvinismo, ninguém. "Por que Deus ainda encontra falha?" Porque o compatibilismo é verdadeiro.

Essas são conclusões importantes e, ainda assim, nesse ponto, uma palavra de cautela pode ser necessária no meio da celebração calvinista. Como a maioria dos libertários também são incompatibilistas, e a maioria dos compatibilistas também são deterministas, não é raro incorporar o debate de "compatibilismo *versus* incompatibilismo" ao de "libertarianismo *versus* determinismo". Com os argumentos em mãos, teses que pretendem estabelecer a vitória do compatibilismo no primeiro debate, seria fácil tirar conclusões precipitadas e reivindicar a vitória do determinismo também no último debate, porém, isso seria inválido. O argumento estabelece que o determinismo é *compatível com a responsabilidade moral*, não que ele é verdadeiro. Ele estabelece o compatibilismo, não o determinismo e, portanto, não fornece tudo o que os deterministas calvinistas poderiam desejar. No entanto, continua a ser uma primeira conclusão importante, que vale a pena ser comemorada, porque uma vez que tenhamos demonstrado que o determinismo pode conviver pacificamente com a responsabilidade moral, se o determinismo, posteriormente, for considerado atraente para outras considerações — da Escritura e/ou da razão — então a responsabilidade moral não mais terá de ser uma preocupação; os libertários perderam uma de suas duas motivações mais importantes para rejeitar o determinismo calvinista, um dos dois grandes argumentos anticalvinistas, que são o foco da presente obra. A próxima parte abordará a segunda motivação, de modo que agora nos perguntamos, junto aos arminianos, e aqui novamente com o interlocutor virtual de Paulo, em Romanos 9.14: "Há injustiça da parte de Deus?"

PARTE II

O Calvinismo e o envolvimento divino no mal

> "As objeções mais fortes ao calvinismo são, sem dúvidas, encontradas nos fenômenos do pecado e do mal moral."[295]
> — WILLIAM HASKER

A segunda questão fundamental de interesse, que surge infalivelmente sempre que a abrangência da providência de Deus é contemplada no calvinismo, é a questão do mal divino. Se a providência de Deus se estende sobre todas as coisas que se sucedem, e se o decreto abrangente de Deus traz à tona todo o mal que obviamente é testemunhado neste mundo, então não seria Deus injusto? Essa questão é uma decorrência mais ou menos direta da queixa anterior sobre responsabilidade moral:

---

[295] Hasker, "Philosophical Perspective", 153.

alega-se que se o determinismo é verdadeiro, se o livre-arbítrio não é libertário, então os homens não são moralmente responsáveis por seus pecados e, portanto, Deus o é — o que é presumivelmente inaceitável.

Como foi o caso da questão da responsabilidade moral humana, a questão do mal divino é proposta quase universalmente pelos polemistas libertários. Vamos ouvi-la de alguns de seus importantes proponentes, em suas próprias (por vezes chamativas) formulações.

Richard Rice: "Se tudo acontece tal como Deus planeja, então Deus é responsável por tudo. Isso exclui a liberdade da criatura e parece tornar Deus responsável por todo o mal do mundo".[296]

John Sanders: No calvinismo, "não há separação suficiente entre Deus e o ato maligno para aliviar a responsabilidade divina pelo mal".[297]

Provavelmente devido à natureza particularmente emocional e à centralidade da questão na nossa compreensão de Deus, a intensidade da acusação tende a escalonar rapidamente: para Clark Pinnock, o Deus do calvinismo é "uma espécie de terrorista que anda por aí distribuindo tortura e desastres e até mesmo pessoas dispostas a fazer coisas que a Bíblia diz que Deus odeia";[298] para Steve Lemke ele é "um Deus carrasco que intencionalmente esmaga crianças e eletrocuta pais";[299] e para William Lane Craig, "A visão agostiniana-calvinista parece, com efeito, transformar Deus no diabo".[300] Esses fortes sentimentos são compartilhados por Roger Olson, que acusa o calvinismo de tornar Deus, "na melhor das hipóteses, moralmente ambíguo e, na pior das

---

296 Rice, "Divine Foreknowledge", 132.
297 Sanders, "Responses to Bruce A. Ware", 145-46.
298 Pinnock, "Pinnock's response (to Feinberg)", 58.
299 Lemke, "God's Relation to the World", 212.
300 Craig, "Middle-Knowledge View", 135.

hipóteses, um monstro moral dificilmente distinguível do diabo",[301] um pensamento que remonta pelo menos a John Wesley.[302]

Além disso, um conceito importante a ser observado por trás da presente acusação é o de "autoria" do pecado ou do mal.

Robert Picirilli: "Deus não é o autor do pecado."[303]

Roger Olson: "[A] teontologia calvinista torna Deus arbitrário e o autor do pecado e do mal."[304]

Kenneth Keathley: "Deus não é o autor, origem ou causa do pecado — e dizer que ele é, não é apenas hipercalvinismo, mas blasfêmia".[305]

Como é evidenciado pelas declarações acima, o presente argumento é especificamente dirigido à doutrina reformada acerca de Deus; não está direta ou principalmente preocupado com o problema tradicional do mal. O problema do mal questiona se é coerente acreditar na existência de um Deus todo-amoroso, todo-poderoso e onisciente à luz do fato de tanto mal existir no mundo. Por outro lado, a presente questão diz respeito a perguntar se a bondade moral de Deus é compatível com o tipo de providência que os calvinistas afirmam que ele exerce. Embora cada uma delas toque em conceitos relacionados, estas são duas questões distintas, exigindo algumas observações sobre como a acusação anticalvinista em questão realmente se relaciona com o problema do mal, esclarecendo assim o que a questão *não é*.

---

301 Olson, *Against Calvinism*, 84.
302 "[Os calvinistas] representam Deus como pior que o diabo. Mais falso, mais cruel, mais injusto." Wesley, *Free Grace*, 17.
303 Picirilli, *Grace, Faith, Free Will*, 47.
304 Olson, "Responses to Paul Helm", 57.
305 Keathley, *Salvation and Sovereignty*, 7.

CAPÍTULO 8

Preliminares sobre o problema do mal

A relação com o problema clássico do mal — o que a questão não é

No que diz respeito à relação entre essa questão e o problema do mal, há dois enganos em potencial que demandam nossa atenção e exigem esclarecimentos. Primeiro, a presente questão *não* é se o problema estritamente lógico do mal proposto pelos ateus pode ser refutado — o livre-arbítrio libertário não é *necessário* para isso. E segundo, a presente questão *não* se trata sobre a possibilidade de todo mal poder ser explicado pelo livre-arbítrio humano que deu errado — o livre-arbítrio libertário não é *suficiente* para isso. Vamos examinar um ponto de cada vez.

O problema lógico do mal — o libertarianismo não é necessário para oferecer uma defesa limitada

Um dos supostos pontos fortes da posição libertária, e possivelmente a razão mais importante pela qual tantos filósofos cristãos são libertários,[306] é que ela oferece uma resposta muito forte ao problema do mal: se os homens são verdadeiramente livres, então Deus não poderia determiná-los a abster-se livremente do pecado, então eles escolhem livremente o caminho errado, *et voila*, o mal aparece em toda parte nas atividades humanas e os afasta das determinações providenciais de Deus. Jerry Walls e Joseph Dongell declaram: "É claro para nós que se Deus determinasse todas as coisas, incluindo nossas escolhas, ele *não determinaria* o tipo de mal e atrocidades que testemunhamos na história".[307]

Mas o calvinista não está especialmente exposto ao problema estritamente lógico do mal. Em sua versão lógica, o problema do mal afirma que a existência de Deus é logicamente incompatível com o mal. Assim, é afirmado o seguinte:

> 51. Não há um mundo possível no qual ambos Deus e o mal existam.
>
> 52. O mal existe neste mundo.
>
> Portanto
>
> 53. Deus não existe neste mundo.

O cristão obviamente afirma a premissa (52) (o mal existe!), e nega a conclusão — ele sustenta que Deus existe. Assim, ele precisa

---

[306] Esse juízo é compartilhado por Daniel Johnson, que escreve "a verdadeira razão pela qual o calvinismo não tem sido uma opção viável para a maioria dos filósofos acadêmicos é o papel central que as explicações libertárias do livre-arbítrio desempenharam nas respostas filosóficas ao problema do mal na última metade do século passado." Alexander e Johnson, "Introduction", 2.

[307] Walls e Dongell, *Not a Calvinist*, 218.

rejeitar a premissa (51). Mas rejeitar a premissa de que "não há um mundo possível no qual ambos Deus e o mal existam" é nada mais que sustentar que "há um mundo possível no qual tanto Deus quanto o mal existem". Essa é uma afirmação muito modesta, e é aí que os libertários naturalmente vieram a responder que existe um mundo possível em que Deus concede livre-arbítrio libertário às suas criaturas, de modo que, nesse mundo possível, todo o mal moral que acontece poderia ser responsabilizado nas livres escolhas libertárias humanas ou demoníacas. Isso pode ser afirmado até mesmo por quem não acredita que esse mundo possível seja realmente aquele em que vivemos. A notável contribuição de Alvin Plantinga para a questão do problema do mal foi observar que uma "defesa do livre-arbítrio" não precisa ser uma teodiceia. Uma *teodiceia* seria uma explicação detalhada de como alguém acredita que Deus e o mal *realmente* coexistem neste mundo,[308] enquanto uma defesa do livre-arbítrio é meramente a imaginação de uma possibilidade apresentada ao ateu, e que, com sucesso, isenta Deus do argumento lógico do mal contra a existência de Deus. Plantinga explica que:

> A defesa do livre-arbítrio é um esforço para mostrar que (1) Deus é onipotente, onisciente e totalmente bom — o que interpretarei como pressupondo que Deus existe — não é inconsistente com (2) Há mal no mundo. Ou seja,

---

[308] Ou poderia coexistir neste mundo, dado tudo o que acreditamos independentemente. W. Paul Franks traça a distinção útil entre uma defesa "estreita" do livre-arbítrio e uma defesa "ampla" do livre-arbítrio. O primeiro é formulado com o único propósito de responder ao problema do mal, independentemente da crença que se possa ter sobre Deus, enquanto o último, sem explicar todo o mal da maneira que uma teodiceia pode exigir, formula explicações do mal que são consistentes com tudo o que se acredita adicionalmente sobre Deus. "Os proponentes de uma defesa do livre-arbítrio tentam dar uma explicação plausível do motivo pelo qual o mal neste mundo. Tal explicação deve incluir tudo o que se considera verdadeiro no mundo real, o que, é claro, inclui suas crenças sobre Deus." Franks, "Divine Freedom", 108.

o defensor do livre-arbítrio visa mostrar que existe um mundo possível em que (1) e (2) são ambos verdadeiros.[309]

Esse mundo possível não precisa ser verdadeiro e real. É um fato lógico interessante a ser observado e, inicialmente, isenta os cristãos da necessidade de uma teodiceia detalhada para aquele que é cético.

Agora, dado isso, pode-se pensar que mesmo os calvinistas poderiam apelar para o livre-arbítrio libertário dessa maneira: eles poderiam dizer que existe um mundo possível no qual o livre-arbítrio é libertário e justifica todo o mal em tal mundo, mesmo que o livre-arbítrio não seja, *de fato*, libertário no mundo atual.[310] Esse movimento, no entanto, não funcionará, porque nesse mundo possível imaginado, não é apenas o indeterminismo que deve prevalecer, mas também o incompatibilismo: o mal seria explicado pelo livre-arbítrio libertário nesse mundo possível apenas se o livre-arbítrio libertário fosse necessário para haver a responsabilidade moral, caso contrário, Deus não teria justificativa em conceder esse tipo de livre-arbítrio desnecessariamente indeterminista, que resulta no mal, sem uma boa razão. Mas se o incompatibilismo é verdadeiro em um mundo possível, então é verdadeiro em todos os mundos possíveis, incluindo o mundo atual. Por outro lado, uma vez que um calvinista pensa que o incompatibilismo é falso no mundo atual, ele deve pensar que é falso em todos os mundos possíveis e, portanto, não pode apelar para um suposto mundo possível no qual o livre-arbítrio libertário explica o mal.

O que então ele pode dizer em vez disso? Os cristãos — tanto o arminiano quanto o calvinista — podem simplesmente afirmar que *é possível que Deus tenha razões moralmente suficientes para permitir todo o mal que ocorre, quer Deus escolha revelar essas razões, quer não*.

---

[309] Plantinga, *Nature of Necessity*, 165.

[310] Steven Cowan assim o afirma, sendo um compatibilista, em Cowan, "Sinlessness of the Redeemed", 418.

É claro que não se pode sempre — eu diria que raramente se pode — saber quais razões havia para um mal *em particular*, mas não é preciso provar que tais razões existam, apenas que sua existência é possível, por tudo o que sabemos, porque refuta com sucesso a afirmação ateísta da premissa (51), de que é impossível que esses males existam se Deus existir. Se o cético quer usar a existência do mal para refutar a existência de um Deus todo-amoroso e todo-poderoso, então ele precisa carregar o pesado ônus da prova de mostrar que não é possível que Deus tenha razões moralmente suficientes para permitir o mal. Mas como ele vai fazer isso? A menos e até que isso aconteça, calvinistas e arminianos podem sustentar que Deus tem razões moralmente suficientes para permitir o mal, quer seu desejo de preservar o livre arbítrio libertário humano seja uma dessas razões, quer não.

Embora o libertarianismo possa ser considerado útil pelos arminianos para explicar o mal, não é, portanto, *necessário* defender a coerência da crença cristã face ao problema do mal. Voltemos, então, para o segundo engano que mencionei, e fazer a importante observação de que mesmo que os arminianos estivessem corretos, e que o livre-arbítrio libertário fosse *parte* da explicação para o mal, de forma alguma poderia ser o quadro completo. Muitos arminianos que atribuem o mal ao Deus calvinista precisam perceber que estão argumentando contra sua própria visão de Deus, porque o livre-arbítrio libertário está muito aquém de explicar todo o mal no mundo, simplesmente porque ele não é *suficiente*.

O mal que ocorre debaixo da providência do Deus arminiano — o libertarianismo não é suficiente para explicar o mal

> "Não importa como nossa teodiceia tente explorar a liberdade da criatura, há algum trabalho suplementar de absolvição a ser feito"[311] – Hugh J. McCann

A alegação atual é de que o livre-arbítrio libertário, mesmo que fosse o verdadeiro tipo de livre-arbítrio que os homens possuem, ainda não seria suficiente para explicar todo o mal no mundo atual. Muita maldade ocorre todos os dias, que Deus, mesmo no arminianismo, poderia prevenir completamente e, ainda assim, não o faz, de modo que os arminianos não podem consistentemente culpar o Deus calvinista por falhar em preveni-los.

Primeiro, há o problema do chamado "mal natural", que consiste em toda a dor e sofrimento devastadores que ocorrem por causa dos desastres naturais. Quando ocorre uma catástrofe natural (inundações, terremotos, furacões etc.), ela cai sob a providência de um Deus todo-amoroso e todo-poderoso que, presumivelmente, poderia evitá-la, e isso precisa ser levado em conta na teodiceia. Adiarei mais comentários sobre esse problema do mal natural até sua discussão completa, no capítulo 10.

Em segundo lugar, há uma série de comportamentos perturbadores exibidos por animais que provavelmente não têm autoconsciência, de modo que é altamente implausível dizer que os animais possuem algo como um livre-arbítrio libertário que impede Deus de controlar total e meticulosamente seus comportamentos. William Hasker culpa a(s) concepção(ões) agostiniana (e molinista) de Deus por coisas como uma aranha capturando e matando uma mariposa, ou uma matilha

---

[311] McCann, *Creation*, 115.

de lobos matando de fome os filhotes de uma matilha adversária.[312] Se não um for um caso claro da chamada "falácia patética", alegar que esses eventos minam o agostinianismo (ou seja, o calvinismo) é, no mínimo, uma falha em notar que os animais não são agentes morais e, portanto, em qualquer visão de providência, não têm livre-arbítrio, muito menos livre-arbítrio libertário. Esses eventos ocorrem sob o total controle providencial de Deus, mesmo no libertarianismo — isso sem mencionar o testemunho das Escrituras a esse respeito.[313] Essas instâncias animais do chamado mal natural devem ser explicadas pelos libertários, independentemente de quaisquer postulações sobre o livre-arbítrio.

Em terceiro lugar, há todos os trágicos incidentes humanos que, sendo involuntários, também não envolvem o livre-arbítrio de jeito algum. Jerry Walls e Joseph Dongell culpam o Deus calvinista por acidentes de carro:

> Considere o caso de um adolescente que se tornou paralítico em um acidente automobilístico porque os freios de seu carro falharam. Suponha que ele não tivesse feito nada de irresponsável, mas que, sem ele saber, houve um defeito na fabricação de seus freios que causou o acidente.[314]

Eles argumentam contra o calvinismo, dizendo que o acidente não foi enviado por Deus, mas simplesmente que "a falha do freio pode ser vista como uma tragédia resultante do fato de que vivemos em um mundo operado por leis naturais ordenadas por Deus e, por vezes, coisas projetadas por seres humanos, falham."[315] Mas, obviamente,

---

312 Hasker, "Open Theist Theodicy", 299-300.
313 Alfred Freddoso cita Jó 38.25-29, 39–41 e Salmos 148.3-10. Freddoso, "Medieval Aristotelianism", 74-75.
314 Walls e Dongell, *Not a Calvinist*, 208.
315 Ibid.

quem nega isso? Esse exemplo do carro é irrelevante para a presente questão, uma vez que o Deus arminiano é tão capaz quanto o Deus calvinista de evitar o acidente, sem encontrar nenhum livre-arbítrio libertário em seu caminho. O carro não tem um livre-arbítrio libertário próprio para quebrar quando quiser, frustrando a providência de Deus sobre a vida do motorista. Portanto, esses casos sobre o mal também são irrelevantes para o debate.

Em quarto lugar, existem todas as doenças e enfermidades horríveis neste mundo que um Deus onipotente é igualmente capaz de curar, quer os homens tenham livre-arbítrio libertário, quer não. A lista de acusações de John Sanders contra o Deus do modelo "sem-risco" contém "doenças debilitantes", "defeitos congênitos" e "cegueira".[316] E o arminiano Roger Olson exclama "Amém!" à longa lista de críticas de David Bentley Hart contra um Deus calvinista que, como "uma espécie de demiurgo malévolo ou desprezível", permite coisas como "uma criança morrendo em agonia de difteria" ou "uma jovem mãe devastada por câncer"[317], e ele faz bastante apelo emocional através da longa história de um bebê doente gritando em agonia no hospital.[318] Infelizmente, tudo isso é irrelevante para o debate entre arminianos e calvinistas. Com efeito, o que Olson está oferecendo são argumentos contra o teísmo. Uma vez que no arminianismo Deus é igualmente capaz de curar essas doenças — células cancerosas e bactérias não têm livre-arbítrio — as queixas de Olson se voltam também contra sua visão arminiana de Deus e, portanto, não servem para defender o libertarianismo.

E, finalmente, mesmo quando se trata de escolhas humanas livres, a verdade do libertarianismo só restringiria os atos de Deus até certo ponto. Dado o conteúdo real do presente mundo, é preciso

---

[316] Sanders, *God Who Risks*, 263.
[317] Olson, *Against Calvinism*, 86.
[318] Ibid., 89.

admitir que, mesmo dado o libertarianismo, Deus, sendo onipotente, ainda permite uma grande quantidade de mal e sofrimento que ele poderia prevenir ou, no mínimo, acabar caso ele realmente quisesse. Uma enorme quantidade de mal neste mundo, embora decorra da livre agência dos seres humanos, ainda seria suficientemente fácil de ser impedido de tal modo que até mesmo o Deus arminiano poderia realizá-lo facilmente. Deus pode não ser capaz de "conseguir" que criminosos parem "livremente" suas abominações se eles tiverem livre-arbítrio libertário, mas ele definitivamente poderia, com justiça, fazê-los morrer, ou até mesmo deixá-los inconscientes. O teísta aberto Gregory Boyd oferece um exemplo aterrorizante para destacar o quão perverso Deus teria que ser no calvinismo à luz de tal mal, que reconhecidamente, por vezes, ocorre neste mundo doente:

> O mundo inocente e feliz de uma menina encantadora e graciosa, de nove anos de idade, é instantaneamente transformado em um pesadelo inimaginável quando ela é sequestrada por um pedófilo demente e sádico. Durante anos ela foi presa em uma cela escura enquanto era torturada e estuprada diariamente. O inferno psicológico no qual seus pais mergulharam enquanto especulavam por anos sobre o destino desconhecido de sua amada filha é tão diabolicamente sombrio quanto o inferno vivido por sua filha.[319]

A conclusão de Boyd é que Deus nunca decretaria tais horrores, porque é muito difícil pensar em razões moralmente suficientes que Deus possa ter e sustentar que Deus decreta todas as coisas "para o bem de seus filhos e a glória de seu nome". Roger Olson, Jerry Walls e Joseph Dongell apresentam histórias semelhantes de sequestro e

---

[319] Boyd, "Response to Paul Kjoss Helseth", 77.

estupro.³²⁰ Esses são reconhecidamente casos de perversidade perturbadora, e nenhum calvinista em sã consciência deve presumir saber, de fato, que boa razão específica Deus tem para permiti-los, mas não devemos esquecer o fato de que, numa medida similar relevante, a visão libertária também enfrenta boa parte desse mesmo problema. Mesmo supondo que o livre-arbítrio libertário do estuprador tivesse impossibilitado Deus de *livremente* impedir tal ato, o que impede Deus de destruir o monstro logo antes de ele cometer o crime? Ou depois do primeiro estupro? Ou da primeira semana? Do primeiro ano? Da primeira década? Evidentemente nada; e, no entanto, na visão de Boyd, Deus não o fez. O teodicista arminiano ainda precisa explicar esse fato, e não encontrará no libertarianismo uma saída mais fácil do que o calvinista. O que Boyd teria a dizer é algo assim: "Deus tem razões moralmente suficientes para permitir esse mal, mesmo que não entendamos quais são essas razões" e todos os calvinistas dirão "amém".³²¹ Os arminianos, supondo que eles corretamente defendam a onipotência de Deus, têm que concordar com o menor denominador comum do calvinista Gordon Clark, que "no mínimo, devemos dizer que Deus se agradou de deixar a história ocorrer como ocorreu".³²²

    Duas ressalvas devem ser adicionadas. Primeiramente, os arminianos podem dizer que há uma diferença entre suscitar o mal e simplesmente permitir que ele aconteça. O ponto é bem entendido e em resposta discutirei a questão da "permissão" divina do mal no capítulo 10, mas a presente alegação é ainda mais modesta do que isso. É apenas a alegação de que nem todo mal pode ser explicado pela incapacidade

---

320 Olson, *Against Calvinism*, 90-91. E Walls e Dongell, *Not a Calvinist*, 208.

321 O teísta aberto David Basinger essencialmente admite esse ponto quando escreve: "Em todas as situações em que uma pessoa escolhe comprar um carro, ou comer em um determinado restaurante, ou roubar um banco, ou abusar de uma criança, o Deus do TLA [Teísmo do Livre-Arbítrio] possui o poder de impedir o indivíduo em questão de realizar as ações relevantes e impedir que as ações, uma vez realizadas, produzam os resultados pretendidos". Basinger, *Case for Freewill Theism*, 34.

322 Clark, *Predestination*, 42.

de Deus de determinar o resultado das escolhas libertárias. Uma vez que os arminianos devem admitir que todos esses males — apenas alguns dos quais envolvem qualquer livre-arbítrio, de qualquer maneira — são, pelo menos, permitidos por Deus enquanto ele poderia impedi-los inteiramente, o ponto é que o livre-arbítrio libertário não é suficiente para explicar todo esse mal.

A segunda ressalva é que, em alguns desses casos, devo admitir que o livre-arbítrio libertário pode ter *alguma* relevância, se parte desse sofrimento, embora totalmente controlado por Deus, for visto pelos arminianos como uma tentativa de Deus de influenciar os homens a fazerem livremente certas boas escolhas. Essas escolhas, Deus poderia tê-las suscitado com menos sofrimento no calvinismo, uma vez que Deus poderia ter controlado o funcionamento interno do coração com mais sucesso, determinando, assim, o resultado que ele queria sem a tristeza adicional. Mas mesmo levando em conta essa ressalva para *alguns* desses casos, penso que a questão permanece em que nem todo o mal pode ser explicado dessa maneira. As muitas instâncias do mal listadas há pouco tornam muito provável que o libertarianismo não explique — de fato *não consegue* explicar — todo o mal.[323]

Assim, o livre-arbítrio libertário é entendido tanto como não sendo necessário para refutar o problema lógico do mal, quanto como não sendo suficiente para realmente explicar todo o mal. Agora que essas duas questões secundárias estão fora do caminho, o problema real em questão pode ser examinado adequadamente. Qual é o verdadeiro argumento do mal apresentado pelos libertários contra a visão calvinista de Deus? O verdadeiro argumento para o qual nos voltamos agora é a acusação de que o calvinismo, por causa de seu determinismo

---

[323] Hugh McCann chega à mesma conclusão e a formula da seguinte forma: "A Defesa do Livre--Arbítrio, como geralmente formulada, não oferece uma solução completa para o problema do mal. Ela lida apenas com o mal moral e, embora tenhamos visto que essa categoria abrange mais do que se poderia supor, não parece que todas as tristezas e fracassos do mundo possam ser reunidos sob ela. McCann, "Free Will Defense", 245.

subjacente, faz de Deus o "autor do pecado" ou algo parecido, *envolvendo-o*, assim, indevidamente no mal. Será que o calvinismo envolve Deus no mal de tal maneira que ele próprio seja mau ou censurável?

Ele está no comando e parece satisfeito com isso — uma dose prévia de perspectiva bíblica

> "Deus nos livre de irmos uma fração *além* da sua Palavra; mas que ele nos dê graça para ir *tão longe* quanto sua Palavra for." — Arthur W. Pink[324]

Um importante esclarecimento preliminar nesta investigação filosófica é que os cristãos, em geral, e os filósofos, em particular, tendem a ser muito sensíveis quando se trata de Deus e do mal. É uma resposta legítima, visto que não se deve sair por aí afirmando que Deus é mau, mas nossas dificuldades precisam ser colocadas em perspectiva. O Deus da Bíblia não se esquiva de sua providência sobre o mal tanto quanto os filósofos tendem a fazê-lo em seu favor. Deus, na Bíblia, está realmente bastante confortável afirmando sua plena providência tanto sobre o bem quanto sobre o mal, e seus apologetas tendem a dar mais importância à autoria do mal do que o próprio Deus bíblico. A essa luz, é importante começar colocando o problema na perspectiva adequada, considerando, primeiro, os pronunciamentos bíblicos que se seguem:

"Eu sou o Senhor, e não há outro; além de mim não há Deus; [...] Eu formo a luz e crio as trevas; faço a paz e crio o mal; eu, o Senhor, faço todas estas coisas." (Is 45.5-7); "eu mato e eu faço viver; eu firo e eu saro" (Dt 32.39); "O Senhor é o que tira a vida e a dá; faz descer à sepultura e faz subir." (1Sm 2.6); "Sucederá algum mal à cidade, sem

---

[324] Pink, *The Sovereignty of God*, 80-81.

que o Senhor o tenha feito?" (Am 3.6); "Quem é aquele que diz, e assim acontece, quando o Senhor o não mande? Acaso, não procede do Altíssimo tanto o mal como o bem?" (Lm 3.37-38). E, claro, há Jó e "todo o mal que o Senhor lhe havia enviado" (Jó 42.11).

Não são muitos os filósofos cristãos que afirmam confortavelmente tais coisas sobre Deus. Nenhum deles, ao que parece, questiona que todo o bem vem de Deus, como Tiago 1.17 ensina com bastante clareza, mas eles afirmam menos prontamente que Deus fere, mata, cria trevas e calamidade, traz o mal, e que o mal vem de sua boca. No entanto, lá está, nas Escrituras, e não apenas em qualquer lugar, mas seguindo a afirmação essencial de Deus sobre sua própria divindade: "Eu sou o SENHOR e não há outro, além de mim não há deus". O profeta está comunicando que a providência plena de Deus é uma parte importante do que o torna Deus, de modo que, se alguém despoja Deus de sua providência sobre o bem e o mal, esse alguém adultera sua divindade.

A conclusão desse prelúdio bíblico, antes de propor defesas compatibilistas, é que a autoria do mal é uma questão filosófica; uma questão filosófica importante, certamente, mas para a qual as expectativas cristãs apropriadas devem ser ajustadas ao registro das Escrituras, para não tentar ir além do que Deus revela e daquilo com que Deus está confortável. O que diremos, pois? Uma explicação calvinista determinista do livre-arbítrio assegura que, sob o decreto de Deus, os seres humanos pecarão, de fato, e que o farão exatamente da maneira que Deus determinou que eles pecariam. É Deus, então, moralmente culpável pelo pecado e pelo mal? Será que existe um argumento sólido contra o calvinismo baseado na autoria do pecado?

CAPÍTULO 9

O argumento "mal passado" e três receitas para deixá-lo no ponto certo

Levando à mesa o argumento mal passado

Assim como foi o caso com a acusação incompatibilista de que o calvinismo exclui a responsabilidade moral, a afirmação de que o calvinismo envolve Deus indevidamente no mal é afirmada por praticamente todos os teólogos e filósofos que escrevem contra o calvinismo — por isso mencionei a ironia de encontrar ambas as acusações antecipadas por Paulo em Romanos 9.

No entanto, embora eles sejam muito incisivos na sua defesa de Deus contra a terrível imagem descrita pelos calvinistas que "mancham a reputação divina",[325] eles raramente apresentam uma explicação

---

325 Hunt, *What Love is This?*, 266.

sólida por meio de argumentação. A literatura contém abundantes afirmações ao longo de suas linhas, em que "Deus não é o autor do pecado", "Deus não é responsável pelo mal" e "Deus não causa o pecado",[326] mas todas essas afirmações são apenas gestos em direção ao que os calvinistas estão certos em exigir, ou seja, um argumento sólido. Isso leva à afirmação central da presente seção: eu afirmo que todas as tentativas de desqualificar o calvinismo com base no envolvimento de Deus no mal são prematuramente interrompidas por seus defensores e, portanto, em termos culinários, equivalem a argumentos "mal passados". Seus proponentes ficam aquém de demonstrar o que precisam defender e, quando se desvenda o que realmente afirmam, eles, como nosso bolo prematuramente desenformado e "mal passado", rapidamente desmoronam. Para esse efeito, proponho terminar o trabalho que eles muitas vezes deixam inacabado e passar a realmente oferecer a formulação lógica de seu argumento.

Quer os opositores falem de Deus como sendo "o autor do pecado", quer como "a causa do mal", ou qualquer alegação semelhante, o único esquema correto no qual todos os argumentos desta família de objeções devem se encaixar é o seguinte:

> (Premissa 1) – O calvinismo implica [Proposição p sobre o envolvimento divino no mal].
> (Premissa 2) – Mas, na verdade, [Proposição p] é falsa.
> (Conclusão) – Portanto, o calvinismo é falso.

Nesta forma, o argumento é logicamente válido, de modo que, se suas premissas forem verdadeiras, sua conclusão se seguirá logicamente, produzindo, dessa forma, um argumento sólido que refuta o calvinismo. Mas com essa exposição mais clara agora diante dos olhos,

---

[326] Veja a breve amostra da literatura mencionada anteriormente neste capítulo.

torna-se igualmente claro o quão pesado é o ônus da prova que os objetores devem carregar. Para qualquer um dos alegados problemas do calvinismo com respeito ao envolvimento de Deus no mal, os objetores devem fornecer a proposição exata *p* que expressa o suposto problema, e então estabelecer ambas as premissas do argumento: 1) eles primeiro devem mostrar por que o calvinismo de fato implica a proposição *p*, e, então, 2) eles devem mostrar por que a proposição *p* de fato não pode ser coerentemente crida. Dado que o ônus da prova está novamente nos ombros do crítico do calvinismo que faz a afirmação, nada menos que essa cuidadosa demonstração dupla servirá para refutar o calvinismo. É possível, então, encontrar o elo perdido, a "Proposição *p*" que atenderá a ambos os critérios e "terminará o cozimento" do argumento contra o calvinismo?

Três receitas para completar o cozimento — a nebulosa, a ambiciosa e a tímida

Há três maneiras possíveis em que os opositores podem formular seus argumentos; três maneiras possíveis de formular a "Proposição *p*": uma nebulosa, uma ambiciosa e uma tímida. Infelizmente, como vou demonstrar agora, a versão nebulosa é muito nebulosa, a ambiciosa é muito ambiciosa e a tímida é muito tímida. Nenhuma atende ao requisito de tornar verdadeiras ambas as premissas do argumento, muito menos convincentes.

A Receita 1 — a nebulosa

A primeira versão desse argumento é provavelmente a mais comumente encontrada na literatura: é o chamado problema do "autor do pecado". Inserido no esquema aceitável acima, ele se torna:

54. O calvinismo implica que Deus é o autor do pecado.

55. Mas, de fato, Deus não é o autor do pecado.

Portanto

3. O calvinismo é falso.

Como observado anteriormente, o argumento agora é logicamente válido, de modo que se ambas as premissas são verdadeiras, segue-se sua conclusão, e o calvinismo é falso. O que, então, estaria errado com essa formulação? Ela é simplesmente ambígua demais para sequer debatermos. É incontroverso que "autor do pecado" seja uma metáfora. Deus não é um ser humano segurando uma caneta e escrevendo um livro. Assim sendo, o que significa dizer que ele é o autor do pecado? Claramente, a objeção parece ter problemas com o fato de que — ou a maneira pela qual — Deus está por trás do mal, mas até que mais explicações sejam fornecidas, os calvinistas não têm sequer certeza de qual premissa do argumento devem recusar.

Dependendo do que se entende por "autor do pecado", os calvinistas podem rejeitar qualquer uma das duas premissas. Se o que se entende pela frase é de fato ofensivo e problemático, então os calvinistas irão aceitar a premissa (55), rejeitar a premissa (54), e pedir uma razão para acreditar que o calvinismo implique este problema. Mas se o que se entende por "autor do pecado" for inofensivo e aceitável — da forma como os textos bíblicos citados descrevem o envolvimento de Deus no mal, por exemplo — então os calvinistas irão aceitar a premissa (54), rejeitar a premissa (55), e perguntar por que, nesse entendimento aceitável, seria um problema para Deus ser o chamado "autor do pecado".[327] Se isso não é um problema, então os calvinistas não têm

---

[327] Hugh McCann coloca desta forma: "Não há como negar que a relação em questão faz de Deus o autor do pecado em um sentido: a saber, que ele é a Primeira Causa daqueles atos de vontade em que pecamos. [...] A questão é apenas se isso leva à consequência inaceitável de que o próprio Deus incorre em *culpa* no processo." McCann, *Creation*, 116.

nada a responder — embora eu desencoraje completamente o uso da expressão "autor do pecado", visto que não é bíblica e não tem uma conotação neutra. Em ambos os casos, então, o calvinista está liberado.

Enquanto não estiver claro o que se entende por "autor do pecado", os opositores não podem encurralar os calvinistas e pressioná-los a aceitar qualquer uma das duas premissas. Eles precisam dar um passo adiante e explicar o que eles querem dizer com "autor do pecado", dando uma expressão mais clara do que eles acham que está errado com o calvinismo. É isso que as receitas 2 e 3 tentam fazer. Quando nos aprofundamos no possível significado de "autor do pecado", o que emerge é que os opositores discordam do Deus calvinista por estar por detrás do mal; por "causar" de alguma forma ou "suscitar" de alguma forma todo o mal do mundo. Há, portanto, duas maneiras de protestar contra isso. Pode-se criticar *que* o Deus calvinista suscita o mal, ou pode-se reclamar de *como* ele o faz. A receita ambiciosa segue a primeira maneira, e a tímida segue a segunda.

A Receita 2 — a ambiciosa

A receita ambiciosa critica *que* Deus suscita o mal de alguma forma. É adequadamente descrita como "ambiciosa", porque para que seja um argumento sólido, deve, por sua vez, alegar que Deus não causa o mal de *forma alguma*. De fato, vamos mais uma vez inserir a proposição no esquema aceitável:

56. No calvinismo, Deus suscita o mal de *alguma* forma.

57. Mas, na verdade, Deus não suscita o mal de forma *alguma*.

Portanto

3. O calvinismo é falso.

Imediatamente, parece que a premissa (57) é excessivamente difícil de se acreditar, quanto mais de se comprovar; no entanto, é a única maneira pela qual esse argumento ambicioso pode ser válido. Sem especificar na premissa (56) *como* o Deus calvinista suscita o mal, a fim de rejeitar o calvinismo, os opositores são deixados para argumentar na premissa (57) que Deus não traz o mal de forma *alguma*. Será, então, que isso funcionará? Dificilmente. O ambicioso é ambicioso demais: ele prova demais. Se for bem-sucedido, ele refuta não apenas o calvinismo, mas, junto com o calvinismo, a Bíblia e todas as ramificações do arminianismo. De fato, como verificado, a Bíblia é explícita em dizer que Deus está por trás do mal *de alguma forma*. Ele mata, fere, cria escuridão, cria calamidade, e o mal sai de sua boca (Dt 32.39; Is 45.5-7; Lm 3.37-38). E quanto ao arminianismo, de *alguma* forma, todos os tipos de arminianismo, embora sejam libertários, sustentam igualmente que Deus esteja, mais ou menos, por detrás do mal, *de alguma forma*, não importa quão remota seja. Quer seja um molinista, quer seja um arminiano clássico — presciência simples — ou um teísta aberto, todo libertário deve afirmar isso: Deus deu um livre-arbítrio libertário aos seres humanos sabendo que um livre-arbítrio libertário poderia — e em alguns pontos de vista *iria* — ser usado para o mal; no mínimo, Deus assumiu o risco e o mal ocorreu como resultado. Assim, todas essas perspectivas, de uma forma ou de outra, precisarão sustentar que, de *alguma forma*, Deus está envolvido no mal.

Elas não podem afirmar abertamente que Deus não está envolvido de forma alguma, sem, assim, destruir qualquer extensão de providência que tenha sido deixada para Deus em seu próprio modelo, se afastando, assim, para muito longe da ortodoxia. A receita ambiciosa, portanto, não funcionará. É uma ferramenta muito grosseira, e os objetores precisarão sofisticar o argumento, para identificar mais especificamente o que há de errado com a *maneira* pela qual o Deus calvinista, de modo único, está por detrás do mal. É isso que a receita final tenta fazer.

A Receita 3 – a tímida

Uma vez que os objetores percebem que a receita ambiciosa anterior prova demais, eles devem identificar exatamente a *maneira* pela qual o Deus calvinista suscita o mal e devem criticar *isso*. A diferença substancial entre o calvinismo e todos os tipos de arminianismo está na *maneira* específica pela qual Deus está por detrás do mal, ou seja, uma maneira que envolve o *determinismo*. No calvinismo, Deus causa o mal e o pecado de uma maneira que não envolve o livre-arbítrio libertário da criatura, o que significa que Deus decreta unilateralmente que o pecado e o mal passarão a existir, por meio do determinismo teológico. Nenhum livre-arbítrio humano, indeterminista e libertário pode frustrar esses propósitos decretados que envolvem todo o mal. Essa, e somente essa, é a identificação apropriada do que pode estar errado exclusivamente com o calvinismo. Infelizmente, um novo problema agora aparece quando essa versão da crítica é inserida no esquema do argumento correto apresentado. Ela produz o seguinte silogismo:

> 58. O calvinismo implica que Deus está por detrás do mal de tal maneira que o mal é divinamente determinado.
>
> 59. Mas, na verdade, Deus não está por detrás do mal de tal maneira que o mal seja divinamente determinado.
>
> Portanto
>
> 3. O calvinismo é falso.

O argumento ainda é logicamente válido e, finalmente, apresenta uma primeira premissa (58) que os calvinistas são forçados a aceitar, mas, como resultado, sua segunda premissa (59) tornou-se uma petição de princípio. O argumento agora pressupõe, na premissa (59), que o determinismo é falso; mas é precisamente isso que está em jogo nesse debate. É um raciocínio circular afirmar que o calvinismo é falso porque o determinismo é falso. Como o determinismo é a visão calvinista, seria o mesmo que argumentar que "o calvinismo é falso porque o calvinismo é falso". Essa versão tímida do argumento, então, cai por terra novamente, porque se torna uma petição de princípio contra o determinismo.

Esse, no fundo, é o problema fundamental do objetor libertário, preso entre a receita 2 e a receita 3, entre a ambiciosa e a tímida. Qualquer contestação proposta que não seja específica o suficiente para refutar apenas o calvinismo, acabará refutando a Bíblia e o arminianismo, mas qualquer contestação proposta que seja específica o suficiente para refutar exclusivamente o calvinismo, se revelará uma petição de princípio, porque em algum nível, ela rejeita o calvinismo com base no fato de ser calvinismo. Portanto, afirmo que, ao cair inevitavelmente em uma ou outra dessas categorias, os argumentos contra o calvinismo baseados no envolvimento divino no mal são infundados.

Quando os objetores apresentam tal argumento, os calvinistas são convidados a fazer a pergunta: quais das receitas é essa? A nebulosa, a ambiciosa, ou a tímida? Será que ela falha em definir seus termos, prova demais ou se torna uma petição de princípio? Certamente, será uma dessas três. A título de ilustração — e justificação — passemos agora a um exame mais específico desses argumentos que foram apresentados na literatura — ou poderiam ser apresentados — contra o calvinismo, com base em seu envolvimento divino no mal.

CAPÍTULO 10

Os argumentos específicos do mal contra o determinismo

ESCLARECENDO A RECEITA NEBULOSA

É Deus o autor do pecado?

Iniciemos com uma avaliação das alegações que se enquadram amplamente sob o guarda-chuva do que chamei de "a receita nebulosa", ou seja, a acusação pouco específica de que Deus é o "autor do pecado ou do mal", e a falha em explicar em que sentido Deus assim o é, ou, mais importante, em que sentido isso seria um problema. É claro que, uma vez que minha alegação atual é precisamente o fato de o argumento não ser suficientemente desenvolvido, não há muita refutação que precise (ou possa) ser adicionada aqui. Ainda assim, o que se *pode* fazer é, por um lado, apontar as importantes vozes calvinistas que reconhecem a questão, deixando claro que estão plenamente conscientes de que Deus é, em *certo sentido*, "autor" do mal que ele determina que ocorra, e exigir que os críticos do calvinismo nos digam por que, nesse sentido, isso seria um problema; e, por outro lado, apontar que esses críticos falham em satisfazer essa demanda e, em última análise, ficam aquém de esclarecer a "névoa" em questão. Aqui, então, se encontram aquelas amostras representativas para cada lado.

Do lado calvinista, alguns — quase todos, diz John Frame[328] — entendem o termo como significando que Deus é culpado de pecado e, portanto, o rejeitam univocamente. Isso é o que João Calvino faz, argumentando que Deus é a "causa remota" e nós somos a "causa próxima", de modo que Deus não é o autor do pecado.[329]

A clássica declaração da Confissão de Fé de Westminster também nega isso, afirmando que Deus "nem é, nem pode ser o autor e nem pode aprová-lo".[330] Essa é, obviamente, a resposta adequada a esse entendimento do termo, mas, como outros calvinistas observam, existem diferentes maneiras de entender a "autoria" em questão. Paul Helm[331] e James Anderson[332] descrevem com bastante clareza essa

---

[328] "O termo *autor* é quase que universalmente condenado na literatura teológica. Ele é raramente definido, mas parece significar tanto que Deus é a causa eficiente do mal quanto também que, por causar o mal, ele, na verdade, estaria fazendo o que é errado." Frame, *Doctrine of God*, 174.

[329] Calvin, *Eternal Predestination of God*, 179–81, citado em Sanders, *God Who Risks*, 264.

[330] Confissão de Fé de Westminster, 3.1, citado em Frame, *Doctrine of God*, 174.

[331] "Certamente é o caso de que a conclusão de que Deus é o autor do pecado não é bem-vinda mesmo para aqueles teólogos e filósofos que são explicitamente predestinacionistas em sua teologia. [...] Outros, igualmente predestinacionistas, quiseram distinguir entre diferentes sentidos das palavras "o autor do pecado", considerando pelo menos alguns desses sentidos como aceitáveis. Eles não admitem que "o autor do pecado" seja sinônimo de "é moralmente culpado por toda ação pecaminosa" ou de "é pecador". E eles não admitem a inferência "Se Deus é o autor de A e ordena B, que é pecaminoso, como consequência de A, então Deus é o autor de B."." Helm, *Eternal God*, 160.

[332] "Existem sentidos moralmente inquestionáveis em que alguém pode ser "o autor do pecado". A verdadeira questão é se o calvinismo implica que Deus é "o autor do pecado" em qualquer *sentido moralmente censurável*". Anderson, "First Sin", 211.

equivocação, assim como Edwards, que, como de praxe, expressa meu sentimento sobre o assunto com tanta precisão que vale a pena citá-lo exaustivamente:

> Aqueles que objetam que essa doutrina faz de Deus o autor do pecado, devem explicar distintamente o que querem dizer com esse termo, *o autor do pecado*. Eu sei que o termo, como é comumente usado, significa algo muito perverso. Se, por *autor do pecado*, se entende o pecador, o agente ou o agente do pecado, ou o praticante de uma coisa má; então seria repreensível e blasfemo supor que Deus é o autor do pecado. Nesse sentido, nego totalmente que Deus seja o autor do pecado; rejeitando tal imputação ao Altíssimo, como algo infinitamente abominável; e nego que tal coisa seja a consequência do que eu estabeleci. Mas, se por *autor do pecado* se entende aquele que permite, ou não impede o pecado, e, ao mesmo tempo, o organizador do estado dos acontecimentos, de tal maneira, para fins e propósitos sábios, santos e excelentíssimos, que o pecado, se permitido, ou não impedido, certa e infalivelmente seguirá; — eu digo, se isso é tudo o que se entende por ser o autor do pecado, não nego que Deus seja o autor do pecado — embora eu não goste dessa expressão e a rejeite porque sua conotação expressa um outro sentido — não é opróbrio que o Altíssimo seja, assim, o autor do pecado.[333]

E "Em suma, o que é amplamente considerado como um grave problema para o calvinismo — que ele faz de Deus o autor do pecado — só parece sê-lo enquanto o termo "autor" é ambíguo e não analisado. Os críticos têm muito mais trabalho a fazer para que essa objeção comum tenha algo de concreto". Ibid., 213.

333 Edwards, *Freedom of the Will*, 287-88.

Para tais opositores ao calvinismo com base na "autoria" de Deus do pecado e do mal, o desafio fica, assim, estendido. Infelizmente, o consequente problema do objetor não é que esse desafio jamais tenha sido aceito, mas que poucos sequer o tenham tentado. John Sanders cita David Hume, que pensa ser impossível reconciliar Deus como a "causa mediadora de todas as ações dos homens, sem que ele seja o autor do pecado e da torpeza moral",[334] mas não desenvolve em nada a crítica de Hume. Roger Olson também insiste na objeção várias vezes[335] sem acrescentar nenhum argumento. William Hasker, em sua abordagem à providência,[336] oferece opiniões conflitantes sobre o assunto: por um lado, ele diz que não está argumentando que "dado o calvinismo, Deus é moralmente culpado pelos pecados do mundo",[337] mas depois propõe a questão da autoria do pecado, sem propor qualquer argumento além de apresentar a pergunta retórica: "Dadas as suposições da visão sem risco [...] como Deus escapa de ser responsável pelo mal moral — de ser, como alguns disseram, o 'autor do pecado'?"[338]

Portanto, ele não fornece argumentos para analisarmos, muito menos refutar. Quando a introdução de Alfred Freddoso à *Concordia*, de Luis De Molina, finalmente passa a tratar da visão totalmente determinista sobre o controle do mal por Deus — em oposição à visão híbrida dos "bañezianos"[339] com a qual Molina mais interage — tudo o que nos

---

[334] Hume, *Inquiry Concerning Human Understanding*, 111, citado em Sanders, *God Who Risks*, 266.

[335] "A verdadeira razão pela qual os arminianos rejeitam o controle divino de cada escolha e ação humana é que isso faria de Deus o autor do pecado e do mal." Olson, *Arminian Theology*, 65; "[A] doutrina calvinista de Deus torna Deus arbitrário e o autor do pecado e do mal" Olson, "Responses to Paul Helm", 57.

[336] Hasker, *Providence*.

[337] Ibid., 111.

[338] Ibid., 129.

[339] Freddoso explica o ponto relevante da visão bañeziana: "Assim, no esquema bañeziano, Deus conhece de antemão os *bons* efeitos contingentes dos agentes criados apenas porque predetermina causalmente esses efeitos. Os efeitos *malignos* ele conhece pelo próprio fato de que ele *não* concorreu eficazmente com suas causas para produzir os efeitos bons correspondentes". Freddoso, introdução a Molina, *On Divine Foreknowledge*, 37.

é dito é que se trata da visão errônea dos reformadores protestantes,³⁴⁰ ou, como Molina diz, "luteranos e outros hereges".³⁴¹ Este calvinista gosta de alguns insultos, quando pertinentes, mas, de forma bastante direta, isso não é motivo para se duvidar da visão reformada. Kevin Timpe expressa o sentimento de que "dizer que Deus não é o autor de algum ato maligno, embora ele seja a causa final desse ato, parece, para muitos, uma evasiva",³⁴² mas isso não é uma evasiva, é simplesmente o apontamento de uma equivocação na palavra "autor", para além da qual os argumentos contra o determinismo não conseguem nos levar.

Finalmente, Anthony Kenny presta sua queixa nestes termos: "Se o determinismo é verdadeiro, é comparativamente fácil explicar como ele pode prever infalivelmente a livre ação, mas impossivelmente difícil mostrar como ele não é o autor do pecado"³⁴³ e, no entanto, ele não diz muito sobre essa autoria. Ele tem mais a dizer sobre a "responsabilidade" de Deus, que será devidamente analisada na próxima seção do presente capítulo, que lida com essa alegação distinta, embora relacionada.

Nada mais é oferecido para se solucionar o problema da "autoria". Claro, o leitor deve confiar que nada mais substancial é acrescentado por esses autores, visto que não se pode citar o silêncio, nem se pode adicionar ao rodapé o que um autor não diz, mas se eu estiver errado sobre isso, se eu tiver perdido uma resposta substancial ao desafio de Edwards, então que seja esta a ocasião devida para desenvolver o debate: que o alegado argumento seja apresentado e que seu proponente nos diga o que significa dizer que Deus é o "autor" do pecado e do mal, e por que, *nesse sentido*, isso seria moralmente errado. A menos, e até que

---

340 "Esse é exatamente o erro do qual os católicos acusam os reformadores, como o Molina parece feliz até demais em mostrar." Ibid., 40.
341 Ibid., 218.
342 Timpe, "Christian Might be Libertarians", 284.
343 Kenny, *God of the Philosophers*, 87.

isso aconteça, o desafio de Edwards pode ser visto como uma solução provisória da questão do pecado e da "autoria" divina do mal.

Deus é o responsável pelo pecado?

O mesmo tipo de equívoco que apontei sobre a "autoria" está presente com relação a outra palavra que os críticos, por vezes, usam a fim de objetarem ao calvinismo: que Deus é "responsável" pelo que ele determina. Supostamente, "não há separação suficiente entre Deus e o ato maligno para aliviar a responsabilidade divina pelo mal".[344] Anthony Kenny propõe a objeção da seguinte maneira:

> Se um agente põe livre e conscientemente em movimento um processo determinístico com um certo desfecho, parece que ele deve ser responsável por esse desfecho. Calvino argumentou com razão que a verdade do determinismo não faria tudo o que acontece no mundo acontecer pela intenção de Deus: apenas alguns dos eventos da história seriam escolhidos por Deus como fins ou meios, outros poderiam ser meras consequências de suas escolhas. Mas isso não seria suficiente para absolver Deus da responsabilidade pelo pecado. Pois os agentes morais são responsáveis não apenas por suas ações intencionais, mas também pelas consequências de seus atos: pelas situações provocadas voluntariamente, mas não intencionalmente.[345]

Aqui temos algum desenvolvimento de um argumento para demonstrar por que seria um problema se Deus providencialmente determinasse que os homens pratiquem o mal. Infelizmente, isso

---

[344] Sanders, "Response to Bruce A. Ware", 145-46.
[345] Kenny, *God of the Philosophers*, 86.

continua a ser um equívoco, que os pensadores reformados também destacaram em seus próprios escritos. Há um senso de "responsabilidade" que é obviamente moral — ou seja, culpa moral e louvabilidade moral, como foi amplamente discutido na parte anterior da presente obra — e ainda há outro que é puramente mecanicista, tendo a ver com explicações de origens, ou causas, sem necessariamente implicações morais. Podemos chamar a primeira de "responsabilidade moral" e a segunda de "responsabilidade causal".[346] Essa distinção intuitiva é bem explicada por Paul Helm, apontando que, no último sentido, o da responsabilidade causal, podemos dizer que "muitos morangos são responsáveis pela minha dor de estômago", "minha estrutura genética é responsável pela minha masculinidade",[347] "os cupins foram responsáveis pelo colapso da cadeira" ou "a chuva foi responsável por minha grande safra de batatas".[348] Nesse sentido causal, Helm fica satisfeito em dizer que Deus é "responsável" pelo mal que ele providencialmente decreta,[349] mas não é *culpado* por isso. Susan Wolf observa que "quando consideramos um indivíduo moralmente responsável por algum evento, estamos fazendo mais do que identificar seu papel particular na série causal que provoca o evento em questão. Estamos considerando-o como um sujeito adequado para crédito ou descrédito, com base no papel que ele desempenha".[350] Logo, os calvinistas sustentam[351] — e até os críticos

---

[346] Essa terminologia parecer ser comum, visto ser também utilizada em Fischer e Ravizza, *Responsibility and Control*, 1-2; assim como em Vicens, "Critical Consideration", 147; e Campbell, *Free Will*, 31.

[347] Helm, "Authorship of Sin", 119.

[348] Exemplos oferecidos em correspondência pessoal.

[349] Ver Helm, *Eternal God*, 158 e 164.

[350] Wolf, *Freedom Within Reason*, 40-41.

[351] James N. Anderson: "Se S causa algum mal E, pode muito bem seguir-se que S é responsável por E (pelo menos em parte), mas não necessariamente que S seja culpado por E". Anderson, "First Sin". E Steven Cowan admite a "responsabilidade causal" de Deus pelo mal em Cowan, "Sinlessness of the Redeemed", 418.

admitem[352] — que a responsabilidade moral não necessariamente decorre da responsabilidade causal. Então, quando Katherin Rogers argumenta que o determinismo teológico "parece tornar Deus responsável pelo pecado e, portanto, faz com que Deus faça o mal e seja mau",[353] precisamos de apoio para esse "portanto".

Agora, aqui está o motivo pelo qual a afirmação equívoca é atraente: em muitos dos casos, com os quais mais nos preocupamos neste mundo, a responsabilidade moral decorre da responsabilidade causal. *Somos* moralmente responsáveis por muito do que causalmente suscitamos. Mas as duas responsabilidades não são, de fato, equivalentes, e a conexão não necessariamente se sustenta, mesmo dentro deste mundo, quanto menos para seu criador transcendente. Neste mundo, instâncias de responsabilidade causal sem responsabilidade moral foram encontradas em todos os tipos de situações examinadas acima neste trabalho: coerção, manipulação, doença mental, ignorância acerca dos fatos relevantes, todas essas condições foram entendidas como implicando —quando as devidas ressalvas que eu delineei anteriormente são atendidas — que uma pessoa, embora causalmente responsável por suas ações, não é moralmente responsável. Naquele momento, esse era precisamente o objetivo do objetor! Agora, alguém poderia muito bem objetar que nenhuma dessas condições está disponível para Deus, e isso seria bem verdade: Deus, de fato, não poderia ser coagido, ou manipulado, ou mentalmente doente, etc.

---

[352] Leigh Vicens: "Mas, é claro, a responsabilidade causal não necessariamente torna alguém *moralmente* responsável". Vicens, "Critical Consideration", 147. E William Rowe: "Serei muito breve sobre se Deus deve ser moralmente mau, ou o autor do pecado, se ele decidir que devo tomar uma decisão pecaminosa ou moralmente má. McCann está certo: a resposta é não. Segue-se, creio eu, que Deus é responsável pela existência de uma decisão moralmente má, mas a decisão moralmente má é minha, não de Deus, como McCann aponta." Rowe, "Problem of Divine Sovereignty", 99.

[353] Rogers, "Does God Cause Sin?", 372.

O ponto em questão, porém, não é dizer que *estas* peculiaridades se aplicariam a Deus; antes, é notar que *algumas* peculiaridades, de certos agentes morais, quebram a conexão usual entre responsabilidade causal e responsabilidade moral neste mundo, de modo que, no caso de Deus, que é um agente moral *muito* peculiar, pois transcende todas as outras realidades, podemos razoavelmente esperar que ele também seja excluído da norma, em virtude dessa sua peculiaridade, de que Deus é o criador transcendente de todas as outras coisas. Portanto, a alegação exata em questão é a seguinte *a fortiori*: se a responsabilidade causal neste mundo não necessariamente implica responsabilidade moral, quanto mais no caso de Deus, que é o principal candidato a uma exclusão da norma, será que devemos um argumento para justificar por que razão o fato de ele ser causalmente responsável pelo pecado — o que os calvinistas estão bastante abertos a admitir — deve implicar na sua responsabilidade moral (culpa) por ele?

Observo aqui, também, que essa questão se trata mais propriamente de *culpa* do que de *responsabilidade*. Os calvinistas sustentam que a *culpa* moral de Deus não decorre de sua responsabilidade causal pelo mal, mas se esses males têm razões moralmente suficientes para que sua ocorrência seja preferível em geral — exatamente a alegação feita aqui — então pode ser até que Deus seja *louvável* por suscitar essas situações preferíveis que incluem o mal. Então, nesse sentido, Deus *seria* moralmente responsável, mas não moralmente *culpado*. De qualquer forma, a alegação mais modesta feita pelos calvinistas é de que a culpa moral de Deus simplesmente não decorre de sua determinação providente da ocorrência do pecado e do mal — e mais explicações serão oferecidas abaixo sobre o porquê disso. Agora, se eles estão errados, maiores argumentações para comprovar isso são bem-vindas, mas a afirmação equívoca de que uma relação causal determinista implica "responsabilidade", se não for qualificada, não será suficiente para dissipar a ambiguidade dessa receita ainda nebulosa.

As receitas ambiciosa e tímida — começando tímida, terminando ambiciosa

A chamada receita nebulosa revelou-se um fracasso, pois sua formulação permanece muito nebulosa, quer se fale de Deus como "autor" do pecado, quer como "responsável" por ele. Agora nos voltamos para as outras duas receitas — a ambiciosa e a tímida. Essas estratégias foram explicadas para se demonstrar as seguintes falhas: a receita ambiciosa é autodestrutiva, pois critica o calvinismo com base em uma propriedade que é compartilhada com a própria visão do objetor; e a receita tímida identifica adequadamente uma característica única do calvinismo, mas se torna uma petição de princípio por não confirmar que essa propriedade seria, de fato, problemática. Embora isso tenha contribuído para uma boa classificação teórica das duas falhas em questão, a distinção nem sempre é tão clara na literatura, e qualquer argumento, ou série de argumentos, mais provavelmente se encaixa em algum lugar no meio, alternadamente incorrendo em ambas as falhas em um ou outro ponto. Agora nos voltamos para a avaliação desses remanescentes argumentos do mal contra o calvinismo.

Mal natural

Argumentos do mal contra o calvinismo raramente começam com alegações ambiciosas que são totalmente incompatíveis com a própria visão do objetor, mas, como se vê, um deles provavelmente o faz, dependendo de como é colocado. É a alegação — brevemente mencionada anteriormente — de que o mal natural torna Deus mal no calvinismo. Como já foi mencionado, o mal natural consiste em toda a dor e sofrimento que é causado por fenômenos naturais ou desastres, como terremotos, furacões, inundações, incêndios, doenças, etc. Todos esses eventos ocorrem por meio de causas naturais e, portanto, provavelmente o fazem deterministicamente. Tempestades, terremotos e vírus não têm livre-arbítrio libertário para causar livremente o sofrimento humano de uma forma tal, indeterminista, que Deus não possa impedi-los sem prejudicar o livre-arbítrio de ninguém.

No entanto, vários críticos propõem que eles seriam uma razão para se rejeitar o calvinismo. Nesse sentido, o teísta aberto John Sanders acaba encontrando o indeterminismo mesmo nas doenças[354] e nos desastres naturais, atribuindo aos elementos naturais "um grau de autonomia".[355] Roger Olson, de forma similar, critica o calvinista John Piper por dizer que Deus causa desastres naturais,[356] e William Hasker defende o que ele chama de teodiceia de "propósito geral", mesmo para a ordem natural: ele diz que a atividade providencial de Deus explica o fato de que existem furacões e terremotos *em geral*, mas não porque este ou aquele furacão ou terremoto ocorre em um determinado momento.[357]

Por outro lado, essas visões não calvinistas enfrentam o mesmo desafio do mal natural e provavelmente seriam igualmente refutadas se esses argumentos fossem sólidos. Nelas, o que deve limitar a providência divina dessa maneira? De onde vem esse suposto "grau de autonomia"? Se esses eventos se desenrolam de acordo com as leis deterministas da natureza, o argumento apresenta claramente o problema da receita ambiciosa que descrevi, pois também se aplica à própria visão do objetor, refutando-a igualmente. Em vez disso, para que o argumento não seja autorrefutável, seria necessário que o mal natural, de alguma forma, não fosse determinado por Deus. De fato, a única maneira de excluir esses eventos naturais do escopo do que Deus providencialmente determina seria reintroduzir algum grau de indeterminismo em algum

---

[354] "As pessoas que Jesus curou não foram feitas doentes por Deus para que Jesus fosse identificado como o Messias. Jesus não passeava por aí, 'limpando' as doenças que Deus espalhou (como seria o caso de alguém que afirma a pancausalidade)." Sanders, *God Who Risks*, 100-101.

[355] Ibid., 90.

[356] Olson, *Against Calvinism*, 22.

[357] Hasker, "Open Theist Theodicy", 288.

momento e em algum lugar em seu desdobramento natural. Mas os candidatos a uma explicação para tal indeterminação são poucos: ou ela decorre do exercício do livre-arbítrio libertário indeterminista, ou é uma indeterminação física da ordem natural, e nenhuma das opções oferece um argumento plausível contra o determinismo.

Consideremos, primeiramente, a última opção. Em certas interpretações possíveis da física quântica, a indeterminação observada de certas partículas no nível quântico não é apenas epistêmica, mas é, de fato, ôntica. Pessoalmente tendo —pelas razões teológicas que não preciso defender aqui — a adotar igualmente a visão cientificamente possível de que essa indeterminação é meramente epistêmica, em vez de ôntica. Mas vamos supor que eu esteja errado sobre isso: e se houver uma indeterminação real na ordem natural? Mesmo assim, não servirá para remover o mal natural do controle providencial de Deus.

Mesmo que Deus não suscite causalmente certos eventos físicos, em qualquer entendimento ortodoxo de onipotência, ele mantém a capacidade de intervir no desdobramento dessa cadeia de eventos inicialmente indeterminista e impedir, de forma determinista, o que teria ocorrido de outra forma, não tivesse ele intervindo. Mesmo que uma tempestade tenha sido causada no mar por alguns eventos quânticos indeterministas que Deus não causou — um cenário bastante implausível, deve-se dizer — quando a tempestade começa a ameaçar a segurança de um barco que, suponhamos, Deus queira poupar, ele detém plena capacidade de parar a tempestade causalmente, evitando que ela cause qualquer mal natural. "Até o vento e o mar lhe obedecem" (Mc 4.41). Então, se Deus, motivado pelas razões moralmente suficientes, decide, ao invés disso, *não* abrigar o barco, conforme a tempestade vem e o afunda, a ocorrência desse mal natural ainda *é* totalmente controlada por ele, mesmo que suponhamos ter havido alguma indeterminação quântica em algum ponto do processo de formação da tempestade. Portanto, o indeterminismo meramente físico (quântico) não servirá para excluir o mal natural do reino da providência divina: o argumento é ambicioso demais e refuta a própria visão do objetor.

Consideremos, então, a primeira suposição, de que o mal natural seria indeterminista porque estaria enraizado não na indeterminação natural e física, mas sim no livre-arbítrio libertário indeterminista dos agentes morais. Claramente, no entendimento cristão, não seria o livre-arbítrio da "mãe natureza". Os elementos sendo impessoais, não possuem um livre-arbítrio libertário que limite a providência de Deus. Portanto, apenas dois tipos de agentes pessoais podem ser considerados como possuidores de um livre-arbítrio libertário que explica esses fenômenos: criaturas humanas ou criaturas não humanas. Se alguém colocasse o mal natural no livre-arbítrio libertário *humano*, não haveria muitas conexões lógicas possíveis que esse mal pudesse ter com o livre-arbítrio humano: os seres humanos normalmente não *causam* terremotos e furacões com seu próprio livre-arbítrio, então teriam de ser explicados de duas maneiras: ou 1) Deus está determinando o comportamento dos elementos naturais, mas, visto que os homens têm livre-arbítrio libertário, ele não pode garantir que eles geograficamente não "se deparem" com os cataclismas, tornando esses cataclismas em desastres, ou 2) o sofrimento que ocorre por meio de causas naturais é, em vez disso, julgamento divino contra o mal moral humano, cujo merecimento adequado é causado pelo exercício injusto do livre-arbítrio libertário humano.

A opção 1 é dificilmente crível. Por um lado, é verdade que os eventos naturais de um furacão ou terremoto não são bons nem maus em si mesmos; eles só se tornam um "mal natural" quando os homens "se deparam com eles" e sofrem perdas por causa deles. Mas, por outro lado, parece igualmente claro que Deus controla totalmente como os eventos naturais se comportam, e mesmo se supusermos que ele não determina, nem mesmo sabe de antemão, o resultado das decisões humanas livres, pelo menos sabe, no presente, o que os homens estão fazendo e, portanto, sabe exatamente o tipo de mal natural que resultaria se ele lançasse — ou se abstivesse de evitar — um terremoto ou um furacão. Portanto, não se pode sustentar seriamente que o mal natural ocorre porque Deus não pôde evitar de nos machucar, seus alvos móveis, depois que um tornado escapou de suas mãos: Deus permanece totalmente no controle da ordem natural e do mal natural resultante. De qualquer forma, tal teodiceia antropocêntrica do mal natural não funcionaria bem para coisas como doenças humanas, as quais Deus controla e são, muitas vezes, independentes dos movimentos libertários da vontade humana.

A opção 2, a ideia de que o mal natural deve ser entendido como sentença divina sobre o livre-arbítrio humano que deu errado, não se sai muito melhor como argumento contra o determinismo calvinista. Primeiro, não é mais compatível com as alegações feitas por nossos objetores iniciais. Lembre-se de que Sanders, Olson e Hasker, citados acima, sustentavam que os elementos naturais tinham "algum grau de autonomia", que Deus "não estava causando" desastres naturais e que Deus não era responsável por esse ou aquele furacão ter acontecido num determinado momento. Tudo isso é falso se Deus estiver enviando esse mal natural como uma sentença, em vez de deixá-lo acontecer sem qualquer controle por causa de um indeterminismo natural. Em segundo lugar, deve-se perguntar: que tipo de sentença está em vista? É ela uma sentença pelo pecado em geral, ou uma sentença especial pelos pecados de alguns indivíduos? A hipótese de uma sentença especial falha em vários aspectos. Além do fato de ser intuitivamente muito implausível — as vítimas de desastres naturais raramente são, se é que são de todo, mais perversas do que os sobreviventes — as Escrituras resolvem o assunto e refutam essa visão explicitamente. O próprio Jesus fornece os dois contraexemplos relevantes, em que tanto o desastre natural quanto a doença não são uma sentença especial sobre o pecado: a torre que caiu e matou dezoito pessoas em Siloé não teve como alvo homens especialmente maus (Lc 13.4), nem foi um cego de nascença ou seus pais especialmente pecadores, mas "para que se manifestem nele as obras de Deus" (Jo 9.3).

O mal natural, portanto, não deve ser entendido — pelo menos nem sempre — como uma sentença divina especial sobre o mal moral humano. Se, por outro lado, digamos, o objetor insiste no mal como sentença divina para o pecado em geral, se desastres e doenças são parte de uma imposição judicial ao mundo em consequência do pecado de Adão, então eles poderiam apenas alegar que o pecado de Adão era indeterminado, e isso forneceria uma explicação consistente de como o mal natural poderia resultar do livre-arbítrio libertário humano. Quando formulada desta maneira, já não tenho um argumento que *refute* essa tese, já não é ambiciosa demais, mas tampouco há um bom argumento a favor dela, o que significa que a tese voltou a ser tímida: se entendida como argumento contra o calvinismo, ela se torna uma petição de princípio. Em síntese, não importa de que maneira elas sejam formuladas, vemos que as tentativas de colocar o mal natural na conta do livre-arbítrio libertário humano falharão em fornecer um argumento bem-sucedido contra o determinismo calvinista.

Tudo o que resta, então, é considerar que o mal natural pode ser causado pelo livre-arbítrio libertário *não humano*. De quem? Dos demônios. Pode parecer fantasioso, a princípio, ver um "demônio em cada esquina" mais literalmente do que se pensava, mas a hipótese possui o apoio de nada menos que Agostinho,[358] e Alvin Plantinga aponta que, se não for *verdade*, é, pelo menos, metafisicamente possível.[359] Então, o que decorre se alguém defender essa visão? O que decorre é que a categoria do verdadeiro "mal natural" se torna vazia.[360] Todo mal, nessa visão, deve ser visto como um mal moral, majoritariamente demoníaco

---

[358] O entendimento de Agostinho nesse assunto é mencionado em Plantinga, *God, Freedom, and Evil*, 58.

[359] Ibid.

[360] É assim que a consequência é formulada no rodapé de número 15, em McCann, *Creation*, 246.

e indeterminista. Disso, segue-se que a objeção em questão, baseada no mal natural contra o determinismo, provavelmente não comete mais o erro de ser muito ambiciosa;[361] não mais culpa o calvinismo por uma visão determinista do mal natural, que o próprio objetor afirma igualmente. Mas, entendido como um argumento contra o calvinismo, ainda que não seja mais autorrefutável, ele continua sendo uma petição de princípio e, portanto, tímido demais, visto que ainda falha em dizer por que Deus seria mau por determinar a ocorrência do mal natural. De qualquer forma, é improvável que um grande número de críticos do calvinismo esteja preparado para aceitar esses entendimentos totalmente quânticos ou demoníacos do mal natural, então eles provavelmente permanecem comprometidos com a existência do mal natural ocorrendo deterministicamente sob a providência divina. Os calvinistas podem, portanto, insistir no ponto de que se Deus pode determinar o mal natural sem que haja nada de errado com isso, então ele pode determinar o mal moral sem que isso o incrimine mais — ou menos — do que o mal natural. Se este mal é determinista e inquestionável, o mal moral não deveria ser relevantemente diferente, ou, no mínimo, não se mostrou relevantemente diferente.

Ainda assim, pode-se pensar que exista uma diferença relevante, visto que o mal natural tem, de fato, mais a ver com dor e sofrimento do que com o "mal" *per se*; não há nenhum *vício* ou *maldade* envolvido no

---

[361] Os calvinistas ainda podem querer sustentar que, assim como o mal natural ocasionado pela indeterminação quântica permaneceu totalmente dentro do controle providencial de Deus posterior às suas origens indeterministas, o mal natural ocasionado pela atividade demoníaca libertária pode permanecer totalmente dentro do controle providencial de Deus, visto que Deus ainda pode impedir qualquer atividade demoníaca, ainda que libertária, de produzir de fato suas consequências malignas, intervindo antes que o evento indeterminista produza seu efeito maligno. Essa resposta pode estar menos disponível, no entanto, no caso do mal natural causado por demônios do que no caso do mal natural "causado quanticamente", uma vez que, de outra forma, pode-se insistir que Deus pode estar comprometido em não anular o resultado das escolhas livres demoníacas, a fim de preservar o significado de seu livre-arbítrio. Acho improvável que Deus esteja procurando não frustrar os demônios, mas é coerente pensar que Deus se importa com o significado do livre-arbítrio dos demônios, enquanto claramente incoerente pensar que ele se importaria com o livre-"arbítrio" de uma partícula quântica.

mal natural da forma que há no mal moral, o que pode ser exatamente o problema. Assim, continuaremos nossa investigação do envolvimento divino no mal moral, examinando outras tentativas de encontrar falhas em como Deus é apresentado no determinismo. São estratégias que procurariam navegar entre as mencionadas receitas tímidas e ambiciosas, tentando não cair do cavalo para nenhum dos dois lados.

Deus estaria pecando?

Uma maneira pela qual o problema do mal moral é proposto contra Deus no determinismo é pela alegação de que se o mal moral é determinado pelo decreto divino, Deus é aquele que peca. Se essa alegação for verdadeira, ela leva, com sucesso, o objetor para além da receita tímida e, refuta o calvinismo sem fazer afirmações ambiciosas, que acabam por refutar sua própria visão. O problema, porém, é que a alegação em questão é um *non sequitur*, de modo que a afirmação da inferência ainda é uma petição de princípio. A ideia de que Deus peca não decorre de ele determinar que nós, seres humanos, pequemos sob seu decreto, nem nos é dito por que isso aconteceria; Roger Olson apenas nos diz *que* isso assim seria: "Para os arminianos, isso [controle divino de todas as escolhas e ações] torna Deus, no mínimo, moralmente ambíguo e, na pior das hipóteses, o *único* pecador".[362] Em termos mais formais, a alegação baseia-se na verdade do seguinte princípio: "sempre que uma pessoa X faz com que outra pessoa Y execute um mal moral, X também faz o mal moral".[363] Parece-me claro que os calvinistas devem rejeitar esse princípio, mesmo que esse não seja um preço muito alto a se pagar, pois esse princípio também me parece obviamente falso. Se esse princípio parece plausível para os opositores não calvinistas, ele

---

[362] Olson, *Arminian Theology*, 99.
[363] Essa é a reconstrução de Paul Helm do argumento de Peter Byrne's, o qual se baseia em um princípio atribuído a Anthony Kenny. Helm, "Authorship of Sin", 119.

deve vir, penso eu, de uma objeção diferente localizada em sua vizinhança, de cuja plausibilidade ele ilicitamente toma emprestado, mas essa alegação específica, redigida como está, não pode ser verdadeira. Se Deus, em sua providência, determina que um certo ser humano cometa um certo pecado, obviamente não se segue que o próprio Deus tenha *cometido* esse mesmo pecado, qualquer que seja a outra falha que alguém possa querer encontrar em Deus por tê-lo feito. Parece-me inteiramente coerente sustentar, com Paul Helm e James Anderson, respectivamente, que "ao ordenar um assassinato, Deus não pode ser ele próprio o assassino",[364] e que "as criaturas cometem atos malignos, mas Deus nunca comete atos malignos, mesmo que ele preordene os atos malignos de criaturas — o que não é a mesma coisa."[365]

Isso não deveria ser controverso.[366] Em vez disso, o que eu acho que motiva o objetor a esse tipo de alegação é uma objeção ligeiramente diferente, e mais plausível, baseada em analogia: acredita-se que, ao ordenar o pecado, Deus deve ser moralmente responsável pelo pecado — por estar envolvido indevidamente nele — como quando, por exemplo, nós homens fazemos tais coisas, contraímos, assim, a culpa moral. Voltemo-nos, então, para essa objeção mais promissora, levantando a questão de se o envolvimento de Deus no mal no calvinismo é relevantemente análogo à manipulação humana dessa maneira.

---

[364] Ibid.
[365] Anderson, "First Sin".
[366] Em última análise, é concedido a Hugh McCann, por William Rowe, o já citado acima: "Segue-se, acredito eu, que Deus é responsável pela existência de uma decisão moralmente má, mas a decisão moralmente má é minha, não de Deus, como McCann aponta." Rowe, "Problem of Divine Sovereignty", 99.

Seria o envolvimento de Deus no mal análogo à manipulação humana?

Como mencionado anteriormente, a presente objeção provavelmente está *implicitamente* por detrás de uma série de outras objeções oferecidas pelos críticos do calvinismo, mas é, por vezes, muito *explicitamente* formulada por esses objetores. William Lane Craig enfatiza isso de maneira útil na forma do seguinte princípio:

> A visão determinista sustenta que até mesmo o movimento da vontade humana é causado por Deus. Deus move as pessoas a escolherem o mal, e elas não podem agir de outra forma. Deus determina suas escolhas e os faz errar. *Se é mau fazer outra pessoa fazer o mal, então, nesta visão, Deus não é apenas a causa do pecado e do mal, mas ele próprio se torna o mal*, o que é absurdo.[367]

Roger Olson oferece a analogia de um pai manipulando seu filho para que ele roube dinheiro, e conclui:

> Não consigo pensar em um único exemplo na experiência humana em que uma pessoa que assegure que outra pessoa fará algo ruim seja considerada inocente — mesmo que tenha feito isso para o bem. Em minha analogia, o pai manipulador pretendia usar o dinheiro que seu filho roubou para ajudar os pobres, o que não diminuiria sua responsabilidade legal pelo roubo.[368]

Penso que o caso é bastante convincente de que tal pai seria moralmente culpado e legalmente responsável. A dificuldade em

---

[367] Craig, "Response to Paul Kjoss Helseth", 60-61.
[368] Olson, *Against Calvinism*, 183.

tornar isso relevante para o determinismo teológico, no entanto, está em estabelecer que não há diferença relevante entre o pai manipulador e Deus, o criador e governante do universo. O objetor pode, mais uma vez, apresentar seu argumento por analogia ou na forma da afirmação mais fraca, de que há alguma semelhança relevante entre Deus e o manipulador humano, ou da afirmação mais forte, de que não há diferença relevante entre eles. Uma vez que a alegação mais fraca é uma petição de princípio — visto que a suposta similaridade relevante não nos é dada — o objetor deve ficar com a alegação mais forte, de que se Deus possui uma certa propriedade que lhe permite exercer tal controle sobre o pecado sem ele mesmo pecar, então o pai humano manipulador deve necessariamente ter essa propriedade também. Deve-se mostrar que não há propriedade que: 1) seja apresentada em casos de manipulação humana, 2) implique que o manipulador seja mau, e 3) não seja apresentada em casos normais de determinação providencial divina das escolhas humanas. Esse ônus é insuportável. Pelo contrário, não é difícil pensar em várias dessas propriedades; diferenças entre Deus e o pai manipulador, que importam muito em como julgamos se é moralmente adequado que cada um deles faça o que faz.

Por um lado, Deus é o legítimo criador e governante de todos os seres humanos, e o manipulador humano não o é. Esse exercício ilegítimo de autoridade sobre o outro é incontroversamente apresentado no caso de manipulação humana, implica que o manipulador faz algo errado e não é cometido por Deus, que possui a autoridade adequada. Portanto, essa propriedade já refuta o presente argumento por analogia, mas outra poderia ser acrescentada: onisciência. É muito provável que a onisciência seja um fator relevante na avaliação da correção da determinação das más escolhas de um ser humano para propósitos corretos.

Deus, em sua onisciência, tem a vantagem de conhecer perfeitamente bem os resultados justificadores e justos de nossas escolhas injustas, enquanto um manipulador humano não. Fazer isso sem onisciência seria brincar injustamente com fogo. Curiosamente, tal manipulador seria acusado de "brincar de Deus"; uma frase que destaca adequadamente que tal atividade providencial é prerrogativa divina, e não de pais humanos.

Devo salientar que a dessemelhança do determinismo teológico com a manipulação já foi demonstrada, no capítulo 3. Permitam-me, portanto, não repetir as afirmações: o que foi dito lá, no contexto de avaliação da responsabilidade moral do agente controlado, é aplicável aqui na avaliação da justiça moral do controlador: Deus e manipuladores humanos não são análogos nesse sentido e a acusação fracassa, se deixada nesses termos gerais. Concentremo-nos, então, em dar uma breve resposta a formulações mais específicas dessa acusação feitas por opositores ao calvinismo: Jerry Walls e William Hasker.

Jerry Walls, que chama o determinismo teológico de "a explicação mais metafisicamente majestosa que já inventaram",[369] conclui que Deus seria mal no determinismo teológico, baseado em um princípio universal de manipulação, o "princípio do manipulador maligno":

> Um ser que determina (manipula) outro ser a fim de que ele realize ações más é, ele próprio, mau. É ainda mais perverso se um ser determinar que outro ser realize más ações e depois o responsabilize e o puna por essas ações.[370]

Primeiramente, a segunda parte de sua alegação, aquela sobre a impropriedade de responsabilizar esses seres e puni-los por essas más ações, é irrelevante para a presente questão do mal divino no determinismo. De fato, se, apesar do determinismo, tais más ações humanas ainda são moralmente responsáveis — a demonstração disso foi o principal ônus de grande parte da presente obra acima — então é

---

[369] Walls, "No Classical Theist", 84.
[370] Ibid., 88.

perfeitamente apropriado para qualquer juiz devidamente credenciado responsabilizá-los por essas ações moralmente responsáveis, independentemente do fato de que aquele que os julga ser também aquele que determina suas ações ou não.

Acontece que Deus é tanto o governante providencial quanto o justo juiz, mas o fato de ele ser um governante providencial não apoia razão para considerá-lo injusto à luz de ele também ser um justo juiz. Leigh Vicens oferece uma crítica semelhante, propondo que "um juiz que pune as pessoas por pecados pelos quais ele próprio é moralmente responsável é condenável".[371] Isso parece confuso. Se é pressuposto que o juiz seja "moralmente responsável" por esses pecados, então ele é condenável, independentemente de ele também julgá-los ou não: culpabilidade é apenas o que se entende aqui por "responsabilidade moral" por esses pecados. Mas, pelo contrário, se a Deus, o governante, de fato, não é imputada culpa ao suscitar providencialmente o pecado humano, então é óbvio que a Deus, o juiz, não é imputada mais culpa ao julgá-lo com justiça.

De qualquer forma, independentemente da propriedade desse "duplo mandato" divino, o problema com o argumento de Walls, em primeiro lugar, é que ele não justifica o "princípio do manipulador maligno". Em nenhum momento nos é dada uma razão para pensarmos que Deus é, assim, análogo aos manipuladores humanos; isso é tão somente pressuposto como verdade. Mas isso é precisamente o que está em questão, de modo que o argumento ainda fica aquém de estabelecer a adequação da analogia para sustentar o princípio relevante.

William Hasker também usa um princípio nesse sentido, *o princípio da transferência de responsabilidade*:

> (TR) Se o agente A deliberada e conscientemente coloca o agente B em uma situação em que B inevitavelmente

---

[371] Vicens, "Critical Consideration", 148.

realiza algum ato moralmente errado, a responsabilidade moral por aquele ato é transferida de B para A, *desde que* o ato moralmente errado resulte exclusivamente das ações de A e não seja o resultado de uma má disposição em B que precedeu a ação de A.[372]

Hasker não estabelece a verdade da TR, mas observa corretamente que os deterministas teológicos devem rejeitá-lo — pelo menos como aplicável a Deus — e sustentar o seguinte princípio que pertence a Deus; o *princípio da não transferência de responsabilidade*:

> (NTR) Se Deus deliberada e conscientemente coloca um agente humano em uma situação em que esse agente inevitavelmente realiza algum ato moralmente errado, a responsabilidade moral por esse ato *não* é transferida do agente para Deus, mas permanece exclusivamente com o agente humano, mesmo que o ato moralmente errado resulte exclusivamente das ações de Deus e não seja o resultado de uma má disposição no agente humano que precedeu as ações de Deus.[373]

Essa descrição é provavelmente aceitável pelos deterministas teológicos. Ele então pergunta: "existe alguma razão moralmente crível pela qual (NTR) deva ser aceita?"[374] Mas isso é mudar indevidamente o ônus da prova. Não cabe aos deterministas teológicos dar razões pelas quais Hasker deveria aceitar a NTR; em vez disso, é seu ônus mostrar que eles não podem fazê-lo de forma coerente. Hasker continua:

---

372 Hasker, *Providence,* 131.
373 Ibid., 132.
374 Ibid.

Isso não tem toda a aparência de ser um expediente desesperado — uma exceção arbitrária a um princípio aparentemente convincente, adotado apenas porque sua negação é fatal para o determinismo teológico?[375]

Essa objeção agora alega que o endosso de um determinista teológico à NTR é um caso de falácia da exceção, ao excluir arbitrariamente Deus de um princípio que deveria ser universal. Essa acusação, ou outra muito parecida, foi antecipada na discussão anterior sobre manipulação e responsabilidade moral: não é arbitrário pensar que Deus é um caso muito especial e relevantemente diferente dos homens, dado que Deus é o criador e governante legítimo, não apenas outro manipulador humano. Dado que Deus é o divino criador do universo, que tem as propriedades essenciais de conhecimento perfeito, sabedoria, justiça, santidade e todas as perfeições divinas, ele é o melhor candidato possível para uma exceção não arbitrária a esse princípio universal (humano), e nenhuma razão é dada para que ele não o seja. Apesar dessas objeções, continua sendo o caso, portanto, de que o envolvimento de Deus no mal *é* relevantemente dessemelhante à manipulação humana, e que mesmo que minha explicação tenha falhado em demonstrar isso, permaneceria, no mínimo, que não foi demonstrado que o envolvimento de Deus no mal e a manipulação humana são análogos.

Estaria Deus causando o pecado?

Além da questão de saber se Deus "comete" o pecado, ou "manipula" o pecado — de uma maneira que é relevantemente análoga à manipulação humana — uma objeção mais básica é apresentada na literatura por

---

[375] Ibid.

meio da crítica de que não se deve dizer que Deus "causa" o pecado. A acusação é tão clara que pode ser formulada em um silogismo muito simples:

> 60. Se o determinismo é verdadeiro, então Deus causa o pecado.
> 61. Deus não causa o pecado.
> Portanto
> 3a O determinismo é falso.

O argumento dedutivo é expresso com praticamente as mesmas palavras por Leigh Vicens: "se Deus *causa* os seres humanos a cometerem pecado — isto é, a agirem de maneiras que *mereçam* condenação — então ele é moralmente culpável, *mesmo que ele não necessariamente condene o pecado humano*".[376] Por sua vez, Kenneth Keathley diz que,

> se 10.000 dominós estão em uma fileira, com cada um caindo um após o outro, então a questão principal é sobre quem derrubou o primeiro. Assim é com o determinismo e a existência do mal. Se o determinismo é verdadeiro, então Deus é a primeira causa do pecado [...]. Entretanto, visto que Deus não é a causa do pecado, então o determinismo causal não pode ser verdadeiro.[377]

Ao avaliarmos o argumento, deve-se notar que ele provavelmente se enquadra em uma das duas "receitas" que mencionei: a nebulosa ou a tímida.

Primeiramente, é bastante possível que seja a receita nebulosa, por sua ambiguidade e falha em explicar a palavra enganosamente

---

[376] Vicens, "Critical Consideration", 150-51.
[377] Ibid., 150-51.

comum "causa". Embora muito do conceito de "causa" seja intuitivo e empregado com sucesso na vida cotidiana, quando se trata de usá-lo em um argumento filosófico, é notoriamente difícil analisar a "causalidade" sem enfrentar uma enxurrada de controvérsias. Para citar Peter van Inwagen novamente, a causação é "um pântano no qual me recuso a firmar os pés. A menos que eu seja empurrado."[378]

Mas pode-se facilmente responder da seguinte forma: se a noção é considerada muito difícil pelos filósofos nas torres de marfim da academia, talvez isso apenas signifique que não devemos insistir em análises filosóficas *ad nauseam* dessa maneira, e, em vez disso, ficar contentes com a nossa noção cotidiana de causalidade. Usando o conceito intuitivo de nosso uso diário, poderíamos simplesmente entender "Agente A *causa* o evento E" como "O Agente A se envolve em uma atividade que necessariamente resulta na ocorrência do evento E" ou algo muito parecido. Nesse caso, a objeção provavelmente deixa o reino do nebuloso e produz uma aceitável equivalência aceitavelmente mais clara entre "Deus causa o pecado" e "Deus determina o pecado". Isso significa que os calvinistas devem admitir e afirmar a primeira premissa à luz de seu determinismo teológico. Mas uma vez lá, o argumento torna-se tímido, por sua falha em sustentar a segunda premissa. "Visto que Deus não é a causa do pecado", disse Keathley, mas nenhum apoio é oferecido para esse "visto que". A afirmação curta de que Deus não causa (determina) o pecado torna-se claramente uma petição de princípio e precisaríamos de um argumento apropriado para dizer que ele não causa o pecado nesse sentido.

Outra proponente da objeção, Katherin Rogers, assume esse ônus em um artigo intitulado "Deus causa o pecado?"[379] Ela afirma sua tese principal da seguinte forma: "Deus não causa o pecado. Caso ele, sendo isso impossível, fizesse isso, seria repreensível, apesar dos argumentos

---

[378] Van Inwagen, *Essay*, 60.
[379] Rogers, "Does God Cause Sin?"

de Edwards."[380] A conclusão prevista é promissora; o único problema é que o artigo de Rogers desenvolve um argumento significativamente diferente. Ela — inspirada por Anselmo — afirma que o pecado é definido como o que Deus não deseja, e se ele causa todas as coisas, também deseja todas as coisas de modo que, no determinismo, nada é realmente pecaminoso.

Esse é um argumento interessante contra o determinismo, mas não é um argumento que sustente sua tese anunciada. A tese real que decorre de seu argumento, se bem-sucedida, é esta: "se Deus causou o pecado humano, então isso não seria pecado, afinal de contas"; mas lembre-se de que o que foi prometido, em vez disso, era um argumento para a visão de que "se Deus causou o pecado humano, ele seria repreensível". Cada uma dessas teses conclui que "Deus não pode causar o pecado", mas essa alegação inicial de *culpabilidade* permanece sem suporte[381] e, portanto, o determinismo continua sendo inquestionável em nossa discussão atual sobre a *justiça* de Deus em face de seu envolvimento no pecado e no mal.

Dito isso, o argumento diferente de Rogers, no entanto, desafia o determinismo e, portanto, precisa de uma resposta adequada por si só. A essa resposta nos voltamos agora por meio de uma importante discussão da "vontade" de Deus com respeito ao pecado e ao mal.

---

[380] Ibid., 371.

[381] O mais próximo que ela chega de discutir sua tese anunciada, sem desenvolvê-la, é declarando sua seguinte dificuldade: "Mas é muito difícil entender como, caso Deus assegure a escolha de molestador de abusar, ele não seja culpado da escolha e do ato subsequente". Ibid., 372-73. Ela achar essa questão "difícil" não é algo que se possa realmente refutar, mas estou inclinado a pensar que minha próxima discussão sobre as "vontades" de Deus e o contraste entre as intenções justas de Deus e os motivos injustos dos pecadores ajudarão muito a neutralizar essa "dificuldade" para aqueles que podem considerar a questão realmente difícil.

Deus desejaria o pecado?

> "Por esta razão, não vos torneis insensatos, mas procurai compreender qual a vontade do Senhor." — Efésios 5.17

O argumento de Katherin Rogers no sentido de que Deus não pode "desejar" o pecado, visto que o pecado é definido como "o que Deus não deseja" é um bom ponto de partida para se discutir uma questão principal no presente debate, a da "vontade" de Deus e se é coerente ou não sustentar que ele "deseja" o pecado. Ela começa com a (boa) definição de pecado de Anselmo e apresenta seu argumento, inspirado pelo argumento dele:

> Anselmo sustenta que pecar é desejar o que Deus deseja que você não deseje. Mas nesse caso, ele prossegue, é logicamente impossível que Deus possa fazer você pecar, pois isso implicaria que Deus deseja que você deseje o que Deus deseja que você não deseje.[382]

Mais uma vez, esse argumento cria um silogismo bastante direto:

> 62. Se o determinismo é verdadeiro, então Deus deseja todas as coisas.
>
> 63. O pecado é (por definição) algo que Deus não deseja.
>
> Portanto
>
> 3b O determinismo é falso.[383]

---

[382] Rogers, "Does God Cause Sin?", 372.

[383] O silogismo é apresentado exatamente nesses termos por William Lane Craig: "Uma vez que Highfield pensa que a vontade de Deus é invariavelmente feita e nada escapa à sua vontade, segue-se que Deus deseja o mal moral e até mesmo faz com que ele ocorra. Dado que isso é impossível, não deve haver mal moral. Eis aqui um argumento para esse efeito: 1) Nada que Deus incondicionalmente quer é mau; 2) Deus quer incondicionalmente tudo o que acontece; 3) Portanto, nada que acontece é mau." Craig, "Response to Ron Highfield", 173.

Em resposta, deve-se salientar que esse argumento é vítima da acusação de equivocação. A palavra "desejar" — ou "querer" — é aqui usada em duas premissas diferentes, com dois significados diferentes. Há (pelo menos) duas coisas diferentes que os teólogos chamam apropriadamente de "vontade de Deus". O argumento mencionado comete um equívoco entre duas delas, por vezes chamadas de vontade "preceptiva" de Deus e vontade "decretiva" de Deus.

A vontade "preceptiva" de Deus é o que ele, em algum nível, deseja — ou quer — que façamos, em virtude de seus mandamentos morais para nós: "Deus deseja que digamos a verdade", "Deus deseja que amemos o próximo como a nós mesmos", "Deus deseja que perdoemos uns aos outros", "Deus não deseja que matemos", etc. Esse é o sentido em que Rogers e Anselmo afirmaram corretamente acima que o pecado significa desejar "o que Deus não deseja." Em qualquer visão cristã da providência e do livre-arbítrio, essa vontade preceptiva de Deus pode ser — e muitas vezes é — perturbada por nossas pobres escolhas pecaminosas. Deus prescreve que os seres humanos devem agir moralmente, e, ainda assim, eles pecam. Isso é incontroverso.

A vontade "decretiva" de Deus, no entanto, é aquela em que aquilo que ele decreta, inevitavelmente acontecerá. Pode ser considerada como a vontade "última" de Deus, porque, no determinismo teológico, é de fato em todos os casos o que ele garante que ocorra em última instância. No determinismo, a divina vontade suprema é providencialmente satisfeita o tempo todo e produz um decreto bem-sucedido em todas as coisas: o que Deus mais deseja que os homens façam, Deus decreta que eles façam, e eles sempre realmente o fazem. Surge, então, a questão: é coerente pensar, como fazem os calvinistas, que um mesmo item pode ser objeto da vontade preceptiva de Deus, mas não de sua vontade decretiva? Será que Deus deseja algo no sentido preceptivo e não deseja a mesma coisa no sentido decretivo? Poderia o decreto de Deus entrar em conflito com o que ele prescreve? A resposta deve ser "claro que pode". Tenha em mente nesse ponto que a questão não é se, de fato, Deus decreta todas as coisas, incluindo o pecado; isso é compreensivelmente contestado por não calvinistas. A questão em pauta, antes, é se "é possível para qualquer indivíduo em geral — e Deus em particular — desejar algo em algum nível e ao mesmo tempo decidir contra isso por razões imperiosas?" Isso não deveria ser controverso. É um fato da vida universalmente experimentado, e tudo o que é necessário é uma constelação de desejos que são mutuamente exclusivos.

Deus obviamente poderia tê-los e de fato os tem, quer o determinismo seja verdadeiro, quer não. Deus não deseja que José seja vendido como escravo e ainda assim é Deus quem o "envia" e, portanto, desejou que isso ocorresse, pretendendo que fosse para o bem, para que muitas vidas fossem salvas (Gn 45.7). Deus não deseja que Jesus seja assassinado e, ainda assim, "ao Senhor agradou moê-lo" (Is 53.10). Assim, o presente argumento apresentado por Rogers e atribuído a Anselmo é inválido, visto que incorre em equívoco entre as vontades preceptivas e decretivas de Deus: a "vontade" da premissa (62) é decretiva, e a da premissa (63) é preceptiva. *Pode* haver algo como o pecado no determinismo: entretanto, o pecado é desejar e fazer o que Deus *preceptivamente* deseja que não desejemos, mesmo que o determinismo implique que esse mesmo item, Deus muitas vezes *decretivamente* deseja que nós desejemos.

Rogers reconhece essa resposta, mas insiste:

> Se admitirmos que Deus é responsável pela escolha e pelo ato, mas é justificado porque ele visa algum bem maior, então é difícil entender que a escolha e o ato não são eles próprios justificados como meios necessários para os fins divinamente desejados.[384]

Os atos *são* meios necessários para os fins divinamente desejados, do que não se segue que que os pecadores estejam moralmente

---

[384] Rogers, "Does God Cause Sin?", 373.

justificados em cometê-los. A decretação deles é justificada *para Deus* à luz de seus propósitos justos, mas os homens envolvidos ainda estão quebrando os preceitos divinos, realizando os atos pecaminosos apenas com seus fins perversos em vista. Ela acrescenta: "Nesse caso, Deus seria a causa de todas as escolhas, mas todas as escolhas são justificadas e assim deveriam ter acontecido".[385] O equívoco é assim transferido para a palavra "deveria". Deveria ter acontecido no sentido de que sua ocorrência é o que Deus mais desejava que acontecesse: Deus decretou que deveria acontecer; mas continua coerente sustentar que o ato foi contrário ao dever humano e, portanto, nesse sentido, o pecador moralmente *não deveria* tê-lo feito. Essa mesma equivocação na palavra "deveria" é apresentada por Leigh Vicens:

> O determinista divino deve raciocinar que se algum mal terrível foi divinamente determinado, então ele era necessário para um bem maior. Mas então, deve ter sido bom, considerando todas as coisas, que tal mal tenha ocorrido. E assim teria sido ruim, considerando todas as coisas, se alguém tivesse impedido sua ocorrência. Portanto, ninguém deveria ter evitado sua ocorrência.[386]

Ninguém deveria ter impedido isso no sentido de que Deus decretou o mal para o bem maior, mas em relação ao dever humano, continua o fato de que os seres humanos *devem* combater o mal onde quer que seja encontrado. O uso paradoxal da mesma palavra para duas noções diferentes em duas proposições — uma verdadeira e outra falsa — não deve obscurecer o fato de que os conceitos são perfeitamente coerentes. Contra Rogers, o determinismo não conclui que "não há

---

[385] Ibid.
[386] Vicens, "Critical Consideration", 240-41.

pecado no sentido de Anselmo",[387] a menos que se incorra num equívoco sobre o significado da expressão "vontade de Deus".

Sendo esse o caso, passemos a examinar formulações semelhantes a esse argumento por outros objetores. Roger Olson fornece praticamente o mesmo argumento com respeito ao mal:

> Se o determinismo divino é verdadeiro, nada é realmente maligno. Pense nisso. Se o bom e todo-poderoso Deus especificamente desejou e tornou certo todos os eventos da história, como algo pode realmente ser maligno? Não deve ser esse o melhor de todos os mundos possíveis?[388]

Agora ficou claro que Deus pode "desejar e tornar certo" vários eventos, que, de outra forma, ele não "deseja", no sentido de que envolvem pecadores da raça humana quebrando seus mandamentos. Olson aqui assume que o "mal real" deve ser "mal categoricamente sem propósito". Mas por que pensar assim? Por que o melhor mundo possível — que, embora eu esteja inclinado a aceitar, nem todos os deterministas admitiriam que seja atual[389] — não pode conter o mal moral em prol do bem maior que ele — o mal — acarreta? Nenhuma inconsistência foi mostrada nisso.

Na mesma linha, John Sanders diz que no determinismo, tudo é o que deveria ser; tudo é "certo", até o pecado e o mal: "é, no entanto, 'certo' no sentido de ser precisamente o que Deus pretendia que acontecesse".[390] Sim, dado o determinismo, é "correto" *nesse* sentido, mas não se segue que seja correto no sentido preceptivo, como sendo moralmente justo para o pecador humano.

---

[387] Rogers, "Does God Cause Sin?", 373.

[388] Olson, *Against Calvinism*, 176.

[389] Como mencionado previamente, a questão sobre a existência de um único melhor mundo possível é fascinante, mas irrelevante às questões controversas examinadas nesta obra.

[390] Sanders, *God Who Risks*, 267.

Alguns outros objetores não fazem disso uma questão de não haver pecado, mas ainda contestam que não se deve dizer que Deus decreta coisas que ele não deseja. A equivocação deve estar, por agora, bastante aparente na seguinte amostra de tais objeções:

> Clark Pinnock: "Ao contrário de Calvino e Agostinho, a vontade de Deus *não* é sempre feita."[391]
>
> William Hasker: "[No calvinismo] todo o mal que é feito no mundo — desde o assassinato de Abel até a limpeza étnica na Bósnia — é precisamente o que Deus queria que acontecesse."[392]
>
> Randall Basinger: "Podem ocorrer coisas que Deus não deseja ou não quer."[393]
>
> I. Howard Marshall: "Não é verdade que tudo o que acontece é o que Deus deseja."[394]

Uma vez que os dois significados da frase "vontade de Deus" são esclarecidos, a falha da objeção assume a forma de um verdadeiro dilema: se esses escritores estão falando sobre a vontade preceptiva de Deus, então sua afirmação é uma trivialidade, ninguém discorda, e não prova nada de nosso interesse; mas se eles estão falando sobre a vontade decretiva de Deus, então é claramente uma petição de princípio.

Agora, alguns outros defensores dessa objeção da "vontade divina" a afirmam com um ângulo alternativo enfatizando mais a *intensidade* da queixa ou lamento de Deus contra o pecado. Isso admitiria que Deus poderia coerentemente ter algum grau de desejo em relação ao que ele não decreta, mas apontaria que o *nível* em que Deus se queixa

---

[391] Pinnock, "Pinnock's response (to Feinberg)", 58.
[392] Hasker, "Philosophical Perspective", 143.
[393] Basinger, "Exhaustive Divine Sovereignty", 196.
[394] Marshall, "Predestination", 139.

de certos eventos nas Escrituras é incompatível com o seu decreto. William Hasker afirma que "dado o calvinismo, é ininteligível supor que Deus seja tão total e implacavelmente oposto ao mal como as Escrituras o representam",³⁹⁵ e John Sanders argumenta que a estratégia "O Felix Culpa"³⁹⁶ do calvinista para explicar o pecado "mina a ideia de que Deus se opõe ao mal [...] não se pode afirmar que Deus se opõe *fundamentalmente* ao pecado".³⁹⁷ Ambos os autores desenvolvem a alegação; Hasker explica:

> O calvinismo não atribui a Deus uma atitude em relação ao mal que é logicamente incoerente? Deus, dizem os calvinistas, é totalmente bom; tudo o que ocorre Deus desejou que ocorresse de preferência a qualquer outra situação logicamente possível que Deus pudesse ter escolhido. E então um Deus justo e amoroso assume, em relação a parte do que ele mesmo escolheu criar e realizar — ou seja, o pecado e o mal moral —, uma atitude de hostilidade total e implacável. Assim o calvinista deve acreditar — mas isso é coerente, ou ao menos plausível?³⁹⁸

E da mesma forma, Sanders argumenta que, no determinismo, não há lugar para os textos bíblicos do "lamento" divino, em que Deus lamenta vividamente os pecados de suas criaturas:

> não faz sentido no modelo sem risco que os escritores bíblicos digam que Deus estava genuinamente entristecido

---

395 Hasker, *Providence*, 111.
396 expressão em latim utilizada por algumas vertentes da religião católica para designar desdobramentos e consequências positivas do Pecado Original, que teria levado a humanidade a herdar o pecado e, assim, sua convivência com o mal. [N. do E.].
397 Sanders, *God Who Risks*, 266.
398 Hasker, "Philosophical Perspective", 143.

(Gn 6.6) ou irado (Is 1.10-15) pelo pecado. [...] Se Deus consegue exatamente o que pretende em cada situação específica — já que sua vontade secreta nunca é frustrada — então é incoerente também afirmar que Deus fica chateado com algumas dessas situações. Deus fica chateado consigo mesmo?[399]

Essa estratégia alternativa de argumentação é interessante, mas não há razão para se pensar que seja mais bem-sucedida do que a crítica padrão contra as duas vontades de Deus. Se de fato houver uma possível discrepância entre o preceito divino e o que ocorre — no decreto de Deus — então a intensidade da crítica ou lamento de Deus será uma função de quão distante o decreto está do preceito.

Se, como foi mostrado, é coerente sustentar que Deus não vai pecar e pode consistentemente queixar-se sobre o pecado, então se seguirá que o pecado extremo exige crítica extrema, sem que se tenha que postular que a vontade final (decretiva) de Deus foi frustrada. De fato, esse "avanço" ou "distância" aumentados entre o preceito e o decreto é um excelente candidato para uma explicação calvinista de vários textos normalmente usados por teístas abertos.

Quando Deus, pela boca do profeta Jeremias, declara repetidamente sobre o pecado perverso dos filhos de Judá que queimaram seus filhos e filhas: "Não lhes ordenei, nem isso me passou pela mente" (Jr 7.31; 19.5; 32.35), os teístas abertos que entendem de maneira literal o ensino da ignorância divina muitas vezes argumentam que é *incoerente* que os calvinistas sustentem esses textos — como eles certamente fazem — como linguagem figurada, porque mesmo o discurso figurativo precisa transmitir *alguma* realidade literal por trás das imagens; e

---

[399] Sanders, *God Who Risks*, 267.

alegadamente, nenhuma realidade possível pode ser transmitida aqui que seja consistente com o calvinismo.[400]

O conceito atual de uma grande distância entre preceito e decreto realiza exatamente isso: explica o que está por detrás da linguagem figurada da "ignorância" divina de tal pecado. Diz-nos que, embora a providência de Deus nunca seja frustrada, sua vontade preceptiva foi profundamente violada — tal maldade, ele "nunca ordenou"; como um preceito, "nunca passou por sua mente". Portanto, não há razão para se pensar que a violação do preceito divino envolva a frustração do decreto soberano, mesmo que a ira de Deus contra o pecado siga em magnitude o tamanho da distância entre as duas vontades.

Ainda, mais objeções são apresentadas contra a resposta das "duas vontades". Jerry Walls repetidamente se refere à visão calvinista sobre o assunto como "consequencialismo", porque as "consequências" das más ações que Deus decreta parecem justificar a retidão de seu decreto.[401] Mas isso não é consequencialismo.

O consequencialismo é a visão de que a retidão moral de qualquer ação é determinada apenas por suas consequências. Isso não é o que os calvinistas estão afirmando, nem decorre do que eles dizem. Em vez disso, eles afirmam que Deus, tendo bons propósitos e a devida autoridade para governar sobre a criação, decreta que erros morais seriam cometidos por pecadores humanos. O próprio Deus, portanto, não comete erros, pois ele tem motivos adequados (Gn 50.20) e autoridade adequada (Rm 9.21). Mas quanto à retidão ou erro moral *desses atos humanos*, eles não são determinados por suas consequências, caso contrário, os agentes que os cometeram também não teriam feito nada de errado, o que, obviamente, os calvinistas não concordam nem por um momento. Ao contrário, a retidão das ações humanas é determinada pela vontade preceptiva de Deus, seus

---

400 Ver Boyd, *God of the Possible*, 119-20.
401 Walls, "No Classical Theist".

mandamentos para os homens. O terrível espectro do consequencialismo levantado por Walls é, portanto, uma falácia da pista falsa[402] e não impugna a resposta das "duas vontades".

Finalmente, Katherin Rogers se opõe às "duas vontades" sob outros nomes pelos quais são conhecidas: "a vontade revelada" — para os preceitos de Deus — e a "vontade secreta" — para o decreto de Deus — com base no fato de que torna Deus enganoso ou mentiroso ao "secretamente" desejar que aconteça algo que ele não revela.[403] Mas essa é uma leitura errada dos rótulos.

O fato de ele ter uma assim chamada vontade "secreta" não o torna indevidamente "sigiloso" ou indigno de confiança. Na verdade, aqueles que usam o conceito de "secreta *versus* revelada" — o qual pessoalmente não vejo muita utilidade — não sustentam que todos os decretos de Deus são "secretos", mas sim que aqueles que são secretos, o são por um bom motivo.

Em última análise, nossa preocupação deve ser a de estar de acordo com a vontade revelada de Deus e nossos esforços devem se concentrar em seguirmos seus preceitos revelados. Dado seu conhecimento e desejo de resultados preferíveis, sua vontade decretiva pode não se alinhar com os preceitos revelados, mas isso não é da nossa conta, nem deveria ser. Rogers então argumenta que se Deus tem tal vontade decretiva, por vezes, indo contra seus preceitos revelados, então é a vontade decretiva que devemos procurar descobrir e realizar:

> É a vontade secreta que realmente incorpora o que Deus quer que aconteça no universo. Se alguém soubesse que a vontade revelada de Deus conflitava com sua vontade

---

[402] A falácia é mais conhecida pelo seu nome em inglês *red herring*.
[403] Rogers, "Does God Cause Sin?", 375.

secreta, não seria melhor obedecer à vontade mais fundamental que realmente expressa a soberania divina?[404]

Aqui, novamente, é difícil entender como isso se segue. A vontade decretiva de Deus é considerada (por ele) como "melhor" de fato, no sentido de que ela envolverá situações que são preferíveis no grande esquema das coisas, mas que, de forma alguma, é "melhor" que o indivíduo viole os preceitos morais de Deus. O dever humano está diretamente ligado aos preceitos revelados por Deus e possivelmente ainda estaria, mesmo que os seres humanos soubessem tudo sobre os bens compensatórios por trás de seus potenciais pecados, coisa que não sabem, de qualquer forma. Atualizar erros morais com o objetivo de maximizar a bondade dos estados de coisas maiores é prerrogativa de Deus, e ele não precisa e nem aceita ajuda humana no assunto.

Tendo abordado uma série de objeções à ideia de que Deus tem duas vontades, uma das quais pode ser adequadamente descrita como o desejar que o pecado ocorra, deixe-me encerrar com duas observações finais que devem ajudar a dissipar quaisquer apreensões remanescentes sobre essa resposta das "duas vontades": 1) não é nada nova, e 2) não é nada exclusivamente calvinista.

Em primeiro lugar, então, devo observar que esses conceitos envolvendo duas vontades em Deus não são nada novos. Eles não são uma evasiva recente de teólogos calvinistas tentando dar justificar um Deus que decreta o que ele não prescreve. O útil ensaio de John Piper sobre o assunto aponta as credenciais históricas impecáveis de tais conceitos:

> Os teólogos falaram de vontade soberana e vontade moral, vontade eficiente e vontade permissiva, vontade secreta e vontade revelada, vontade de decreto e vontade

[404] Ibid.

de autoridade, vontade decretiva e vontade prescritiva, *voluntas signi* (vontade de sinal) e *voluntas beneplaciti* (vontade de beneplácito).[405]

Há muito se reconhece que esses conceitos são aplicáveis a Deus, e faz todo o sentido, pois, como argumentei há pouco, são perfeitamente intuitivos e universalmente experimentados na vida cotidiana, assim que o alarme dispara e ele "deseja" permanecer na cama, mas também "deseja" se levantar e ir trabalhar. É difícil entender por que os objetores teriam tanta dificuldade com isso e até considerariam o conceito totalmente incoerente. Roger Olson diz que essas explicações "tornam Deus dúbio",[406] Clark Pinnock fala da "noção extremamente paradoxal de duas vontades divinas",[407] Norman Geisler pergunta "Como Deus pode desejar contrário ao seu próprio decreto eterno e imutável?"[408] E Steve Lemke diz "obviamente, retratar Deus como tendo uma mente e vontade divididas não é o caminho que queremos seguir".[409]

Estas fortes alegações são a ocasião para o meu segundo e último ponto. É o lugar para apontar que os objetores acima cruzaram a linha para o território da "receita ambiciosa". Eles estão argumentando contra um conceito, com o qual sua própria visão racionalmente os compromete. A objeção prova demais, porque a noção de duas vontades divinas também *deve* ser afirmada pelos libertários. Mesmo os libertários devem afirmar que Deus "deseja" alguns eventos em um sentido — um sentido preceptivo muito parecido com o que o calvinista afirma — e ainda assim não o realiza porque ele "deseja" algo mais, ou seja, a livre expressão do livre-arbítrio libertário!

---

405   Piper, "Two Wills in God?", 109.
406   Olson, *Against Calvinism*, 99.
407   Pinnock, *Grace Unlimited*, 13.
408   Geisler, *Chosen But Free*, 88-89.
409   Lemke, "Critique of Irresistible Grace", 147.

Deus deseja que certos atos justos sejam realizados, porém ele "deseja" mais que esses atos sejam realizados livremente no sentido libertário e, portanto, ele desiste de realizar o evento, mesmo que ele o tenha desejado. O conceito é empregado muito explicitamente nos escritos de libertários, como Thomas Flint,[410] Howard Marshall,[411] William Mann[412] Peter van Inwagen,[413] que percebem que é precisamente o que todos os cristãos afirmam sobre o *mal*: Deus não quer o mal pelo mal em si, mas ele tem razões moralmente suficientes para permiti-lo. Somente os libertários acreditam que uma razão moralmente suficiente é a concessão do livre-arbítrio libertário aos seres humanos, mas nisso eles concordam com os calvinistas sobre Deus ter duas vontades. Uma vez que os libertários dizem que Deus *prefere* ter o mal em seu mundo ao invés de tirar o livre-arbítrio libertário, eles afirmam sobre o mal que Deus o deseja, embora ele não o deseje. Assim, permanece perfeitamente coerente — e necessário para todos os cristãos — afirmar que Deus "deseja" que o pecado aconteça, mesmo quando ele se opõe moralmente, assim "desejando" que não aconteça.

---

[410] Isso é garantido por sua afirmação molinista de que Deus escolheu *voluntariamente* este mundo viável (e todo o seu mal) em detrimento de outros mundos possíveis: "Deus, consciente e amorosamente, desejou criar este mesmo mundo". Flint, "Two Accounts", 151.

[411] "Devemos certamente distinguir entre o que Deus gostaria de ver acontecer e o que ele realmente deseja que aconteça, e ambas as coisas podem ser mencionadas como sendo a vontade de Deus." Marshall, "Universal Grace and Atonement", 56.

[412] "Parece que a única coisa que poderia frustrar um dos desejos de Deus seria outro desejo de Deus de igual ou maior força, e a frustração teria que ser no nível da incompatibilidade; caso contrário, ambos os desejos poderiam ser satisfeitos." Mann "God's Freedom, Human Freedom", 193.

[413] "Deve-se admitir que a não existência do mal, em algum sentido da palavra, deve ser o que um ser moralmente perfeito quer. Mas muitas vezes não suscitamos situações que podemos realizar e querer. [...] Então, pode ser que alguém tenha um desejo muito forte por algo e seja capaz de obter essa coisa, mas não aja de acordo com esse desejo — porque ele tem razões para não o fazer que lhe parecem superar o desejo da coisa." Van Inwagen, "Argument from Evil", 60-61.

Estaria Deus "permitindo" o pecado?

Uma preocupação final e significativa para os deterministas com relação ao envolvimento de Deus no mal precisa ser abordada: é a questão de se uma linguagem de "permissão" é necessária para descrever a providência de Deus sobre o mal. Não gostaríamos de dizer que Deus meramente "permite" o pecado? E se o determinismo é verdadeiro, caso em que Deus determina todas as coisas, podemos razoavelmente afirmar sua mera "permissão" do pecado? Estas não são perguntas inocentes; elas são a ocasião de um *argumento* direto contra o determinismo teológico, que assume a seguinte forma:

> 64. Se o determinismo é verdadeiro, então não se pode dizer adequadamente que Deus "permite" o pecado.
>
> 65. Deve-se dizer adequadamente que Deus "permite" o pecado.
>
> Portanto
>
> 3a O determinismo é falso.

Alguns calvinistas podem estar inclinados a protestar contra a premissa (65), mas eu, por mim, penso que está bem assim. Há um sentido perfeitamente apropriado no qual eu quero dizer que Deus "permite" o mal e assim a grande questão reside na premissa (64), e se essa linguagem é coerente, dado o determinismo calvinista.

Leiamos a acusação diretamente dos escritos de alguns de seus proponentes libertários.

Thomas Flint:

> Se Deus é perfeitamente bom, então não podemos tê-lo causando diretamente o mal, especialmente as ações moralmente más que seus seres livres muitas vezes realizam. O

mal é *permitido*, mas não *pretendido* por Deus; portanto, não podemos tê-lo predeterminando-o por meio de uma atividade concorrente intrinsecamente eficaz.[414]

Roger Olson: "Se para os calvinistas é lógico dizer que Deus autoriza ou permite o mal, eles só podem se referir a isso em um sentido altamente atenuado e incomum de "autoriza" e "permite" — um que está fora da linguagem comum da maioria das pessoas.".[415] A formulação do argumento de Olson coloca em foco a palavra "adequadamente" que empreguei nas premissas (64) e (65) do silogismo acima. Essa controvérsia é realmente sobre o significado da palavra "permissão"; é um debate sobre semântica, mas não quer dizer que seja um debate em vão: se a palavra "permissão" é de fato necessária, preferimos não abusar da linguagem para ajustá-la artificialmente ao determinismo; gostaríamos de usar a palavra corretamente.

A questão em pauta é também sobre a *assimetria* entre o bem e o mal. É a questão de saber se os deterministas podem manter uma diferença de "tipo" entre a providência de Deus sobre o bem e sua providência sobre o mal. Será possível dizer corretamente que Deus "intenciona" o bem — ou algo do tipo —, mas "permite" o mal, *em distinção ao* que ele faz no caso do bem? Anthony Kenny insiste nessa acusação da seguinte forma: "Um indeterminista pode fazer uma distinção entre as situações que Deus causa e aquelas que ele meramente permite: mas em um universo deterministicamente criado, a distinção entre causar e permitir não teria nenhuma aplicação a Deus."[416]

Então o desafio é lançado: como os teístas podem manter uma assimetria na providência divina sobre o bem e o mal? E também: podem

---

414 Flint, *Divine Providence*, 87-88.
415 Olson, *Against Calvinism*, 88.
416 Kenny, *God of Philosophers*, 87.

os deterministas usar adequadamente a linguagem de "permissão" para o controle de Deus sobre o pecado humano?

Ainda ambiciosa — a assimetria é um problema de todos

Buscarei mostrar em um momento que o libertarianismo não é necessário para a assimetria e a permissão divina, mas primeiro argumentarei que o libertarianismo não é *suficiente* para isso, de modo que, seja o libertarianismo verdadeiro ou não, não é o fundamento certo para a linguagem da permissão divina. A objeção é muito ambiciosa; prova demais.

A razão para isso é que o tipo de permissão divina em que estamos interessados deve apresentar uma *assimetria* divina em relação ao bem e ao mal, o que, se for um problema, é um problema para ambos os lados do debate — não exclusivamente para os calvinistas. Por quê? Porque o libertarianismo, assim como o determinismo, é afirmado por seus proponentes de *todas* as escolhas diretamente livres e moralmente responsáveis; *ambas* boas e más, *ambas* louváveis e culpáveis.

Assim, o libertário que discorda da ideia de que Deus determinaria o mal não resolverá o problema da assimetria meramente tornando o livre-arbítrio indeterminista; isso resultaria em Deus também não determinando o bem, deixando, assim, de introduzir qualquer assimetria. Se o indeterminismo for suficiente para a linguagem da "permissão", então os libertários se verão tendo que dizer, nesse sentido, que Deus meramente "permite" o bem também. Como uma protuberância no tapete que reaparece em outro lugar quando pressionada, a questão da assimetria não será resolvida simplesmente trazendo o libertarianismo para evitar uma autoria divina do mal: ela também descartará qualquer autoria divina do bem.

William Lane Craig argumenta que "se Deus preordena e suscita maus pensamentos e ações, parece impossível dar uma explicação adequada para tal assimetria bíblica".[417] Mas se o libertarianismo de Craig alivia Deus de "preordenar e realizar" pensamentos e ações humanos, então ele elimina os *bons* pensamentos e ações tanto quanto os *maus* pensamentos e ações.

Da mesma forma, quando John Wesley diz: "Tudo de bom que há no homem, ou é feito pelo homem, Deus é o autor e o realizador disso",[418] ou quando Kenneth Keathley diz que "Deus é a causa de tudo o que eu faço que é certo; eu sou a causa de todos os meus pecados",[419] eles claramente nos devem uma explicação de como isso é possível, dado seu libertarianismo. Portanto, esse tema da assimetria é reconhecidamente uma questão difícil, com a qual todos os campos precisam lutar, e um mero libertarianismo não pode ser a resposta para nossa questão atual.

A isso, os libertários podem replicar que o indeterminismo não é suficiente, de fato, mas continua sendo necessário. Talvez o uso adequado da linguagem da permissão não decorra do mero indeterminismo, mas o exija, e só decorre do indeterminismo *mais* outra coisa — como uma assimetria nos mandamentos de Deus, ou em seus avisos, ou algo desse tipo — um "algo mais" que ou não está disponível para os deterministas, ou está disponível para eles, mas não é suficiente por si só para justificar a linguagem de permissão separada do indeterminismo. Talvez seja assim.

O problema é que os escritores libertários nunca nos dão esse "algo mais" em seu próprio modelo, muito menos explicam por que não estaria igualmente disponível para justificar a assimetria no determinismo também. Em vez disso, quando os libertários levantam a

---

[417] Craig, *Only Wise God,* 47.
[418] Wesley, *Free Grace,* 5.
[419] Keathley, *Salvation and Sovereignty,* 91.

questão da linguagem da "permissão" no determinismo, eles apenas consideram o indeterminismo a solução adequada, o que acabei de explicar que não é. Portanto, é improvável que algum libertário possa oferecer — ou pelo menos nenhum o faz — a presente objeção de modo consistente dada sua própria visão sobre o assunto.

Assim, isso pode refutar o objetor, mas não desarma sua objeção. Deixando-a, assim, a resposta atual seria um caso de falácia *tu quoque*: apontar que os libertários enfrentam o mesmo problema não resolve o problema. Portanto, lidemos positivamente com a questão e vejamos como os cristãos, em geral, e os calvinistas, em particular, devem, de fato, explicar adequadamente a permissão e a assimetria.

A assimetria da vontade divina não é suficiente

Alguns calvinistas sugeriram que a assimetria divina pode ser encontrada no fato de que a "atitude" de Deus em relação ao bem que ele suscita difere daquela que ele sustenta em relação ao mal — todos os quais Deus igualmente suscita. Eles usam a tese das chamadas "duas vontades" de Deus, descritas e defendidas acima neste capítulo. Enquanto o determinismo implica que tanto o bem quanto o mal neste mundo são "desejados" por Deus no sentido decretivo, perdura uma assimetria em sua vontade "preceptiva", na medida em que o bem está de acordo com os preceitos divinos, enquanto o mal vai contra eles. Há, nesse sentido, uma assimetria na vontade divina com relação ao bem e ao mal e John Frame descreve um movimento nessa direção por teólogos reformados:

> Se a permissão de Deus é eficaz, como então ela difere de outros exercícios de sua vontade? Evidentemente, os reformadores usaram permissão principalmente como

um termo mais delicado do que causa, sugerindo que Deus suscita o pecado com uma espécie de relutância nascida de seu santo ódio por ele.[420]

Admito que essa "relutância" dele em suscitar o mal, em oposição ao seu suposto endosso do bem, equivale a uma certa assimetria, mas não penso que isso possa plausivelmente ser a resposta completa. Uma linguagem de "permissão" do mal parece exigir mais do que isso, porque não descreve meramente uma assimetria nos "sentimentos" ou "atitude" de Deus; antes, requer uma assimetria na *atividade* dele; uma assimetria nas *relações* providenciais. É plausivelmente uma assimetria no que Deus *faz*, não meramente no que ele *pensa* sobre o que faz. Então, prossigamos e desvendemos o que a "permissão" exige em termos de atividade divina.

A linguagem da permissão e "pares contrafactuais ativos/passivos"

Tendo em vista que o debate no fundo é sobre o uso adequado de uma palavra, o dicionário é um bom lugar para começar. O dicionário define "permissão" como "a ação de permitir, autorizar ou dar consentimento; consentir, dar licença ou liberdade para fazer algo" e "uma licença ou liberdade para fazer algo; a concessão de tal liberdade".[421] Considerando as definições do verbete, há dois usos comuns que precisam ser reconhecidos e rejeitados para nossos propósitos atuais.

Primeiramente, há um entendimento *puramente* moral que não diz nada sobre a providência. É a ideia de permissão como consentimento moral, ou direito legal de fazer algo, como em "é permitido correr ao

---

[420] Frame, *Doctrine of God*, 178.
[421] "permissão, (s.f.)." OED Online. Dezembro de 2013. Oxford University Press. 11 de fevereiro de 2014 <http://www.oed.com/view/Entry/141214?redirectedFrom=permission>

redor da piscina" ou "não é permitido vender álcool para crianças". É um bom uso da palavra, talvez seja até mesmo seu uso mais comum, mas no nosso caso, estamos falando sobre a permissão de Deus para o *mal*, que, por definição, *não* é legalmente permitido dessa maneira. O mal é uma violação da lei moral de Deus e, portanto, o que quer que seja entendido por "permissão" de Deus para o mal, não é a concessão de uma licença moral; envolve, em vez disso, um senso de *providência*, em que ele está "abrindo espaço para" ou "se abstendo de impedir" uma determinada ação que, sendo má, continua não sendo legal e moralmente permitida.

E, por outro lado, há um uso de "permissão" que é *puramente providente* e não possui qualquer componente moral. É também um sentido perfeitamente aceitável da palavra, pelo qual se diz que Deus "permite" um resultado e "não permite" outro, nenhum dos quais é moralmente bom ou mau. O versículo 7 de Atos 16 é provavelmente um desses exemplos: "Então, chegando à fronteira da Mísia, [Paulo e Silas] tentaram ir para o norte, em direção à Bitínia, mas o Espírito de Jesus *não permitiu*". Na ausência do comando divino, presumivelmente não havia nada de moral ou imoral em ir para Bitínia ou descer para Trôade — a opção que Deus permitiu. Esse tipo de permissão, de natureza puramente providente, ainda não é o sentido pretendido por nosso presente objetor, que insiste para que os calvinistas justifiquem a permissão divina *do mal*. Portanto, o sentido de permissão divina que dizem que o calvinismo exclui é tanto *providente* quanto *moral* — ou melhor, *imoral*, na verdade: uma permissão do mal. O uso da palavra deve capturar um certo tipo de "passividade" naquele que permite. A ação de "permitir" deve apresentar uma atitude "não intervencionista", quase um desimpedimento passivo por parte de Deus. Ela deve ser uma "restrição" a algum tipo de intervenção, deixando, ou permitindo, que a ação maligna se desenvolva sem intervir. Esses conceitos são a razão pela qual o determinismo é considerado problemático aqui, porque se Deus determina todas as coisas, como ele pode ser "não intervencionista" no sentido exigido?

Para responder a essa pergunta e desvendar essas noções de passividade, permissão e assimetria, é útil começar com um exemplo simples, intuitivo e incontroverso, que capta bem o sentido de permissão que estamos procurando. Suponha que um ladrão esteja subindo uma escada para arrombar a janela de um apartamento no 3º andar, quando um transeunte se aproxima do pé da escada e o vê lá em cima, a meio caminho do topo, subindo para arrombar. A essa altura, o transeunte tem uma decisão a tomar. Dentre as inúmeras possibilidades abertas a ele, duas delas são de especial interesse para nós: por um lado, ele poderia decidir impedir o roubo, digamos, empurrando a escada e fazendo o ladrão tropeçar. Se ele fizesse isso, o roubo seria evitado. Caso contrário, se por qualquer motivo o transeunte achar melhor não fazê-lo — ele pode achar errado mandar o ladrão para uma provável cama de hospital, ou pode ficar assustado com a perspectiva de uma vingança futura, ou qualquer boa razão que se possa imaginar — ele então poderia decidir se abster de intervir, permitindo passivamente que o roubo ocorresse. Esse tipo de situação capta muito bem as intuições em jogo quando pensamos em "permissão" do mal no sentido relevante para nossos propósitos atuais. A assimetria na *ação* do transeunte é fácil de apreciar aqui: a ocorrência do roubo está, nesse momento, totalmente sob seu controle; depende providentemente dele, *mas* dependendo de qual opção ele escolher, sua *ação* irá variar em tipo: se ele decidir contra o roubo, ele precisará, ativa e atentamente, realizar a ação positiva de empurrar a escada, evitando, assim, o mal iminente. Mas se ele achar preferível que o roubo ocorra, então seu controle será puramente passivo, abstendo-se de qualquer intervenção, *permitindo*, assim, esse mal, sabendo que se ele não interviesse, o roubo ocorreria. Essa situação exibe o senso de assimetria que estamos procurando e sugiro que, para que os teólogos apliquem adequadamente a linguagem de permissão a Deus, isso envolverá algo muito parecido com essa situação.

Mas é claro que algumas diferenças entre o transeunte e Deus — especialmente no calvinismo — vêm imediatamente à mente. Por um lado, o transeunte não está envolvido de forma alguma na formação prévia do caráter do ladrão, nem ele atrai ativamente o coração e a mente do ladrão para influenciar sua decisão no momento da escolha, enquanto no calvinismo, Deus determina providentemente o caráter e a escolha do ladrão em primeiro lugar e, quando se trata de "intervir" ou não, embora intervenções externas do mesmo tipo como "chutar uma escada" estejam certamente disponíveis para Deus, o tipo de intervenção que os cristãos normalmente têm em vista é uma intervenção *interna*, influenciando providentemente os corações e as mentes das pessoas diretamente. Esses pontos são bem recebidos e discutirei o que pode e o que não se pode manter ao aplicarmos esses conceitos a Deus. No entanto, há *algo* que é dito sobre permissão e assimetria na providência divina na mencionada ação do transeunte que chuta a escada e o ladrão: eles nos dizem que o uso adequado da linguagem da permissão para resgatar a assimetria na atividade providencial baseia-se na verdade de duas importantes declarações condicionais e contrafactuais que foram casualmente ditas há pouco, na discussão do transeunte. Essas duas declarações foram as seguintes:

>1. Se o transeunte *fosse* ativamente intervir — chutando a escada — o ladrão *não* cometeria o crime.
>
>E,
>
>2. Se o transeunte fosse se abster passivamente de intervir, o ladrão *iria* cometer o crime.

Vamos chamar a primeira de "contrafactual ativa" e a segunda de "contrafactual passiva", dando-nos um "par contrafactual ativo/passivo". Eu defendo que a linguagem da permissão e da assimetria na atividade providencial têm como premissa exatamente esse tipo de "pares contrafactuais ativos/passivos". Explicarei em breve como isso pode ser aplicado à providência divina, mas, curiosamente, o próprio Jonathan Edwards ofereceu uma analogia que não é diferente da minha para analisar a assimetria em jogo na providência divina. Ele falou da relação entre a presença do sol e a produção de luz e calor ou escuridão e frieza:

> Há uma grande diferença entre o sol ser a causa da claridade e do calor da atmosfera. do brilho do ouro e dos diamantes, por sua presença e influência positiva; e ele ser o motivo para escuridão e frio à noite, por seu movimento, pelo qual descende no horizonte. O movimento do sol é a ocasião desse último tipo de eventos; mas não é a causa própria eficiente, ou produtora deles: embora sejam necessariamente consequentes desse movimento, em tais circunstâncias: da mesma forma, nenhuma ação do Ser Divino é a causa do mal das vontades dos homens.[422]

E então ele desenvolveu a assimetria em termos que se aproximam muito do meu mencionado "par contrafactual ativo/passivo":

> Seria estranho argumentar, de fato, que os homens nunca cometem pecado, mas que apenas o fazem quando Deus os entrega a si mesmos, e necessariamente pecam quando ele assim o faz, de tal modo que, portanto, o pecado deles não é deles mesmos, mas de Deus; e, assim, que Deus deve ser um ser pecador: isso é tão estranho quanto seria argumentar que porque está sempre escuro quando o sol se vai, e nunca escuro quando o sol está presente, que,

---

[422] Edwards, *Freedom of the Will*, 293.

portanto, toda escuridão é do sol e que seu disco e raios devem ser pretos.[423]

Edwards baseia a assimetria no fato de que se o sol se aproximasse e brilhasse ativamente sobre o local, *haveria* luz, e *se* ele se retirasse passivamente do local, *haveria* escuridão, ao invés disso. Tais contrafactuais ativos/passivos asseguram a assimetria.

Por precaução, e antes de procurar aplicar esse material à providência divina, deixe-me oferecer uma ilustração final. Pense em um trenó, deslizando pista abaixo sob o controle de seu piloto, e considere os eventos de sua aceleração e desaceleração. Para que o piloto realize um ou outro, são necessárias ações muito diferentes: para acelerar, basta o piloto deixar o trenó deslizar, enquanto uma desaceleração requer um acionamento ativo dos freios. Essa assimetria de comportamentos ativos e passivos é garantida pelo fato de que o trenó está em uma pista escorregadia para baixo, garantindo que: 1) se o trenó fosse deixado por conta própria, ele *aceleraria* e 2) se os freios forem acionados ativamente, o trenó *desaceleraria*. Isso torna muito apropriado descrever a ação do piloto ou como parando ativamente o trenó, ou "permitindo" passivamente que ele deslize, embora sob seu controle total. A assimetria e a linguagem de permissão são asseguradas pela verdade de contrafactuais ativos/passivos.

Procuremos, então, aplicar esse material a Deus e sua providência divina sobre o bem e o mal. Pode algo assim ser afirmado acerca do controle dele sobre as escolhas humanas se o calvinismo for verdadeiro? Para que isso fosse feito, as duas chamadas "contrafactuais ativas/passivas" teriam, agora, de ser contrafactuais da *liberdade*. Teriam que ser declarações contrafactuais sobre o que os homens *fariam* ou *não* livremente em vários conjuntos de circunstâncias, sob várias influências, divinas e outras. Esse tipo de linguagem pode começar a

---

[423] Ibid., 294.

soar como molinismo,[424] mas não precisa sê-lo: enquanto o determinismo for afirmado e o livre-arbítrio libertário negado, não há nada de não-calvinista na verdade dos contrafactuais. As escolhas às quais essas declarações contrafactuais pertencem são livres no sentido compatibilista, a noção de livre-arbítrio que é afirmada pelos calvinistas e negada pelos molinistas e todos os outros libertários.

Examinemos, então, essas contrafactuais ativas/passivas do livre-arbítrio determinista. Para qualquer dado pecador e pecado sobre o qual se queira manter uma linguagem de permissão divina no sentido em discussão, os calvinistas teriam que afirmar:

> 1. Se Deus *fosse* ativamente intervir, o pecador *não cometeria* o pecado
>
> E,
>
> 2. Se Deus *fosse* passivamente se abster de intervir, o pecador *cometeria* o pecado.

Para estabelecer a coerência do modelo em questão, o que deve ser abordado é o seguinte: como os calvinistas podem afirmar essas proposições e, mais especificamente, como se pode dizer que Deus "se abstém passivamente" de qualquer coisa, se ele determina até mesmo a própria escolha de pecar? Para responder a essa pergunta, deixe-me começar traçando uma importante distinção entre dois tipos diferentes de fatores causais que estão em jogo para determinar se o pecador pecará ou não. Essa decisão humana é influenciada por dois tipos de fatores: por um lado, a natureza, a criação, os eventos da vida e a história da formação do caráter dessa pessoa, desde sua concepção até o momento da escolha e, por outro lado, estão todos

---

[424] Veja minha discussão sobre molinismo e o chamado conhecimento médio calvinista, posteriormente no presente capítulo.

os fatos influenciadores imediatos *naquele momento da escolha*: em que circunstâncias ele está inserido e quais forças — internas e externas, naturais e sobrenaturais — estão, naquele momento, atraindo-o em direções diferentes para fazer sua escolha de um jeito ou de outro. Observe que essa distinção conceitual é incontroversa: esses dois tipos de influências também são afirmados por todos os libertários. A diferença é que para eles todas essas influências não *determinam* coletivamente a escolha de uma forma ou de outra, mas a influenciam.[425] Essa distinção incontroversa, então, permite que os calvinistas afirmem isso: Deus está em pleno controle providencial de ambos os tipos de influências, mas a sua assim chamada "passividade", ou "abstenção de intervir", pode ser expressa legitimamente com respeito à sua influência sobrenatural *no momento de escolha*. Esse é um ponto em que os calvinistas podem encontrar uma assimetria muito legítima da ação divina. Se Deus se abstivesse *dessa atração ativa no momento da escolha*, então o pecador *pecaria*, porque tudo o que restaria dentro dele para se expressar na tomada de decisão seria sua natureza e caráter anterior, os quais obviamente os calvinistas afirmam ser corrompidos pelo pecado original. À parte da graça de Deus estendida ativamente a eles, os pecadores decaídos pecam. "O homem sem a graça não pode desejar nada além do mal", diz Martinho Lutero.[426] A doutrina do pecado original, entendida no mínimo como sugerindo que os homens têm uma natureza decaída que os inclina uniformemente para o pecado — não há necessidade aqui de nada mais forte, como a depravação total, a culpa original ou qualquer coisa remotamente controversa para os cristãos — explica a verdade de uma das nossas duas contrafactuais: "Se Deus se

---

[425] "É claro que isso não deve significar que a liberdade é a ausência de influências, sejam estas externas ou internas. Para que alguém aja, certas condições causais são necessárias. Em vez disso, significa que eles não determinam ou exigem nossas escolhas ou ações". Reichenbach, "Reformed View of God", 69. Veja também Walls e Dongell, *Not a Calvinist*, 107.

[426] Lutero, *Bondage of the Will*, 318.

abstivesse da intervenção divina — ou seja, uma intervenção interna na forma de uma atração positiva da graça no coração do pecador caído — o pecador *pecaria*".

Essa conclusão é assegurada para cada escolha feita por pessoas afetadas pelo pecado original. Claro, é possível que alguém levante a questão do pecado de Adão, mas voltarei a ela mais tarde. Por enquanto, vamos nos voltar para a segunda contrafactual do par, a saber, "Se Deus interviesse ativamente, o pecador se absteria de pecar". Ela é facilmente afirmada pelos calvinistas à luz de sua conhecida doutrina da "graça irresistível".[427] Não há, de acordo com os calvinistas, nenhuma inclinação pecaminosa que a graça divina não possa superar. Filosoficamente, isso vem do determinismo que eles defendem e produz exatamente o resultado teológico desejado: sempre existe um tipo de atração sobrenatural disponível para Deus, de tal forma que, se ele a aplicasse, o pecador se absteria de pecar e faria a coisa certa, em vez disso. Isso assegura a contrafactual em questão e, com ela, a verdade do par contrafactual ativo/passivo, justificando, assim, a assimetria no momento da escolha nesse tipo específico de situação e, portanto, justificando uma linguagem apropriada da permissão divina face ao determinismo.

Ainda preciso discutir se isso resgata uma verdadeira assimetria na providência de Deus entre *todo* bem e *todo* mal, mas antes disso deixe-me abordar uma possível objeção a essa situação específica. Suponho que alguém poderia objetar que focar dessa maneira na ação de Deus, no momento do pecado e desconsiderando seu envolvimento anterior na construção do caráter da pessoa, é inadequado — talvez até enganoso — para os calvinistas, visto que eles devem sustentar que Deus determinou a *ambos*, mas isso seria perder o foco da manobra. O objetivo não era isentar Deus de seu controle do mal, seja criando

---

427 Pode até ser que ninguém *além* dos calvinistas afirme contrafactuais tão fortes.

pecadores ou controlando providencialmente seus pecados. No calvinismo, ele claramente determina todas essas coisas. Se isso envolve Deus indevidamente no mal como o "autor do pecado" ou algo do tipo não é mais o ponto — essa objeção já foi respondida. Em vez disso, o objetivo do presente modelo é explicar por que, *ao determinar as ações humanas*, pode haver uma assimetria da ação divina em que Deus faz acontecer o mal e o bem. Isso é garantido pelo modelo atual. Voltando à ilustração do trenó, pode-se igualmente entender que o trenó foi inicialmente colocado na pista pelas mesmas pessoas que posteriormente o pilotaram abaixo. Eles são inteiramente responsáveis causais por seu deslizar na pista abaixo, mas ainda assim a sua ação de controle durante a corrida exibe a assimetria adequada e justifica a linguagem da permissão: quando eles se abstêm de pisar nos freios, eles "permitem" corretamente que o trenó deslize. O mesmo vale para Deus no calvinismo que, como resultado da Queda, ordenou que os seres humanos tivessem naturezas corrompidas, mas regula seu mal, particularmente no momento da escolha, por um controle justificadamente assimétrico. Ele estende ativamente a graça para evitar o pecado, ou se abstém passivamente de fazê-lo, permitindo que pessoas naturalmente pecadoras pequem, quando seus bons propósitos assim requerem.

Agora alguém pode reclamar que meu modelo resgata a assimetria nesse caso específico, mas não se aplica a *todos* os casos de bem e mal. Não poderíamos imaginar um caso em que a situação se invertesse, substituindo nosso ladrão na escada por um bombeiro, desta vez subindo para arriscar sua vida e resgatar um bebê das chamas? Nesse caso, um transeunte que se abstenha de chutar a escada estaria "permitindo o bem". Isso não seria um fracasso do meu modelo na tentativa de resgatar a devida assimetria entre o bem e o mal? Deixe-me dar duas respostas.

Em primeiro lugar, não sei se preciso necessariamente refutar a acusação. Talvez meu modelo se aplique aqui também e, *às vezes*, justifique também o uso da linguagem da permissão para o bem. Mesmo assim, ele refuta com sucesso nossa objeção arminiana inicial, que dizia que a linguagem da permissão divina do mal *nunca* seria justificada no determinismo. Não preciso mostrar que *todo* mal só é permitido dessa maneira e que esse entendimento de permissão *nunca* é aplicável ao bem. Tudo o que preciso fazer é mostrar que *algumas* situações apresentam um controle providencial do mal que justificam uma linguagem da permissão de uma forma que não se aplicaria ao bem *naquela situação*. Esse tanto eu fiz.

Mas, em segundo lugar, penso que poderíamos sofisticar minha explicação para realmente satisfazer a objeção. Poderíamos dizer que uma linguagem da permissão é excluída se Deus precisar intervir ativamente *no momento da escolha* para produzir uma escolha justa *ou, em qualquer ponto, na sua vida pregressa, para produzir o caráter justo que naturalmente levaria à escolha do bem*. Uma vez que o pecado original faz com que os homens comecem a vida com uma disposição para o mal, qualquer pecado subsequente é apenas uma expressão dessa inclinação original para a qual não é necessária uma intervenção divina. Mas, inversamente, qualquer ato de justiça é o resultado de um caráter que foi ativamente aprimorado pela intervenção direta e ativa de Deus, seja no momento da escolha ou em qualquer momento antes dela. Essa qualificação resgata muito bem uma assimetria total para cada boa ação e cada má ação após a queda. Nesse sentido, todo mal é permitido e todo bem é ativamente concedido. Penso que essa análise conceitual desdobra bem uma declaração filosoficamente carregada de João Calvino: "o simples querer é a parte do homem: querer o mal, da natureza corrompida; querer o bem, da graça".[428]

Tudo o que resta para explicar, agora, é o primeiro pecado de Adão. Como ele ainda não havia caído, não se pode usar o pecado original para explicar *sua* inclinação inicial para o mal. Isso revela uma falha em meu modelo? Penso eu que não. Sem o pecado original, o que

---

[428] Calvino, *Institutas*, Segundo Livro, Capítulo 3, Seção 5, 181.

eu deixo de fornecer é uma *explicação* totalmente incontroversa para a primeira inclinação de Adão para o mal, mas o *fato* de ele ter tido tal inclinação não deveria ser controverso: como ele poderia ter pecado se ele não tivesse tido sequer uma inclinação para tal? Expressando isso em termos de contrafactuais — supondo com os molinistas que há tais verdades — ou seria o caso de que Adão *pecaria* nas circunstâncias bíblicas, ou ele *não pecaria* nelas. E como ele *de fato* pecou, é óbvio que ele *pecaria* se Deus não concedesse ativamente graça adicional para evitar a queda. Portanto, eu posso não ter uma explicação incontroversa de *como* essa contrafactual veio a ser verdade, mas dada a *verdade* incontroversa dessa contrafactual, meu modelo pode apenas pressupô-la e, com ela, explicar com sucesso a assimetria na escolha de Adão: ele *pecaria*, se deixado por si mesmo, e Deus o permitiu passivamente — tendo sido isso determinado ou não.

Mais algumas críticas libertárias

Com esses conceitos em vigor, algumas declarações e objeções de libertários podem agora ser avaliadas. Em sua crítica ao determinismo, William Lane Craig iguala a determinação causal de Deus do pecado com o seu "mover" a vontade do pecador para fazer o mal:

> Em contraste, na visão tomista/reformada, Deus faz com que o agente peque ao *mover sua vontade para escolher o mal*, o que torna difícil de negar a alegação de que Deus é o autor do pecado.[429]

No sentido relevante, esta descrição da atividade providencial divina é inadequada, dado o modelo oferecido. Nessa visão, Deus determina

---

[429] Craig, "Response to Paul Kjoss Helseth", 57.

tudo o que acontece, mas dada a verdade do par contrafactual ativo/passivo, pode-se dizer que Deus "move" a vontade apenas para o *bem*, trabalhando contra a maré da natureza pecaminosa, mas, no momento do pecado, não se pode dizer, nesse sentido, que ele "move a vontade do pecador a fazer o mal". Para *pecar*, a vontade humana decaída não precisa de um "mover" especial de Deus; é o que ela *faria* naturalmente, à parte de uma intervenção divina particular com graça especial.

Outra crítica é feita por John Sanders, ao afirmar que a "permissão" requer a possibilidade de se deixar em aberto *múltiplas opções*.

> o uso da palavra *permissão* é problemático no modelo sem risco. De acordo com a soberania específica, tudo o que ocorre é precisamente o que Deus controla meticulosamente para que ocorra. Nesse caso, o termo *permissão* parece significar o seguinte. Suponha que Deus tivesse um rato que ele queria que corresse por um labirinto. Suponha, ainda, que toda vez que o rato começasse a seguir um caminho que Deus não pretendia que ele seguisse, Deus colocasse um portão em seu caminho que não o "permitia" seguir por aquele caminho. Eventualmente, o rato vai na direção em que Deus "permite", já que outros caminhos foram fechados. Isso, no entanto, seria um uso tendencioso da palavra *permissão*.[430]

É claro que não fico muito satisfeito em comparar homens a ratos e não nos é dito qual seria a propriedade relevante compartilhada entre o rato no labirinto e o ser humano cujo livre-arbítrio é determinado — veja meu tratamento do argumento de "animais de estimação e marionetes" no capítulo 1 [considerando que os ratos se qualifiquem como animais de estimação] — mas, mais importante,

---

[430] Sanders, *God Who Risks*, 265.

não nos é dito o que há de errado com o uso da palavra "permissão" nesse sentido. Parece perfeitamente apropriado dizer que, ao bloquear os caminhos, Deus está "não permitindo" que o rato escape e que, ao abrir um caminho, ele está "permitindo" que o rato escape. Sanders entende que, para que a permissão seja significativa, Deus *deve* deixar vários caminhos categoricamente abertos — o que ele provavelmente entende que pressupõe indeterminismo. Mas por que pensar isso? Embora o conceito de se deixar várias opções seja certamente permitido pela palavra, não constitui parte essencial do conceito de permissão, ou de todo modo isso não foi comprovado. Além disso, como já apontei algumas vezes, se a permissão é, assim, resgatada meramente pela afirmação de que Deus deixa em aberto a escolha entre o bem e o mal, então Deus "permite" o mal no mesmo sentido em que "permite" o bem, e a assimetria providencial é inaceitavelmente sacrificada.

Uma dificuldade final é apresentada por Jerry Walls, ao entender que permissão significa que aquele que permite deve "preferir" que uma escolha alternativa seja feita. Ele explica:

> O problema é que a linguagem da permissão não faz muito sentido em premissas compatibilistas. Normalmente, dizer que uma ação é permitida é insinuar que alguém não está controlando essa ação. Por exemplo, os pais podem permitir que seus filhos tomem más decisões que prefeririam que não tomassem.[431]

E, visto que o determinismo pressupõe que Deus especificamente escolhe e atualiza providencialmente cada situação contingente no mundo, parece que ele não preferiria que as coisas fossem diferentes. Mas o sentido de "preferir" que é relevante para a linguagem da permissão é, de fato, compatível com o determinismo. Logicamente,

---

[431] Walls, "No Classical Theist", 91-92.

quando Deus suscita uma situação que contém o mal, no calvinismo, é porque no grande esquema das coisas, essa situação produzirá um bem maior e compensador — qualquer que seja esse bem, raramente os cristãos são informados, embora o sejam às vezes. Deus simplesmente avaliou que era preferível atualizar essa situação, que contém o mal, por causa do bem maior compensador que ela acarreta. Nesse sentido, é perfeitamente apropriado dizer que Deus "preferiria" que esse mal não ocorresse, *se tão somente esse bem maior pudesse ser obtido sem que o mal necessário levasse a isso*. Mas, sob premissas calvinistas, não pode. Portanto, Deus, preferindo o estado de coisas mais geral, atualiza um estado de coisas que ele, "tudo o mais constante", preferiria não obter, mas que, "consideradas todas as coisas", ele o *permite* por boas razões.

No fim das contas, William Hasker admite que os conceitos são coerentes, e ele apenas insiste nos limites que os deterministas devem ter em mente:

> Sem dúvida, nessa visão, Deus "permite" ações más sem auxiliá-las ativamente da mesma forma em que ele auxilia as boas ações, por meio de sua influência graciosa. Não obstante, *as más ações são as consequências necessárias de causas que foram deliberadamente criadas por Deus com pleno conhecimento de quais seriam seus resultados*. O envolvimento de Deus pode ser menos direto do que no caso de boas ações, mas não é menos decisivo.[432]

Essa é exatamente a distinção correta que os calvinistas devem sustentar: a permissão do mal é menos ativa, mas não menos decisiva. É claro que Hasker considera essa distinção muito fraca, mas ele admite que é coerente, o que reconhece o presente ponto: os calvinistas podem — e eu o farei — manter coerentemente uma assimetria entre

---

[432] Hasker, *Providence*, 130.

o controle de Deus sobre o bem e seu controle sobre o mal; mais do que meramente em sua atitude, é uma assimetria em sua própria providência, por meio da qual ele suscita ativamente o bem e, mais passivamente, "permite" o mal, ambos ainda ocorrendo debaixo de seu controle meticuloso.

A linguagem da permissão é realmente necessária? E com que finalidade?

O argumento contra o determinismo em discussão afirma que a linguagem da permissão é: 1) necessária para cristãos, e 2) indisponível para deterministas. A análise acima estabeleceu que a linguagem da permissão era, de fato, compatível com o determinismo, mas a primeira pergunta permanece: é ela, de fato, necessária? Os calvinistas podem ser tentados a descartar completamente essa linguagem e, por mais que se importem, podem não sentir muita falta dela. Quem disse que devemos afirmar a permissão divina? Minha descrição acima justifica seu uso coerente, mas será que é algo que os calvinistas *deveriam* adotar? Embora não tão obviamente assim, eu penso que sim, senão por outra razão, porque a Bíblia algumas vezes parece empregar essa linguagem da permissão para descrever a providência divina,[433] e alguns dos

---

[433] Bruce Ware examina a linguagem bíblica da permissão divina e lista o seguinte: "Mas vosso pai [Labão] me [Jacó] tem enganado, e dez vezes mudou meu salário; *Deus, porém, não lhe permitiu que me fizesse mal*" (Gn 31.7); "Quem ferir a outro, de modo que este morra, também será morto. Porém, se não lhe armou ciladas, mas Deus lhe permitiu caísse em suas mãos, então, te designarei um lugar para onde ele fugirá." (Ex 21.12-13 ARA); "E os espíritos imundos rogaram a Jesus, dizendo: Manda-nos para os porcos, para que entremos neles. *Jesus o permitiu*. Então, saindo os espíritos imundos, entraram nos porcos; e a manada, que era cerca de dois mil, precipitou-se despenhadeiro abaixo, para dentro do mar, onde se afogaram." (Mc 5.12-13 ARA); "Nas gerações passadas, *Deus permitiu que todos os povos andassem nos seus próprios caminhos*." (At 14.16); "Chegando [Paulo e Silas] perto de Mísia, tentaram ir para Bitínia, mas *o Espírito de Jesus não o permitiu*." (At 16.7); "Porque não quero, agora, ver vocês apenas de passagem, pois espero permanecer algum tempo com vocês, *se o Senhor o permitir*." (1Co 16.7); "Isso faremos, *se Deus o permitir*" (Hb 6.3). Ware, *God's Greater Glory*, 106–7.

teólogos reformados e confissões de fé reformadas mais importantes parecem fazê-lo também.[434]

Então, se é coerente e encontrada na Bíblia e na tradição reformada, os calvinistas deveriam querer fazer bom uso dela, mas deixe-me dizer uma palavra sobre o lugar apropriado de tal linguagem. Não deve ser um requisito estrito e universal de como se deve falar a respeito de toda providência divina sobre o mal. A Bíblia, por vezes, usa uma linguagem de permissão, mas em outras vezes também não se esquiva de usar uma linguagem muito direta e ativa ao descrever o envolvimento divino no mal.[435] Isso significa que um não deve excluir o outro; em vez disso, ambos pretendem descrever aspectos verdadeiros do controle do mal por parte de Deus, a saber, por um lado, que ele está no controle total e, por outro lado, que Deus não endossa o mal por si só e que seu modo de ação para suscitá-lo difere daquele em que suscita o bem. Isso é tudo. A linguagem de permissão não é um artifício para diminuir o controle divino sobre o mal ou justificar Deus por seu envolvimento nele. John Sanders menciona a "permissão" como uma tentativa de isentar Deus de ser o autor do mal no calvinismo.[436] Concordo que não é uma boa estratégia, e não deve ser empregada dessa forma. Nesse sentido, concordo plenamente com Leigh Vicens quando ela objeta que "o apelo à permissão divina não ajudará o determinista divino a absolver Deus da responsabilidade causal pelo pecado".[437] Não vai, porque não pode e, de fato, nem precisa fazê-lo para os calvinistas. A linguagem de permissão não é necessária para manter a impecabilidade

---

[434] R. C. Sproul menciona Agostinho, Aquino, Lutero, Calvino, Zanchius, Turrettini, Edwards, Hodge, Warfield, Bavinck e Berkouwer, e oferece as amostras das seguintes confissões, que apresentam a assimetria em questão, que ele chama de "positiva/negativa": A Confissão Reformada: 1536, Confissão de Fé Francesa: 1559, A Confissão de Fé Belga: 1561, A Segunda Confissão Helvética: 1566, A Confissão de Fé de Westminster: 1643. Sproul, "Dupla Predestinação".

[435] Para reforçar esse mesmo ponto, Daniel Johnson lista Gênesis 50.20; Êxodo 4.21; Deuteronômio 2.30; e Josué 11.19-20. Johnson, "Map of the Territory", 31.

[436] Sanders, *God Who Risks*, 264.

[437] Vicens, "Critical Consideration", 179.

divina, contanto que se sustente que Deus nem faz o mal nem é o mal — como eu defendi apropriadamente no início deste capítulo. Essas preocupações equivocadas são a razão pela qual o próprio João Calvino criticou a linguagem — como os não-calvinistas fazem questão de apontar[438]. Mas, como John Frame explica, a preocupação de Calvino era com a ideia de "mera permissão" como sendo uma tentativa de reduzir o escopo da providência divina.[439] Com uma intenção diferente, Calvino viu um lugar apropriado para a linguagem de permissão, se usada apenas, em princípio, para descrever as realidades assimétricas que expliquei acima. Ele cita Agostinho com aprovação: "Pois ele [o pecado] não seria feito se Ele não o permitisse, e a permissão é dada não sem a sua vontade, mas por meio dela".[440] Provavelmente é assim que os calvinistas devem se relacionar com a linguagem da permissão divina: advertir contra seu possível uso indevido, mas usá-la de forma coerente para expressar as noções adequadas de desaprovação divina ao pecado e a assimetria na ação divina, enquanto conserva meticulosamente a providência divina à luz de seu determinismo calvinista.

Calvinistas e o Conhecimento Médio

Finalmente, devo observar que alguns calvinistas antes de mim buscaram recorrer ao conhecimento divino das contrafactuais do livre-arbítrio — entendido de modo compatibilista e determinista — para explicar, dentre outras coisas, essa assimetria na providência divina sobre o bem e o mal. Meu modelo atual deve muito aos esforços

---

[438] "A noção de permissão perde todo significado relevante em uma estrutura calvinista. Portanto, não é de surpreender que o próprio Calvin tenha desconfiado da ideia e tenha advertido contra seu uso." Walls e Dongell, *Not a Calvinist*, 132.

[439] "Os teólogos reformados também usaram o termo, mas insistiram que a permissão de Deus para o pecado não é menos eficaz do que sua ordenação do bem. Calvino nega que haja qualquer 'mera permissão' em Deus". Frame, *Doctrine of God*, 177.

[440] St. Agostinho, *Enchiridion*, capítulo 100, citado em Calvino, *Eternal Predestination*, 68.

deles. Os mais notáveis entre eles são Bruce Ware[441] e Terrence Tiessen[442] — Bruce Ware também lista John Frame como utilizando o conceito, se não a mesma terminologia.[443] Esse esforço calvinista surgiu do recente ressurgimento de interesse cristão no *molinismo*, a visão da providência apresentada pelo contrarreformador jesuíta Luis de Molina. Em poucas palavras,[444] a visão molinista postulou que o livre-arbítrio humano é libertário, mas procurou manter uma visão elevada da providência divina alegando que Deus tem conhecimento — e faz bom uso — de todas as contrafactuais da liberdade — entendida como liberdade libertária. Ele postulou que esse conhecimento divino de contrafactuais, sendo tanto *contingente* quanto *pré-volitivo* para Deus, estava logicamente "localizado" entre o chamado "conhecimento natural" de Deus de todas as possibilidades — verdades que são necessárias e pré-volitivas para Deus — e o conhecimento dele chamado de "conhecimento livre" das realidades — verdades que são contingentes e pós-volitivas para Deus — e, portanto, seria apropriadamente chamado de "conhecimento médio". Portanto, os calvinistas em questão rotularam sua visão de "conhecimento médio calvinista". A proposta deles foi recebida com oposição tanto de calvinistas[445] quanto de molinistas,[446] que questionaram a coerência de afirmar o "conhecimento médio" enquanto se rejeita a natureza libertária do livre-arbítrio, que era essencial ao molinismo. John Laing argumentou que, se o livre-arbítrio não é libertário, o conhecimento de Deus das contrafactuais não é mais pré-volitivo e, portanto, não está no meio de

---

441 Ver Ware, *God's Greater Glory*.
442 Ver Tiessen, "Why Calvinists Should Believe", 346–66 e Tiessen, *Providence and Prayer*.
443 Ware, "Robots, Royalty and Relationships?", 200.
444 Para exposições completas do ponto de vista, ver Molina, *Divine Foreknowledge*; e Flint, *Divine Providence*.
445 Ver Helm, "Classical Calvinist", 47.
446 Laing, "Calvinism and Middle Knowledge", 455–67.

nada⁴⁴⁷ e será reduzido ou ao conhecimento natural de Deus ou ao seu conhecimento livre. Tanto Ware quanto Tiessen chegaram, de fato, a afirmá-lo como um subconjunto do conhecimento natural,⁴⁴⁸ Ware sustentando que o rótulo de conhecimento "médio" permanece útil e justificado,⁴⁴⁹ enquanto Tiessen o abandonou para evitar confusão com o molinismo.⁴⁵⁰ No final, John Laing convidou esses teólogos — se não chegarem a adotar sua própria visão molinista — a entenderem, ao invés disso, essas contrafactuais como parte do conhecimento livre de Deus.⁴⁵¹

Para nossos propósitos atuais, não é necessário arbitrar esses debates. Nada do que argumentei acima me compromete com qualquer visão controversa sobre essas questões. Deveria minha visão ser chamada de "conhecimento médio calvinista"? Deveriam os contrafactuais do livre-arbítrio compatibilista em que me concentrei ser vistos como um subconjunto do conhecimento natural de Deus ou de seu conhecimento livre?⁴⁵² Nenhuma dessas questões importa para a proposta em pauta. Tudo o que me interessa afirmar é que Deus tem conhecimento de tais contrafactuais — não importa como chamemos esse tipo de conhecimento — cujas verdades justificam uma assimetria na providência divina sobre o bem e o mal, proporcionando um

---

447 Ibid., 467.

448 "Embora seja um subconjunto do conhecimento natural de Deus, é um subconjunto útil!" Ware, "Responses to Paul Helm", p. 74; "O conhecimento de Deus de contrafactuais não é diferente de seu conhecimento de possibilidades; é, portanto, parte de seu conhecimento necessário". Tiessen, em Helm e Tiessen, "Room for Middle Knowledge", 448.

449 Ware, "Responses to Paul Helm", 74.

450 Tiessen comenta em sua mudança de opinião, em Helm e Tiessen, "Room for Middle Knowledge", 452.

451 Laing, "Assumption of Libertarian Freedom".

452 Sobre esse assunto, seguindo Thomas Flint e Luke Van Horn, estou pessoalmente convencido de que é principalmente uma questão de incluir ou não a atividade concorrente de Deus nas "circunstâncias" de um antecedente contrafactual. Se alguém o fizer, tais contrafactuais contarão como conhecimento natural e, se não o fizerem, contarão como conhecimento livre. Ver Flint, "Two Accounts", 166–67 e Van Horn, "Incorporating Middle Knowledge", 818–19.

uso adequado da linguagem da "permissão divina" na forma em que expliquei. Não importando a maneira pela qual alguém, em última instância, soluciona os interessantes debates desencadeados pelos "calvinistas de conhecimento médio", minha proposta se mantém e justifica a assimetria e a permissão divina, refutando, assim, o argumento em questão contra o calvinismo que se baseia na necessidade de afirmar a permissão divina do pecado.

A refutação desse argumento final finaliza a presente refutação desse argumento geral de que o determinismo envolveria indevidamente Deus no mal. "Que diremos, pois? Há injustiça da parte de Deus? De modo nenhum!" (Rm 9.14)

CONCLUSÃO

Determinismo, propósito no mal e humildade

Este livro ofereceu defesas detalhadas das perspectivas em que o determinismo teológico é compatível com a responsabilidade moral humana e com a justiça divina. Claro, isso por si só não serve como argumento *em favor do* determinismo. Pode ser que o determinismo seja perfeitamente compatível com essas importantes doutrinas cristãs e, ainda assim, não seja verdadeiro, mesmo dada a verdade dessas doutrinas. No entanto, continua sendo uma vitória significativa ver que as duas objeções mais sérias ao determinismo são malsucedidas, pois isso significa que elas deixam a porta aberta para se afirmar o determinismo, se boas razões forem independentemente encontradas para motivar a mudança: teólogos e filósofos calvinistas podem organizar todos os tipos de boas razões para se afirmar o calvinismo, sabendo que provavelmente nenhuma boa razão existe para não fazê-lo. Esse caso positivo calvinista geralmente se baseia em exegese bíblica e argumentos filosóficos. Na trincheira bíblica, os calvinistas consideram que vários textos são mais bem interpretados como ensinando ou indicando a soteriologia e o determinismo calvinistas, à exclusão do libertarianismo.[453] Na trincheira filosófica, os calvinistas podem argumentar que o livre-arbítrio libertário torna as escolhas livres inaceitavelmente arbitrárias e aleatórias,[454] ou que o livre-arbítrio libertário exclui inaceitavelmente a presciência divina do futuro[455] ou das contrafactuais da liberdade,[456] ou que o livre-arbítrio libertário compromete inaceitavelmente a meticulosa providência divina sobre os assuntos humanos, ou, novamente, que o livre-arbítrio libertário sugere inaceitavelmente um mal verdadeiramente sem propósito, sem qualquer bem que possa justificá-lo.[457]

Se algum desses argumentos tradicionais for convincente, os cristãos agora estão livres para aceitar sua conclusão e afirmar o determinismo calvinista, sem se preocupar em ameaçar a responsabilidade moral e a justiça divina.

Tendo estabelecido tudo isso, pode ser útil encerrar este estudo com algumas palavras de aplicação dessas afirmações de verdade à vida cristã. Por um lado, conhecer a verdade sobre Deus e seus caminhos por si só já é um bom fim em si mesmo (Jr 9.24), mas se, e quando, doutrinas controversas também têm implicações práticas para a vida cristã, elas são dignas de atenção. Como se vê, uma aplicação

---

[453] Para tais casos exegéticos excelentes em obras contemporâneas, ver White, *Potter's Freedom*, e Parte I ("Biblical Analyses") de Schreiner e Ware, *Still Sovereign*.

[454] A defesa clássica desse argumento é encontrada em Edwards, *Freedom of the Will*. Para uma articulação contemporânea, veja Haji, "Indeterminism, Explanation, and Luck", 211–35.

[455] Esse argumento também é oferecido por Edwards. Para uma articulação contemporânea, veja Helm, *Eternal God*. Eu, pelo menos, não considero o argumento convincente nesse ponto.

[456] A chamada "objeção de fundamento" ao conhecimento médio.

[457] Veja a discussão sobre calvinismo e o propósito no mal na conclusão abaixo.

significativa se segue do modelo determinista desenvolvido, em torno de cada um dos dois tópicos discutidos: o envolvimento divino no mal e a responsabilidade moral humana. As aplicações são as seguintes: 1) Embora Deus não seja culpado pela presença do mal no mundo, o determinismo teológico garante que há propósito em tudo isso, e 2) embora os homens sejam moralmente responsáveis por suas ações, o determinismo teológico garante que não há espaço para vanglória na justiça humana, em geral, e na salvação, em particular. Deixe-me dizer uma palavra sobre cada um.

A consequência prática direta do determinismo teológico sobre a questão do mal decorre do fato de que o livre-arbítrio, se libertário, muito provavelmente força Deus a incluir algum mal sem propósito em seu plano. Se Deus deixa as escolhas humanas indeterminadas, é extremamente provável que pelo menos algumas delas tragam situações malignas que Deus deve apenas acomodar, se quiser preservar o livre-arbítrio libertário e, portanto, o mundo conterá algum mal cujo único propósito é evitar o determinismo. Esta infeliz situação é evitada no determinismo teológico, em que cada instância de sofrimento é especificamente destinada a desempenhar um papel no bom plano de Deus. Isso proporciona ao crente um senso mais forte de propósito no sofrimento. Quando a tribulação vem em seu caminho, o cristão dificilmente sabe que bons propósitos estão por detrás de seu sofrimento — embora às vezes lhe seja dito — mas ele pode descansar, tendo a certeza de que tudo está ocorrendo sob a meticulosa providência de Deus, que opera todas as coisas para sua glória e para o bem de seus filhos. Portanto, enquanto a pessoa que sofre pode não obter uma resposta ao seu questionamento: "por que, Senhor?", ele pode, no mínimo, encontrar conforto no conhecimento de que há, de fato, uma resposta. Isso é particularmente importante, porque quando o sofrimento trágico nos ocorre e perguntamos "por quê?", geralmente não é tanto por um desejo de conhecer o significado ou propósito específico daquele caso de sofrimento, mas para saber se ele possui qualquer propósito. O calvinismo não dá mais detalhes do que o arminianismo, mas dá o que mais importa: uma resposta positiva à questão do propósito.

Dito isso, é importante destacar que, tecnicamente, "uma resposta" também existe no libertarianismo; mesmo nas visões libertárias, enquanto Deus existir, não existe um mal *verdadeiramente* sem propósito; em vez disso, o que o libertarianismo sugere é que a "resposta" para o "por quê?" provavelmente seria — para pelo menos algum mal — a seguinte: o mal e o sofrimento ocorreram *apenas* porque aqueles que pecaram tinham livre-arbítrio libertário. Portanto, o mal em questão não é verdadeiramente sem propósito, mas seu único propósito era permitir o livre-arbítrio libertário — ou porque o livre-arbítrio libertário é um bem intrínseco, ou porque é um meio para outros fins bons, como amor genuíno, responsabilidade, etc. É claro que isso não é muito satisfatório — especialmente quando é duvidoso que o livre-arbítrio libertário seja necessário para haver responsabilidade moral e amor, ou para salvaguardar a justiça divina e, assim, para qualquer coisa que compense esse mal — e, portanto, constitui a primeira consequência prática do determinismo: todas as nossas feridas servem a um propósito específico no plano providencial de um Deus bom que opera todas as coisas de acordo com o conselho de sua vontade (Ef 1.11).

A segunda questão em pauta é a da responsabilidade moral. A presente obra defendeu a consistência da afirmação calvinista de que, embora os seres humanos sejam moralmente responsáveis por suas escolhas, é Deus quem, em última análise, determina todos os seus resultados. Essa característica do calvinismo levanta a questão do mérito humano, particularmente no que diz respeito à salvação, pois permite aos calvinistas dizerem que, em última análise, a diferença entre os redimidos no céu e os réprobos no inferno não será encontrada no fato de que aqueles foram intrinsecamente "melhores" que estes; eles não eram mais "justos" por si mesmos. Certamente, eles não são salvos por causa de suas boas obras, dado que a salvação é afirmada por ambos, calvinistas e arminianos, como sendo pela graça somente, por meio da fé. Mas além desta afirmação comum, somente no calvinismo até mesmo seu arrependimento e fé foram *concedidos* livremente a eles, como resultado de sua eleição para a vida eterna, entendida pelos calvinistas como verdadeiramente incondicional. Diz-se, com razão, que isso fornece motivos particularmente fortes para a humildade, pois o cristão regenerado deve afirmar que sua salvação e, de modo mais geral, todas as suas ações justas, são totalmente obra de Deus nele, não deixando espaço para vanglória. E o que é que você tem que não tenha recebido? E, se o recebeu, por que se gloria, como se não o tivesse recebido?" (1Co 4.7).

Essa linha de raciocínio é boa, mas aqui novamente uma palavra de cautela é necessária. Em uma tentativa de excluir a jactância, os teólogos, calvinistas em particular, podem ser tentados a dizer que não há *louvabilidade* em qualquer ato justo, em geral, e na decisão de se arrepender e crer, em particular. Esse movimento é louvável em sua intenção, mas inviável em sua realização. Louvabilidade e culpabilidade são os dois lados da mesma moeda da responsabilidade moral. Se um vai, o outro vai com ele, e negar a louvabilidade, temo eu, viria pelo custo de negar também a culpabilidade, o que é inaceitável, dadas as visões ortodoxas do juízo divino. O ônus de grande parte da presente obra tem sido defender a compatibilidade da responsabilidade moral com o determinismo, na óbvia esperança de manter a *verdade* de ambos. Portanto, os deterministas não devem negar qualquer louvabilidade moral para atos justos, pois não há assimetria nesse nível entre a louvabilidade para o bem e a culpabilidade para o mal: ambos são vinculados à responsabilidade moral humana. Há, no entanto, um outro nível de discurso no qual uma assimetria pode ser afirmada, e essa assimetria decorre diretamente do que foi afirmado em nossa discussão acima sobre a permissão divina do mal, uma assimetria na providência divina. A impossibilidade humana de se vangloriar — embora permaneça louvável — vem da verdade do já mencionado "par contrafactual ativo/passivo". O pecador que sob a intervenção ativa de Deus se abstém de pecar *é* moralmente responsável (louvável) por sua escolha justa, mas não deve se vangloriar precisamente porque *teria* pecado se não fosse pela intervenção especial de Deus. Diante disso, se alguém considera outra pessoa que, nas mesmas (ou semelhantes) circunstâncias, pecou, estamos em condições de dizer que aquele que pecou não foi melhor, em si e por si mesmo, do que aquele que não o fez. Os dois são igualmente decaídos, *teriam* cometido o pecado igualmente se deixados à sua própria natureza, e só se diferem pela escolha providencial de Deus, por suas boas e próprias razões, de permitir que um peque, enquanto graciosamente preserva o outro em justiça. Aplicado à salvação e eleição, isso justifica a afirmação acima de que os salvos dificilmente podem se vangloriar de serem salvos, dado que eles teriam rejeitado o evangelho se não fosse o amor eletivo de Deus e a extensão providencial de sua graça eficaz. Como João Calvino entende, "Jacó, portanto, é escolhido, enquanto Esaú é rejeitado; a predestinação de Deus faz uma distinção quando não havia nenhuma no tocante ao mérito".[458] Isso contribui para a humildade genuína na justiça humana e exige compaixão diante do fracasso moral. Assim, o calvinismo fornece uma base particularmente sólida para essas virtudes cristãs. Como J. I. Packer coloca: "O arminianismo dá aos cristãos muito que agradecer a Deus, mas o calvinismo lhes dá mais".[459]

No fim das contas, o calvinismo explica melhor por que toda a glória da justiça humana pertence a Deus da maneira que Jesus descreveu: "Assim brilhe também a luz de vocês diante dos outros, para que vejam as boas obras que vocês fazem e glorifiquem o Pai de vocês, que está nos céus." (Mt 5.16). Essa sempre foi, e continua sendo, a característica mais atraente do calvinismo: *Soli Deo Gloria*. Na justiça humana e na salvação, ele dá *toda* a glória a Deus: *"Ao que está assentado sobre o trono, e ao Cordeiro, seja o louvor, e a honra, e a glória, e o domínio pelos séculos dos séculos"* (Ap 5.13).

---

[458] Calvino, *Institutas*, Livro III, Capítulo 22, Seção 6, 618.
[459] Packer, "Love of God", 286.

BIBLIOGRAFIA

ADAMS, Robert M. *The Virtue of Faith and Other Essays in Philosophical Theology*. New York: Oxford University Press, 1987.

ALEXANDER, David E.; Daniel M. Johnson, "Introduction." In *Calvinism and the Problem of Evil*, editado por David E. Alexander e Daniel M. Johnson, 1–18. Eugene, OR: Pickwick, 2016.

ALLEN, David L.; Steve W. Lemke, eds. *Whosoever Will: A Biblical-Theological Critique of Five-Point Calvinism*. Nashville, TN: B&H, 2010.

ANDERSON, James N. "Calvinism and the First Sin." In *Calvinism and the Problem of Evil*, editado por David E. Alexander e Daniel M. Johnson, 200–232. Eugene, OR: Pickwick, 2016.

ARMINIUS, James. "Friendly Conference with Mr. Francis Junius." Citado em Alan P. F. Sell, *The Great Debate: Calvinism, Arminianism and Salvation*. Grand Rapids: Baker, 1982, 13.

BAGGETT, David; Jerry L. Walls. *Good God: The Theistic Foundations of Morality*. New York: Oxford University Press, 2011.

BAILEY, Andrew M. "Incompatibilism and the Past." *Philosophy and Phenomenological Research* 85.2 (2012) 351–75.

BASINGER, David. "Biblical Paradox: Does Revelation Challenge Logic?" *Journal of the Evangelical Theological Society* 30.2 (1987) 205–13.

_____. *The Case for Freewill Theism: A Philosophical Assessment*. Downers Grove, IL: InterVarsity, 1996.

BASINGER, David; Randall Basinger, eds. *Predestination & Free Will: Four Views of Divine Sovereignty & Human Freedom*. Downers Grove, IL: InterVarsity, 1986.

BASINGER, Randall G. "Exhaustive Divine Sovereignty: A Practical Critique." In *The Grace of God and the Will of Man*, editado por Clark H. Pinnock, 191–206. Bloomington, MN: Bethany House, 1995.

BERGMANN, Michael; J. A. Cover, "Divine Responsibility without Divine Freedom." *Faith and Philosophy* 23.4 (2006) 381–408.

BOETTNER, Loraine. *The Reformed Doctrine of Predestination*. Phillipsburg, NJ: P&R, 1932.

BOYD, Gregory A. *God of the Possible: A Biblical Introduction to the Open View of God*. Grand Rapids: Baker, 2000.

_____. "Response to Paul Kjoss Helseth." In *Four Views on Divine Providence*, editado por Stanley N. Gundry e Dennis W. Jowers, 69–77. Grand Rapids: Zondervan, 2011.

CALVIN, John. *Concerning the Eternal Predestination of God*. Louisville, KY: Westminster John Knox, 1997.

_____. *Institutes of the Christian Religion*. Traduzido por Henry Beveridge. Peabody, MA: Hendrickson, 2008.

CAMPBELL, Joseph Keim. *Free Will*. Malden, MA: Polity, 2011.

_____. "Free Will and the Necessity of the Past." *Analysis* 67.2 (2007) 105–11.

CAMPBELL, Travis James. "Middle Knowledge: A Reformed Critique." *Westminster Theological Journal* 68.1 (2006) 22.

CIOCCHI, David M. "Reconciling Divine Sovereignty and Human Freedom." *Journal of the Evangelical Theological Society* 37.3 (1994) 395–412.

ClARK, Gordon H. *Predestination*. Unicoi, TN: The Trinity Foundation, 1987.

COPAN, Paul. "Original Sin and Christian Philosophy." *Philosophia Christi* 5.2 (2003) 519–41.

COPP, David. "'Ought' Implies 'Can,' Blameworthiness, and the Principle of AlternatePossibilities." In *Moral Responsibility and Alternative Possibilities:*

Essays on theImportance of Alternative Possibilities, editado por David Widerker e MichaelMcKenna, 265–99. Burlington, VT: Ashgate, 2006.

COTTRELL, Jack W. "The Nature of the Divine Sovereignty." In *The Grace of God and theWill of Man*, editado por Clark H. Pinnock, 97–119. Bloomington, MN: Bethany House, 1995.

COWAN, Steven B. "Compatibilism and the Sinlessness of the Redeemed in Heaven." *Faith and Philosophy* 28.4 (2011) 416–31.

CRABTREE, J. A. *The Most Real Being: A Biblical and Philosophical Defense of Divine Determinism*. Eugene, OR: Gutenberg College Press, 2004.

CRAIG, William Lane. *Divine Foreknowledge and Human Freedom: The Coherence of Theism: Omniscience*. New York: Brill, 1991.

———. "The Middle-Knowledge View." In *Divine Foreknowledge: Four Views*, editado por James K. Beilby e Paul R. Eddy, 119–43. Downers Grove, IL: InterVarsity, 2001.

———. *The Only Wise God: The Compatibility of Divine Foreknowledge and Human Freedom*. Reprint. Eugene, OR: Wipf and Stock, 2000.

———. "Response to Gregory A. Boyd." In *Four Views on Divine Providence*, editado por Stanley N. Gundry e Dennis W. Jowers, 224–30. Grand Rapids: Zondervan, 2011.

———. "Response to Paul Kjoss Helseth." In *Four Views on Divine Providence*, editado por Stanley N. Gundry e Dennis W. Jowers, 53–62. Grand Rapids: Zondervan, 2011.

———. "Response to Ron Highfield." In *Four Views on Divine Providence*, editado por Stanley N. Gundry e Dennis W. Jowers, 170–75. Grand Rapids: Zondervan, 2011.

———. "This Most Gruesome of Guests." In *Is Goodness Without God Good Enough? A Debate on Faith, Secularism, and Ethics*, editado por Robert K. Garcia e Nathan L. King, 167–88. Lanham, MD: Rowan & Littlefield, 2009.

CRISP, Oliver. *Deviant Calvinism: Broadening Reformed Theology*. Minneapolis, MN: Fortress, 2014.

DENNETT, Daniel C. *Elbow Room: The Varieties of Free Will Worth Wanting*. Cambridge, MA: Bradford, 1984.

EDWARDS, Jonathan. *Freedom of the Will*. New York: Cosimo Classics, 2007.

EKSTROM, Laura Waddell. *Free Will: A Philosophical Study.* Boulder, CO: Westview, 2000.

FIRST, Michael B. "Harmonization of ICD-11 and DSM-V: Opportunities and Challenges." *The British Journal of Psychiatry* 195.5 (2009) 382–90.

FISCHER, John Martin. "Introduction: A Framework for Moral Responsibility." In *My Way: Essays on Moral Responsibility*, 1–37. New York: Oxford University Press, 2006.

_____. "Responsibility and Agent-Causation." In *My Way: Essays on Moral Responsibility*, 143–58. New York: Oxford University Press, 2006.

_____. "Responsibility and Alternative Possibilities." In *My Way: Essays on Moral Responsibility*, 38–62. New York: Oxford University Press, 2006.

FISCHER, John Martin; Mark Ravizza. *Responsibility and Control: A Theory of Moral Responsibility.* New York: Cambridge University Press, 1998.

FISCHER, John Martin; Robert Kane; Derk Pereboom; Manuel Vargas. *Four Views on Free Will.* Malden, MA: Blackwell, 2007.

FLINT, Thomas P. "Compatibilism and the Argument from Unavoidability." *The Journal of Philosophy* 84.8 (1987) 423–40.

_____. *Divine Providence: The Molinist Account.* Ithaca, NY: Cornell University Press, 2006.

_____. "The Problem of Divine Freedom." *American Philosophical Quarterly* 20.3 (1983) 255–64.

_____. "Two Accounts of Providence." In *Divine & Human Action: Essays in the Metaphysics of Theism,* editado por Thomas V. Morris, 147–81. Ithaca, NY: Cornell University Press, 1988.

FORLINES, F. Leroy. *Classical Arminianism: A Theology of Salvation.* editado por J. Matthew Pinson. Nashville, TN: Randall House, 2011.

FRAME, John M. *The Doctrine of God.* Phillipsburg, NJ: P&R, 2002.

FRANCES, Allen. *Saving Normal: An Insider's Revolt Against Out-Of-Control Diagnosis, DSM-5, Big Pharma, and the Medicalization of Ordinary Life.* New York: William Morrow, 2013.

FRANKFURT, Harry G. "Alternate Possibilities and Moral Responsibility." In *The Importance of What We Care About*, 1–10. New York: Cambridge University Press, 1998.

_____. "Coercion and Moral Responsibility." In *The Importance of What We Care About*, 26–46. New York: Cambridge University Press, 1998.

_____. "What We Are Morally Responsible For." In *The Importance of What We Care About*, 95–103. New York: Cambridge University Press, 1998.

FISCHER, John Martin; Garrett Pendergraft. "Does the Consequence Argument Beg the Question." *Philosophical Studies* 166.3 (2013) 575–95.

FRANKS, W. Paul. "Divine Freedom and Free Will Defenses." *The Heythrop Journal* 56.1 (2015) 108–19.

_____. "Original Sin and Broad Free-Will Defense." *Philosophia Christi* 14.2 (2012) 353–71.

_____. "A Rational Problem of Evil: The Coherence of Christian Doctrine with a Broad Free Will Defense." PhD diss., University of Oklahoma, 2012.

FREDDOSO, Afred J. Introduction to Luis De Molina, *On Divine Foreknowledge: Part IV of the Concordia*. Ithaca, NY: Cornell University Press, 2004.

_____. "Medieval Aristotelianism and the Case against Secondary Causation in Nature." In *Divine & Human Action: Essays in the Metaphysics of Theism*, editado por Thomas V. Morris, 74–118. Ithaca, NY: Cornell University Press, 1988.

GARCIA, Robert K.; Nathan L. King, eds. *Is Goodness Without God Good Enough? A Debate on Faith, Secularism, and Ethics*. Lanham, MD: Rowan & Littlefield, 2009.

GEISLER, Norman. *Chosen But Free: A Balanced View of God's Sovereignty and Free Will*. 3rd ed. Minneapolis, MN: Bethany House, 2010.

_____. "Norman Geisler's response (to Bruce Reichenbach)." In *Predestination & Free Will: Four Views of Divine Sovereignty & Human Freedom*, editado por David Basinger e Randall Basinger, 131–35. Downers Grove, IL: InterVarsity, 1986.

GINET, Carl. "In Defense of the Principle of Alternative Possibilities: Why I Don't Find Frankfurt's Argument Convincing." In *Moral Responsibility and Alternative Possibilities: Essays on the Importance of Alternative Possibilities*, editado por David Widerker e Michael McKenna, 75–90. Burlington, VT: Ashgate, 2006.

GRUDEM, Wayne. *Teologia Sistemática*. São Paulo: Vida Nova, 2022.

GULESERIAN, Theodore. "Divine Freedom and the Problem of Evil." *Faith and Philosophy* 17.3 (2000) 348–66.

GUNDRY, Stanley N.; Dennis W. Jowers, eds. *Four Views on Divine Providence*. Grand Rapids: Zondervan, 2011.

HAJI, Ishtiyaque. *Incompatibilism's Allure: Principal Arguments for Incompatibilism*. Peterborough, Ontario: Broadview, 2009.

_____. "Indeterminism, Explanation, and Luck." *The Journal of Ethics* 4.3 (2000) 211–35.

HASKER, William. *Metaphysics: Constructing a World View*. editado por C. Stephen Evans. Downers Grove, IL: InterVarsity, 1983.

_____. "An Open Theist Theodicy of Natural Evil." In *Molinism: The Contemporary Debate*, editado por Ken Perszyk, 281–302. New York: Oxford University Press, 2011.

_____. "A Philosophical Perspective." In *The Openness of God: A Biblical Challenge to the Traditional Understanding of God*, 126–54. Downers Grove, IL: InterVarsity, 1994.

_____. *Providence, Evil and the Openness of God*. New York: Routledge, 2004.

HELM, Paul. "Classical Calvinist Doctrine of God." In *Perspectives on the Doctrine of God: 4 Views*, editado por Bruce A. Ware, 5–52. Nashville, TN: B&H Academic, 2008.

_____. *Eternal God: A Study of God Without Time*. 2ª ed. New York: Oxford University Press, 2010.

_____. "God, Compatibilism, and the Authorship of Sin." *Religious Studies* 46.1 (2010) 115–24.

_____. *The Providence of God*. Downers Grove, IL: InterVarsity, 1993.

HELM, Paul; Terrance L. Tiessen. "Does Calvinism Have Room for Middle Knowledge? A Conversation." *Westminster Theological Journal* 71.2 (2009) 437–54.

HILL, Christopher S. "Van Inwagen on the Consequence Argument." *Analysis* 52.2 (1992) 49–55.

HILL, Daniel J. *Divinity and Maximal Greatness*. New York: Routledge, 2005.

HOWARD-SNYDER, Daniel; Frances. "How an Unsurpassable Being Can Create a Surpassable World." *Faith and Philosophy* 11.2 (1994) 260–68.

_____. "The Real Problem of No Best World." *Faith and Philosophy* 13.3 (1996) 422–25.

HUNT, Dave. *What Love Is This? Calvinism's Misrepresentation of God*. 3ª ed. Bend, OR: The Berean Call, 2006.

HUME, David. *An Inquiry Concerning Human Understanding.* editado por Charles W. Hendel. New York: Bobbs-Merrill, 1955.

JOHNSON, Daniel M. "Calvinism and the Problem of Evil: A Map of the Territory." In *Calvinism and the Problem of Evil,* editado por David E. Alexander and Daniel M. Johnson, 19–55. Eugene, OR: Pickwick, 2016.

JORDAN, Jeff; Daniel Howard-Snyder, eds. *Faith, Freedom, and Rationality.* Boston: Roman & Littlefield, 1996.

KANE, Robert, ed. *The Oxford Handbook of Free Will*. 2ª ed. New York: Oxford University Press, 2011.

_____. *The Significance of Free Will*. New York: Oxford University Press, 1998.

KEARNS, Stephen. "Responsibility for Necessities." *Philosophical Studies* 155.2 (2011) 307–24.

KEATHLEY, Kenneth. *Salvation and Sovereignty: A Molinist Approach*. Nashville, TN: B&H, 2010.

KENNY, Anthony. *The God of the Philosophers*. Oxford: Clarendon, 1979.

LAING, John D. "The Compatibility of Calvinism and Middle Knowledge." *Journal of the Evangelical Theological Society* 47.3 (2004) 455–67.

_____. "Middle Knowledge and the Assumption of Libertarian Freedom: A Response to Ware." Artigo apresentado no encontro anual da Evangelical Theological Society em Baltimore, MD, Novembro/2013.

LANGTRY, Bruce. "God and the Best." *Faith and Philosophy* 13.3 (1996) 311–28.

LEFTOW, Brian. "Tempting God." *Faith and Philosophy* 31.1 (2014) 3–23.

LEHRER, Keith. "'Can' in Theory and Practice." In *Action Theory,* editado por Myles Brand e Douglas Walton, 241–70. Dordrecht: Reidel, 1976.

LEMKE, Steve W. "A Biblical and Theological Critique of Irresistible Grace." In *Whosoever Will: A Biblical-Theological Critique of Five-Point Calvinism,* editado por David L. Allen e Steve W. Lemke, 109–62. Nashville, TN: B&H, 2010.

———. "God's Relation to the World: Terrance Tiessen's Proposal on Providence and Prayer." *Criswell Theological Review* 1.2 (2004) 205–13.

LEWIS, David. "Are We Free to Break the Laws?" In *Free Will*, 2nd ed., editado por Gary Watson, 122–29. New York: Oxford University Press, 2003.

LUTHER, Martin. *The Bondage of the Will*. Traduzido por J. I. Packer e O. R. Johnston. Grand Rapids: Revell, 2009.

MACARTHUR, John. *Body Dynamics*. Wheaton, IL: Victor, 1982.

MACDONALD, Scott, ed. *Being and Goodness*. Ithaca, NY: Cornell University Press, 1990.

MACDONALD, William G. "The Spirit of Grace." In *Grace Unlimited*, editado por Clark H. Pinnock, 74–94. Reimpressao. Eugene, OR: Wipf and Stock, 1999.

MANN, William E. "God's Freedom, Human Freedom, and God's Responsibility for Sin." In *Divine & Human Action: Essays in the Metaphysics of Theism*, editado por Thomas V. Morris, 182–210. Ithaca, NY: Cornell University Press, 1988.

MARSHALL, I. Howard. "Predestination in the New Testament." In *Grace Unlimited*, editado por Clark H. Pinnock, 127–43. Reimpressão. Eugene, OR: Wipf and Stock, 1999.

———. "Universal Grace and Atonement in the Pastoral Epistles." In *The Grace of God and the Will of Man*, editado por Clark H. Pinnock, 51–69. Bloomington, MN: Bethany House, 1995.

MCCANN, Hugh J. *Creation and the Sovereignty of God*. Bloomington, IN: Indiana University Press, 2012.

———. "The Free Will Defense." In *Molinism: The Contemporary Debate*, editado por Ken Perszyk, 240–61. New York: Oxford University Press, 2011.

———. *The Works of Agency: On Human Action, Will, and Freedom*. Ithaca, NY: Cornell University Press, 1998.

MELE, Alfred R. *Free Will and Luck*. New York: Oxford University Press, 2006.

———. "Manipulation, Compatibilism, and Moral Responsibility." *Journal of Ethics* 12.3 (2008) 263–86.

Menssen, Sandra L.; Thomas D. Sullivan. "Must God Create?" *Faith and Philosophy* 12.3 (1995) 321–41.

DE MOLINA, Luis. *On Divine Foreknowledge: Part IV of the Concordia*. Traduzido por Alfred J. Freddoso. Ithaca, NY: Cornell University Press, 2004.

MOORE, G. E. *Ethics*. New York: Oxford University Press, 1912.

MORELAND, J. P.; William Lane Craig. *Philosophical Foundations for a Christian Worldview*. Downers Grove, IL: InterVarsity, 2003.

MORRIS, Thomas V. ed. *Divine & Human Action: Essays in the Metaphysics of Theism*. Ithaca, NY: Cornell University Press, 1988.

MORRISTON, Wesley. "Is God 'Significantly' Free?" *Faith and Philosophy* 2.3 (1985) 257–64.

_____. "What Is So Good about Moral Freedom?" *The Philosophical Quarterly* 50.200 (2000) 344–58.

OLSON, Roger E. *Against Calvinism*. Grand Rapids: Zondervan, 2011.

_____. *Arminian Theology: Myths and Realities*. Downers Grove, IL: InterVarsity, 2006.

_____. "Responses to Bruce A. Ware." In *Perspectives on the Doctrine of God: 4 Views*, editado por Bruce A. Ware, 129–36. Nashville, TN: B&H Academic, 2008.

_____. "Responses to Paul Helm." In *Perspectives on the Doctrine of God: 4 Views*, editado por Bruce A. Ware, 53–58. Nashville, TN: B&H Academic, 2008.

PACKER, J. I. "The Love of God: Universal and Particular." In *Still Sovereign: Contemporary Perspectives on Election, Foreknowledge, and Grace*, editado por Thomas R. Schreiner and Bruce A. Ware, 277–91. Grand Rapids: Baker, 2000.

PALMER, Edwin H. *The Five Points of Calvinism: A Study Guide*. 3ª ed. Grand Rapids: Baker, 2010.

PARRY, Robin A. "A Universalist View." In *Four Views on Hell*, editado por Stanley N. Gundry e Preston M. Sprinkle, 101–27. Grand Rapids: Zondervan, 2016.

PAWL, Timothy; Kevin Timpe. "Incompatibilism, Sin, and Free Will in Heaven." *Faith and Philosophy* 26.4 (2009) 396–417.

PEREBOOM, Derk. "Free Will, Evil, and Divine Providence." In *Arguing about Religion*, editado por Kevin Timpe, 317–32. New York: Routledge, 2009.

_____. *Living Without Free Will*. New York: Cambridge University Press, 2001.

PERSZYK, Ken. "Introduction." In *Molinism: The Contemporary Debate*, editado por Ken Perszyk, 1–24. New York: Oxford University Press, 2011.

PICIRILLI, Robert E. *Grace, Faith, Free Will: Contrasting Views of Salvation: Calvinism and Arminianism*. Nashville, TN: Randall House, 2002.

PINK, Arthur W. *The Sovereignty of God*. Reset ed. Edinburgh: Banner of Truth, 2009.

PINNOCK, Clark. "Clark Pinnock's Response (to John Feinberg)." In *Predestination & Free Will: Four Views of Divine Sovereignty & Human Freedom*, editado por David Basinger e Randall Basinger, 57–60. Downers Grove, IL: InterVarsity, 1986.

_____, ed. *Grace Unlimited*. Reimpresso. Eugene, OR: Wipf and Stock, 1999.

_____. "There is Room For Us: A Reply to Bruce Ware." *Journal of the Evangelical Theological Society* 45.2 (2002) 213–19.

PINNOCK, Clark H., Richard Rice; John Sanders; William Hasker; David Basinger. *The Openness of God: A Biblical Challenge to the Traditional Understanding of God*. Downers Grove, IL: IVP Academic, 1994.

PIPER, John. "Are There Two Wills in God?" In *Still Sovereign: Contemporary Perspectives on Election, Foreknowledge, and Grace*, editado por Thomas R. Schreiner e Bruce A. Ware, 107–31. Grand Rapids: Baker, 2000.

PLANTINGA, Alvin. "Advice to Christian Philosophers." *Faith and Philosophy* 1.3 (1984) 253–71.

_____. *Does God Have a Nature?* 5ª reimpressão. Milwaukee, WI: Marquette University Press, 2007.

_____. *God, Freedom, and Evil*. Grand Rapids: Eerdmans, 1977.

_____. *The Nature of Necessity*. Oxford: Oxford University Press, 1974.

_____. *Warranted Christian Belief*. New York: Oxford University Press, 2000.

PRUSS, Alexander R. "The Essential Divine-Perfection Objection to the Free-Will Defence." *Religious Studies* 44.4 (2008) 433–44.

RASMUSSEN, Joshua. "On the Value of Freedom to Do Evil." *Faith and Philosophy* 30.4 (2013) 418–28.

REA, Michael C. "The Metaphysics of Original Sin." In *Persons: Divine and Human*, editado por Peter van Inwagen e Dean Zimmerman, 319–56. New York: Oxford University Press, 2007.

REICHENBACH, Bruce R. "Evil and a Reformed View of God." *International Journal for Philosophy of Religion* 24.1/2 (1988) 67–85.

_____. "Freedom, Justice and Moral Responsibility." In *The Grace of God and the Will of Man*, editado por Clark H. Pinnock, 277–303. Bloomington, MN: Bethany House, 1995.

RICE, Richard. "Divine Foreknowledge and Free-Will Theism." In *The Grace of God and the Will of Man*, editado por Clark H. Pinnock, 121–39. Bloomington, MN: Bethany House, 1995.

ROGERS, Katherin A. "The Divine Controller Argument for Incompatibilism." *Faith and Philosophy* 29.3 (2012) 275–94.

_____. "Does God Cause Sin? Anselm of Canterbury Versus Jonathan Edwards on Human Freedom and Divine Sovereignty." *Faith and Philosophy* 20.3 (2003) 371–78.

ROWE, William L. *Can God Be Free?* New York: Oxford University Press, 2004.

_____. "The Problem of Divine Sovereignty and Human Freedom." *Faith and Philosophy* 16.1 (1999) 98–101.

_____. "The Problem of No Best World." *Faith and Philosophy* 11.2 (1994) 269–71.

SANDERS, John. *The God Who Risks: A Theology of Divine Providence*. 2ª ed. Downers Grove, IL: InterVarsity, 2007.

_____. "Responses to Bruce A. Ware." In *Perspectives on the Doctrine of God: 4 Views*, editado por Bruce A. Ware, 137–47. Nashville, TN: B&H Academic, 2008.

SCHEREINER, Thomas R.; Bruce A. Ware, eds. *Still Sovereign: Contemporary Perspectives on Election, Foreknowledge, and Grace*. Grand Rapids: Baker Books, 2000.

SONTAG, Frederick; M. Darrol Bryant, eds. *God: The Contemporary Discussion*. New York: Rose of Sharon, 1982.

SPEAK, Daniel. "The Consequence Argument Revisited." In *The Oxford Handbook of Free Will*, 2nd ed., editado por Robert Kane, 115–30. New York: Oxford University Press, 2011.

SPROUL, R. C. "Double Predestination." Online: http://www.ligonier.org/learn/articles/double-predestination. (Acessado em fevereiro/2015.)

STUMP, Eleonore. "Moral Responsibility Without Alternative Possibilities." In *Moral Responsibility and Alternative Possibilities: Essays on the Importance of Alternative Possibilities*, editado por David Widerker e Michael McKenna, 139–58. Burlington, VT: Ashgate, 2006.

_____, ed. *Reasoned Faith*. Ithaca, NY: Cornell University Press, 1993.

TALBOTT, Thomas B. "On the Divine Nature and The Nature of Divine Freedom." *Faith and Philosophy* 5.1 (1988) 3–24.

_____. "Universal Reconciliation and the Inclusive Nature of Election." In *Perspectives on Election: Five Views*, editado por Chad Owen Brand, 206–61. Nashville, TN: B&H Academic, 2006.

TIESSEN, Terrance L. *Providence and Prayer: How Does God Work in the World?* Downers Grove, IL: IVP Academics, 2000.

_____. "Why Calvinists Should Believe in Divine Middle Knowledge, Although They Reject Molinism." *Westminster Theological Journal* 69.2 (2007) 345–66.

TIMPE, Kevin. *Free Will in Philosophical Theology*. New York: Bloomsbury Academic, 2015.

_____. *Free Will: Sourcehood and its Alternatives*. 2ª ed. New York: Bloomsbury, 2013.

_____. "Why Christians Might be Libertarians: A Response to Lynne Rudder Baker." *Philosophia Christi* 6.2 (2004) 279–88.

HORN, Luke van. "On Incorporating Middle Knowledge Into Calvinism: A Theological/ Metaphysical Muddle?" *Journal of the Evangelical Theological Society* 55.4 (2012) 807–27.

INWAGEN, Peter van. "The Argument from Evil." In *Christian Faith and the Problem of Evil*, editado por Peter van Inwagen, 55–73. Grand Rapids: Eerdmans, 2004.

_____. ed. *Christian Faith and the Problem of Evil*. Grand Rapids: Eerdmans, 2004.

_____. *An Essay on Free Will*. Oxford: Clarendon, 1983.

VICENS, Leigh C. "Divine Determinism: A Critical Consideration." PhD diss., University of Wisconsin-Madison, 2012.

_____. "Divine Determinism, Human Freedom, and the Consequence Argument." *International Journal for Philosophy of Religion* 71.2 (2012) 145–55.

VINES, Jerry. "Sermon on John 3:16." In *Whosoever Will: A Biblical-Theological Critique of Five-Point Calvinism*, editado por David L. Allen e Steve W. Lemke, 13–28. Nashville, TN: B&H, 2010.

WALLS, Jerry L. "Why No Classical Theist, Let Alone Orthodox Christian, Should Ever Be a Compatibilist." *Philosophia Christi* 13.1 (2011) 75–104.

WALLS, Jerry L., and Joseph R. Dongell. *Why I Am Not a Calvinist*. Downers Grove, IL: InterVarsity, 2004.

WARE, Bruce A. *God's Greater Glory: The Exalted God of Scripture and the Christian Faith*. Wheaton, IL: Crossway, 2004.

_____, ed. *Perspectives on the Doctrine of God: 4 Views*. Nashville, TN: B&H Academic, 2008.

_____. "Robots, Royalty and Relationships? Toward a Clarified Understanding of Real Human Relations with the God Who Knows and Decrees All That Is." *Criswell Theological Review* 1.2 (2004) 191–203.

WATSON, Gary, ed. *Free Will*, 2nd ed. New York: Oxford University Press, 2003.

WESLEY, John. *Free Grace: A Sermon Preach'd at Bristol*. London: W. Strahan, 1740.

WHITE, James R. *The Potter's Freedom: A Defense of the Reformation and a Rebuttal to Norman Geisler's Chosen But Free*. 2ª ed. Lincroft, NJ: Calvary, 2009.

WIDERKER, David; Michael McKenna, eds. *Moral Responsibility and Alternative Possibilities: Essays on the Importance of Alternative Possibilities*. Burlington, VT: Ashgate, 2006.

WIERENGA, Edward. "The Freedom of God." *Faith and Philosophy* 19.4 (2002) 425–36.

WOLF, Susan. *Freedom Within Reason*. New York: Oxford University Press, 1990.

WOOD, Allen W. "Coercion, Manipulation, Exploitation." In *Manipulation: Theory and Practice*, editado por Christian Coons e Michael Weber, 17–50. New York: Oxford University Press, 2014.

WYMA, Keith. "Innocent Sinfulness, Guilty Sin: Original Sin and Divine Justice." In *Christian Faith and the Problem of Evil*, editado por Peter van Inwagen, 263–76. Grand Rapids: Eerdmans, 2004.

ZAGZEBSKI, Linda. "Does Libertarian Freedom Require Alternate Possibilities?" *Philosophical Perspectives* 14 (2000) 231–48.